高等教育评论

中南财经政法大学高等教育评估与研究中心

HIGHER
EDUCATION
REVIEW

2013年

第1卷

（总第1卷）

社会科学文献出版社
SOCIAL SCIENCES ACADEMIC PRESS (CHINA)

高等教育评论创刊致贺

深化高等教育改革

给力高等教育发展

潘懋元 二〇一三年 十月

高等教育评论

Higher Education Review

2013 年第 1 卷（总第 1 卷）

主　办

中南财经政法大学

高等教育评估与研究中心

编委会

目　录

投稿信箱　gdjypl@126.com

投稿网址　中国集刊网在线投稿
　　　　　http：//www.jikan.com.cn/

电　　话　（027）88387377
　　　　　（027）88387331
　　　　　（027）88386020

致作者

论财经类高校高水平特色化
发展的路径选择

张中华*

摘　要：特色是大学的生命线，走特色发展之路已成为世界各国高等教育改革与发展的重要趋势。财经类高校在特色发展时，要处理好"办特色"与"入主流"的关系，既要保持特色传统，又要"入主流"与时俱进；要处理好"办特色"与"创一流"的关系，创建高水平有特色的研究型大学；要处理好"办特色"与强化通识教育的关系，培养厚基础的应用创新型人才；要处理好特色专业与一般专业的关系，提升学科整体实力。

关键词：财经类高校　高水平　特色化发展

2010 年 7 月，《国家中长期教育改革和发展规划纲要（2010～2020 年）》（以下简称《纲要》）颁布实施，为我国高等教育未来 10 年改革和发展指明了发展方向。《纲要》针对当前我国高校存在的发展模式单一和同质化趋势，严重制约人才培养水平的提升和自身优势的发挥这一问题，从国家和高校两个层面提出了促进高校特色发展的要求。在国家层面，《纲要》提出要建立高校分类体系，实行分类管理，发挥政策和资源配置的导向作用，引导高校合理定位。在高校层面，《纲要》要求各高校要明确各自的办学理念和风格，克服同质化趋势，努力在不同层次、不同领域办出特色，争取一流。[1]财经类高校作为行业特色鲜明的一类高校，在国家高等教育体系中占据着重要的位置，那么，与综合性大学和其他类型大学相比，财经类高校应如何充分发挥自身的优势，努力办出特色？本文就高水平财经类高校特色发展的相关问题进行探讨。

一　处理好"办特色"与"入主流"的关系

学校的办学特色，是指一所大学在长期办学过程中积淀形成的特有的、稳定的优质风貌，以及在办学过程中形成的体现一所高校办学优势和特性的总和，它是大学赖以生存与发展的生命力。[2]在历史进程中形成的办学特色从根本上反映出一所大学的办学理念，也会深刻地影响着学校未来的发展。[3]

---

* 张中华，男，湖南岳阳人，中南财经政法大学党委书记，教授，博士生导师。

　　财经类高校在发展特色时，一方面要继续弘扬学校的优良传统，保持面向行业办学的特色，发挥人才培养实践性强的优势；另一方面，学校要适应社会需求的变化，适时调整与创新办学理念，做到"入主流"。第一，由于现代科学技术的发展，教育信息化、电子化和网络化已成为人们日常生活不可或缺的一部分。相应的，社会对人才的素质也提出了新的需求。遵循现代科学技术发展的趋势，适应社会的新需求，财经类高校需要进行相应的教学内容、教学方法和教学手段的改革。在知识内容上，要反映科学和社会发展的前沿，重视学生信息素养的培养；在教学方法和手段上，要积极利用现代科学技术发展的成果，探索数字化教学等新方法和新手段，以提高教学质量。第二，现在学科发展的特点是既高度分化又高度融合，强调在学科分化的基础上进行高层次的融合，以促进学科的交叉创新。学科的融通发展，也符合大学生身心发展的规律，有利于促进学生的全面发展。而且从国家政策来讲，现在学科学位点的申报、评估，都是以一级学科为口径进行的，这就对学科相对单一的财经类高校形成了挑战。传统上，与综合性大学相比，财经类高校的学科专业划分更为精细，一些学院、专业、课程的设置都深入到二级、三级学科，而且学科之间相对较分散，缺乏充分的交流，这不利于学科的融通和学科生态的发展，也不利于学生的全面发展。因此，财经类高校在人才培养和科学研究方面，以及在学科建设的过程中，要打破学科的壁垒，促进学科融通与交叉创新。例如，西南财经大学依托"大金融学科群"的建设，来带动学科的协调发展；中南财经政法大学在全国高校公共基础课中首先创设了《经济学通论》《法学通论》和《管理学通论》三门必修课程，来推动经、法、管三大学科的交叉、渗透与融合。第三，目前高等教育发展的趋势之一是国际化，很多高校未来的发展愿景是成为国际化大学，这将导致高校人才培养模式、教学内容、教学方法、师资管理制度等很多方面的改革。财经类高校要适应这一潮流，争取"入主流""创一流"，一方面，要积极探索有利于国际化发展的新的人才培养模式；另一方面，要以更加开放的姿态，面向国际、积极的对社会开放，发挥这些高校在科学研究、人才培养方面应用性强的优势，以合作与服务求发展，探索产学研合作的新途径。第四，现在高等教育更加面向大众，终身化学习已经成为一种趋势，而且知识的更新与发展日新月异，学生不可能在大学学习期间掌握未来工作需要的所有知识。因此，财经类高校要适应这一潮流，改革人才培养方式，要"授人以渔而非授人以鱼"，着重培养学生获取知识和自主学习的能力，而不再是简单地灌输给学生更多的知识。

　　综上所述，只有做到"办特色"与"入主流"的有机统一，才能促进学校整体实力的提升。因为，只有"入主流"，做到遵循规律、符合趋势、走进前沿，学校的特色才有生命力，才不会被快速发展的社会所淘汰，为了特色化而特色化，违背办学规律则是"另搞一套"，有可能导致异化而最终失败；但如果单纯追求"入主流"，而否定或丢掉自身的特色，则会导致学校日益衰落。

二　处理好"办特色"与"创一流"的关系

　　独特性是特色最基本的内涵要求。特色之所以成为特色，首先在于它的独一无二。特不在多，不在独占鳌头，而在于人无我有。但是，独有的、稀缺的不一定就是好的，例如疑难杂症。办学特色也一样。对于办学特色中的特色，独有、稀缺自然是它品质的一个重要方面，是它之所以成为特色的前提，但不是决定性因素。决定特色成为特色在于它的质优性。质优性是决定特色品质和生命的东西，是特色的本质和生命内涵。一句话，没有质优，特色就没有价值，就没有生命力，也就不算真正意义上的特色。[4]

纵观世界高等教育体系可以发现，世界高水平的一流大学基本上都是研究型大学，当然，这并不意味着那些非研究型大学的水平就不高。作为办学历史悠久、积淀深厚、声誉较高的财经类教育部直属"211 工程"重点建设高校，这些学校代表了财经界人才培养和科学研究的最高水平。因此，进入 21 世纪后，这些高校应志存高远，在新世纪实现更高的发展目标。从 5 所教育部直属财经类高校公布的"十二五"发展规划可以发现，这些高校下一步的战略目标都是建设高水平的研究型大学。

对此，大家也许会疑虑：什么是研究型大学？研究型大学与办学特色有何关系？研究型大学（Research University）一词源于美国，是众多高校类型中的一种。按照国际研究型大学的指标体系，研究生与本科生比例应逐步达到 1∶1 左右，而且科研经费也应占学校办学经费相当的比例。美国卡内基教学促进基金会对研究型大学提出了两个指标：博士学位授予数量和从联邦政府获得的科研经费的数量。[5]上述特征指标有一些共同的相对量，即较高的研究生比、较高的研究经费比，以及较低的生师比。当然，没有一定的相对量，就很难谈得上是研究型大学。因此，在学生层次结构方面，这几所财经类高校在未来的招生政策上，基本上都是控制本科生规模，同时适度扩大研究生规模，本科生和研究生的数量比例有望逐步接近或者达到 1∶1。目前，这五所学校的生师比都高达 18∶1，在"十二五"发展战略中，这几所学校都采取积极引进青年博士教师、海外和国内知名教师、学科带头人的战略，一方面是为了降低生师比，另一方面也是为学校科研的发展，储备高质量的人力资源。但在科研经费方面，虽然这些高校的科研经费在成倍的增长，但既无法与国外研究型高校，也根本无法与国内一些理工科、综合型大学的科研经费相比。这是财经类高校建设成为研究型大学的过程中客观存在的问题，但这并不能成为这些高校发展的障碍。因为经费的绝对量多种多样，研究型大学并没有一个固定的模式，并非所有的研究型大学都需要追求较高的科研经费绝对量，也并非所有的研究型大学都是综合性的。同时，高校不可能在所有领域都达到高水平，也无法全方位地为社会服务，关键是有重点地面向行业，以某些优势学科为重点，办出自身的特色。例如，芝加哥大学以经济学为重点，麻省理工学院以工学为重点，哈佛大学以公共管理为重点，通过各自的优势学科，来为社会提供高水平的服务。伦敦经济学院（简称 LSE）是世界公认的高水平研究型大学，也是世界上最优秀的社会科学类大学之一。LSE 的独特之处在于，该校并没有刻意去追求达到上述研究型大学的外在量化指标，也没有追求成为综合性大学，而是以其优势学科为依托，面向行业发展，通过为国际经济组织（如世界银行）和政府组织提供经济发展走向、趋势、政策等相关课题的研究，通过为发展中国家、拉美国家培养国家领袖，为世界培养高水平的诺贝尔奖获得者等，来成为社会经济发展的智库，也为自己在世界高等教育体系中赢得了一席之地，成为世界社会科学类大学的标杆。因此，这些财经类高校在发展战略中设定一些具体的奋斗指标，如扩大研究生的比例、加强科研的比重、分量等，这是无可厚非的，也是必须的。但是，重点应该放在特色建设上，这些高校的特色是有发展比较成熟的经、法、管优势学科，因此这些高校应利用这些学科优势，致力于为社会培养高层次财经管理人才，成为政府、财经行业发展的智库。因此，"办特色"和"创一流"并不矛盾，两者可以相互促进。如果简单模仿其他综合性研究型大学，或追求单纯的指标，追求片面的综合化，去增设一些理工科专业，以及盲目地提高科研投入等，都会导致学校迷失自我。

三　处理好"办特色"与强化通识教育的关系

人才培养、科学研究与服务社会，是大学的三大传统功能，但人才培养是高等教育的根本目标，是高校办学特色形成的终极体现，高校特色发展的理念最终要落实到人才培养方案上。培养高素质的优秀人才不仅是高校所承担的基本责任，更是实现我国人才强国战略和科教兴国战略的重要保障。

财经类高校一直以来主要是面向行业办学，为财经部门输送专业人才，在专业设置上，强调应用性；在人才培养上，强调学生的实践能力。这种面向具体、口径狭窄、高度专门化的人才培养模式无疑适应了当时的国家需求，为计划经济的发展培养了大批人才，但已经无法满足当今社会的新需求。因为随着信息技术和社会主义市场经济的发展，社会的需求越来越多样化，各种不确定性也不断增多。针对一个行业、使学生毕业应聘一个岗位而且一生从事这种职业的传统教学安排已不再适应新形势的要求，而且由于网络化、信息化的发展，现在知识更新的速度加快，学校不可能教给学生所有的知识。因此，现今高校教育的关键是教给学生能力，包括信息获取的能力，独立学习的能力，以及创新的能力。这些能力的获得可以通过以下方式。（1）需要对学生进行通识教育。通识教育既是大学的一种理念，也是一种人才培养模式。其目标是培养完整的人，即具备远大眼光、通融识见、博雅精神和优美情感的人，而不仅仅是某一狭窄专业领域的专精型人才。在通识教育模式下，学生需要综合、全面地了解人类知识的总体状况（包括主要知识领域的基本观点、思维方式和历史发展趋势），在拥有基本知识和教育经验的基础上，理性地选择或形成自己的专业方向。需要强调的是，这种通识教育不是简单的课程拼盘，而是强调各种知识的融合贯通，强调学生培养的宽口径。（2）需要对学生进行专业教育。通识教育模式下培养出来的学生不仅要具有高尚的道德情操、独立思考以及善于探究和解决问题的能力，而且要学有专长、术有专攻。换言之，通识教育首先关注的是一个人的培养，其次才将学生作为一个职业的人来培养。财经类高校应继续发挥其特色，面向财经行业的需求，重视学生精深专业能力的培养。只是这种专业能力是建立在宽口径、厚基础之上的。培养的学生既要有广阔的基础知识和合理的知识结构，又要有精深的专业能力，成为富有创新意识、具有创新能力、善于发现的一代，也只有这种创新才能将通识教育与专业技能融会贯通。

但在拔尖创新人才的培养规格方面，综合性大学旨在培养具有广博知识的思想家、哲学家、文学家、政治精英和领袖，以及学术大师。依据财经类高校学科应用型强的特点，在人才培养目标上，财经类高校应侧重培养具有财经特色的应用性拔尖创新人才，继续培养引领财经行业发展的行业精英人才，以及经世致用的实践家。

与综合性大学相比，财经类高校的学科相对单一，在培养拔尖创新人才时，如何提高学生知识的广博度和厚基础，以及如何探索具有本校特色的人才培养模式，这都是财经类高校需要进一步思考的问题。

四 处理好特色专业与一般专业的关系

美国学者伯顿·克拉克曾指出，无论在哪里，高等教育的工作都是由学科（Discipline）和院校（Institution）组成两个基本的纵横交叉的模式。世界上一流的大学，必定会有一流的学科。教学特色的形成需要学科建设的支持，人才培养模式特色与学科建设水平直接相关，科学研究的特色更取决于学科建设和特色。因此，高校在形成办学特色的进程中需要把着力点放在学科特色上。[6]但是，学科结构犹如生态结构，一所大学水平的高低，最终的决定因素不是一两个优势或特色学科，而是整体学科水平的高低。如果高校在特色发展时，把注意力全部放到各自的优势和特色学科建设上，而忽略其他学科的发展，必然会导致学校整体水平不高。这种特色并不是真正的特色，而是一种保守和落后。

财经类高校需要处理好特色专业与一般专业的关系。首先，巩固和提升优势学科。这些高校最大的优势就在于其拥有财经类特色学科，这些学科通常代表着国家先进水平或行业先进水平，是学校核心竞争力的根本体现。高校要重点建设这些优势学科，打造"学术制高点"，要重点办好现有处于或有可能处于全国领先水平的有特色的优势学科，同时注意凝练学科特色。其次，促进学科的交叉融合。高校要以这些财经类优势学科为原点，带动基础性学科的融入，对于那些已经有了一定发展基础，又有良好发展势头的学科，要给予重点学科的待遇，扶持这些学科快速成长。同时，分层次建立由优势学科发展衍生的线性学科群、由与其彼此支持的相邻学科组成的相关学科群、与不同学科交叉产生的交叉学科群，使优势学科与其他学科互相促进，形成高水平的融通。要充分发挥特色学科的辐射与带动作用，积极探索和催生引领行业发展的新兴学科方向，滚动式地拓宽和发展既为社会发展所需要、又能与特色学科形成互补和支撑的新兴学科，进而促进学校学科整体实力和水平的提升。

五 结论

由于事物都有两面性，优势有时也会对事物的发展造成一定的限制。财经类学科是财经类高校的特色，但与综合性大学相比，这些学校的学科结构相对单一，学校在提升整体学科实力、促进学科融通时，难免感到学科的支撑面不够，难以为学校优势学科提供可持续发展的土壤和保障，这是财经类院校在学科发展时面临的共同困境。同时，作为人文社科类高校，与理工科高校和综合性高校相比，财经类高校在获取国家重大科研项目方面处于不利的地位，整体的科研实力也没有优势，因此在发展成为高水平的研究型大学时，科研实力的提升将成为这些学校下一步发展的战略重点。需要注意的是，这些财经类高校要想在未来的竞争中赢得一席之地，科研实力固然重要，但切不可为了发展科研，而受限于追求一些科研指标，一味地"求高""求全"。所谓"求高"，就是盲目追求高层次，盲目申报博士点；"求全"就是盲目扩展学科领域，而逐渐失去自身的特色。毕竟，特色才是核心竞争力，是立身之本。

参考文献

［1］国家中长期教育改革和发展规划纲要（2010～2020 年），2010 年 7 月.

［2］黄爱斌. 浅议校园文化、办学理念、办学特色三位一体［J］. 思想教育研究，2007（2）：54－55.

［3］刘尧. 大学特色的形成与发展［J］. 清华大学教育研究，2004（12）：87－91.

［4］陈冰玉. 论基于提升大学核心竞争力之特色办学思路［J］. 重庆工学院学报，2006（5）：163－166.

［5］孙士宏，陈武元. 论研究型大学教学与科研的关系［J］. 化工高等教育，2006（1）：79－81.

［6］娄延常. 理念·定位·学科——论高等学校办学特色的战略选择［J］. 高校理论战线，2003（4）：32－34.

A Discussion of Path Selection for Finance and Economics Universities to Improve Quality and Promote Niche Development

Zhang Zhonghua

(*Zhongnan University of Economics and Law*, *Wuhan*, 430073, *China*)

Abstract：Being different is the lifeline for universities, and niche development has become an important trend in higher education reform and worldwide development. There are several issues that universities specializing in Finance and Economics need to be dealt with when developing their unique characteristics, such as the relationship between being different and being part of the mainstream so that universities can hold on to traditions while keeping up with the times; the relationship between being different and reaching top notch status in to buildung an elite research universitiy; the relationship between being different and strengthening general education in cultivating practical, innovative talents with a sound knowledge base; the relationship between specialty majors and standard majors in improving the overall strength of the disciplines.

Keywords：Finance and Economic Universities; High-Level; Niche Development

（责任编辑：黄容霞）

一个区域公共政策的诞生[*]

——美国加利福尼亚州高等教育总体规划的形成

周光礼　董伟伟[**]

摘　要：全球化和市场化加剧了中国不同区域的分化，区域现代化正取代整体现代化成为一个重要的政策概念。高等教育是影响区域现代化最重要的因素，如何通过政策的促进作用实现区域经济与区域高等教育的良性互动是国家和整个社会非常关注的重大问题之一。在世界范围内，1960 年"美国加利福尼亚州高等教育总体规划"被视为制定区域性总体规划的一流典范。加利福尼亚州高等教育总体规划之所以能在美国乃至全世界高等教育界取得这么大的成功，关键在于它顺应了区域公共政策的特点以及符合了政策形成过程的科学性。要制定有效的区域高等教育政策，必须从区域出发，从实际出发；必须让利益相关者共同参与；必须发挥校长等关键行动者的作用；必须加强政府与高等教育系统间的协调与合作。

关键词：高等教育总体规划　区域公共政策　多源流分析　加利福尼亚州高等教育系统

一　问题提出

随着中国社会转型的加速，市场力量的缺陷日益暴露，各种区域公共问题日益显现，区域发展问题日益突出。全球化和市场化加剧了中国不同区域的分化，区域现代化正取代整体现代化成为一个重要的政策概念。高等教育是影响区域现代化最重要的因素，如何通过政策的促进作用实现区域经济与区域高等教育的良性互动是国家和整个社会非常关注的重大问题之一。实际上，从区域公共政策的角度探讨区域高等教育

* 本文是国家自然科学基金项目"面向创新驱动发展战略的高校人才模式改革研究"（项目编号：71373274）的研究成果之一。

** 周光礼，男，湖南邵阳人，中国人民大学教育学院教授、博士生导师，中国教育改革与发展规划学会副会长兼秘书长；董伟伟，女，河南省禹州人，华中科技大学教育科学研究院教育学硕士，浙江省宁波市江北区文教街道办事处职员。

规划是一个新的研究领域。区域公共政策是指中央和地方政府制定的，旨在解决区域社会公共问题、维护和协调区域公共利益的策略和措施。[1]区域高等教育规划是指依据区域经济社会发展的需要，确定区域高等教育发展的目标，拟定相应行动方案的过程。在世界范围内，1960年"美国加利福尼亚州（下文简称'加州'）高等教育总体规划"被视为制定区域性总体规划的经典案例。国际经济合作和发展组织（OECD）在研究一些国家的高等教育规划时，指定将加利福尼亚州作为一个"国家"进行专题研究，并在1963年的巴黎会议上号召各成员国学习并推行加州高等教育发展模式。作为美国教育史上公认的最重要的区域高等教育政策，加州高等教育总体规划在50年后的今天仍深深影响着加州和美国高等教育的发展。本研究以1960年"加州高等教育总体规划"为案例，以多源流理论为分析框架，探讨区域高等教育政策的形成过程，为中国区域高等教育规划提供启示和借鉴。

二　分析框架的建构

（一）对理性决策模型的批判

1. 完全理性决策模型

在完全理性决策模式下，理性的行动者会清楚地界定自己的目标，探索可以实现这些目标的全部策略作为备选方案，进而对这些备选方案进行系统的比较、估算，评估它们的成本与收益，最终选择能够以最小的投入实现其目标的方案。

完全理性决策模型受到学术界激烈的批评，批评指向如下几个方面：首先，在实际中，通常人们不可能清楚地阐明、界定目标，并且很难在目标上达成共识；其次，由于人们知识和理性的有限性，决策者不可能搜集到所有的信息和备选方案，所谓的"最优决策"也就无从谈起；再次，完全理性决策模型依赖于成本—效益分析，而公共政策通常涉及社会、政治、经济、文化等方面的问题，这些很难量化为统一的计算标准。实际上，完全理性决策模型最根本的问题是"它忽略了公共政策的制定本质上是一个政治过程，看不到政策是在目标、价值、利益、偏好的冲突与协调中产生的"。[2]

2. 有限理性决策模型

赫伯特·西蒙在对完全理性批评和总结的基础上，提出了有限理性决策模型。西蒙认为："理性是一种行为方式，是指在给定条件和约束的程度内适于达到给定目标的行为方式。"[3]150决策者的行为是有限理性的，其处理信息的能力也是有限的，能力有限的决策者在极其复杂的决策情况下是不可能做出最佳决策的，因此他只能寻求相对满意的管理决策和结果，即"相对最优决策"。同时，西蒙提出了有限理性下决策过程的主要步骤。

较之完全理性决策，有限理性决策模型对人们实际决策行为的解释更切合实际，它为我们更好地理解政策理论和推动政策理论的发展指明了新的方向。

（二）对渐进主义决策模型的批判

以"有限理性"概念为基础，查尔斯·林德布罗姆（Charles Lindblom）在 *The*

Science of Muddling Though 中提出了渐进主义决策模型。"渐进主义决策模型的突出特点是它认为公共政策的制定和选择是一个政治过程。"[2]

渐进主义决策模型认为，政策是以小的步子一点点逐渐变化的。通常情况下，决策者很少从头开始去考虑那些项目或问题，而是在对现有情况认可的前提下，对这些行为做渐进的、边际性的小调整、小变化。这样，他们不需要进行太多的详细讨论，也不需要花太多时间去界定目标，而且这些"小修小补"都是在他们的控制范围之中的。与理性决策模型相反，林德布罗姆认为，决策者并不是先确定了清晰的目标再去寻找最有效的手段，而是从实际上可用的手段出发，去考虑可行的目标是什么。

在对政策制定过程的描述和解释上，渐进主义决策模型更真实地反映了实际情况，有助于人们更好地认识备选方案、拟定政策建议，对公共政策研究产生了重大影响。但从方法论意义上看，渐进主义决策模型过于"短视和保守"，越来越多的政策危机要求政策上的创新。

（三）垃圾桶决策模型的确立

垃圾桶决策模型是迈科尔·库恩（Michael Cohen）、詹姆斯·马奇（James March）和约翰·奥尔森（Joho Olsen）在《组织决策的垃圾桶模型》（1972 年）一文中提出的政策模型。该模型认为，组织是复杂的，表现为"有组织的无政府"（又称"有组织的无序"）状态。这种状态的突出特征包括以下几个方面。①未定的偏好。人们往往不能清楚地界定自己的目标。政策制定者经常在不清楚自己将要实现的目标是什么的情况下，匆忙做出决定。这种状态"与其说它是根据偏好来行动的，不如说是通过行动来发现偏好的"[4]106。②技术的不确定。一个"有组织的无政府"团体的成员也许知道个体的工作，但往往不清楚整个组织的运行程序，对组织的了解和认识是"碎片化的"，他们的许多工作都是采用试错法、从经验中学习以及通过实用发明创造完成的。③流动地参与。组织中的人员，无论是参与者还是决策者，都是不断流动的。立法者和官员的换届，部门之间的调换经常使得组织中的人员从一个决策转移到另一个决策。

在"有组织的无政府"状态下，政策问题、解决办法、参与者和选择机会这几股源流独立地流入组织机构中；而组织机构又受到净能量承载量、进入结构、决策结构和能量分布四个变量的影响，当选择机会出现时，几大源流经过四大变量的筛选、汇聚，最后产生决策结果[5]。在科恩等人看来，垃圾桶模型最大的贡献在于提出了"模糊性"假设前提。

（四）多源流分析框架

在借鉴垃圾桶模型的基础上，约翰·金登（John W. Kingdon）提出了多源流分析框架，解释了政策问题是如何出现在议事日程上、可供选择的政策方案是如何被具体化的，并将此理论应用于分析美国联邦政府的政策制定过程。

多源流理论认为议程的建立存在着三种源流：问题源流、政策源流与政治源流，它揭示了在模糊性条件下的政策选择过程，并提出了一条暂时性原则："具体选择什么样的政策取决于政策制定的时间"。多源流理论回答了三个重要的问题："政策制定者的注意力是如何分配的？""具体问题是如何形成的？""对问题及其解决方法的发现是怎样的和在哪里进行的？"[6]

1. 问题源流

现实社会中存在着各种各样的社会问题，这就组成了政策决策过程中的问题源流，但不是所有的问题都能得到政策制定者的关注，从而上升到政策议程的高度。金登认为，问题是否为政策制定者关注，主要取决于：①反映项目情况和重要程度的指标；②重大事件或危机事件；③现行项目的反馈信息。一些重大事件可以引起决策者对某个或某些问题的关注，而现有项目的反馈信息可以推动人们对问题的关注。同时，价值观对问题的分类也发挥了重要作用。这些因素共同影响着政策制定者对问题和合适的解决办法的思考方式，是相关政策被关注并被通过的关键因素。

2. 政策源流

金登认为，问题仅仅引起决策的重视是不够的，还不能完全保证其能够排上决策者的政策议程，这就需要形成吸引人的备选方案和政策建议。

在政策系统中，存在一个由官僚、学者、研究人员、利益团体的分析人员等组成的"政策共同体"（Policy Community），政策共同体中的专家学者们关注同一领域中的问题，围绕这个问题的解决会产生大量的备选方案和政策建议。在这个过程中，备选方案和政策建议不是一次性就能够完成的，它是一个不断提出议案、讨论、修改，然后再提出的反复过程，这个"软化"过程使得人们习惯并逐渐接受他们的政策建议[3]212-213。在政策的选择过程中，有些问题能够得到重视，另一些却会被抛弃。

3. 政治源流

政治源流由国民情绪、利益集团、执政党的更迭、国会议席的重大变化、行政机构的重大人事调整等因素共同构成。在政治领域内，这些因素都能够促使政治家们在考虑问题时调整他们的侧重点，从而影响政策的制定。其中，国民情绪在某些时候更为重要，金登认为，国民情绪可以让某些问题登上政策议程，甚至可以使这些问题居于议程的显著位置。而且，国民情绪和执政党更迭这两个因素的结合，会对议程产生强有力的影响。值得指出的是，在集权主义社会，国民情绪、利益集团、执政党更迭、行政机构的重大变化等变量可以简化为一个变量：执政党意识形态的变化。

政治源流中的各种力量在寻求平衡的过程中，并不是依靠科学地说服来达到平衡，而是通过政治妥协、讨价还价等博弈的方式来完成决策的。

4. 政策之窗

当问题源流、政策源流和政治源流在某一个关键的时间点上汇合时，日常问题就会被提上政策议程。这个关键点就是金登所提出的"政策之窗"，即"政策建议的倡导者提出并推广其政策建议或吸引人们关注特殊政策问题的机会"[4]209。

政策之窗不总是打开的，而且它在开启后会很快关闭，在这种情况下，如果参与者不能及时把握住此次机会，就只能等待政策之窗下次的开启。这就需要"政策企业家"抓住并利用政策之窗开启的机会，促使问题源流、政治源流与他们所倡导的政策源流结合，以确保他们的政策建议能够上升到政策议程，并形成特定的政策结果。这里的政策企业家是指那些"愿意投入自己的资源——时间、精力、声誉及金钱——从而促进某一主张以实现其物质利益、要达到的目的或预期未来收益的倡导者"[4]226。

简单地说，多源流框架下的政策议程建立过程包含着三条相互分离的源流——问题源流、政策源流与政治源流，偶然的社会事件或政治事件能够促使政策之窗开启，这时已经发展得较为成熟的三条源流汇合在一起，政策企业家及时抓住这样的机会之窗来促使公共问题进入政策议程，新政策由此形成（见图 1）。

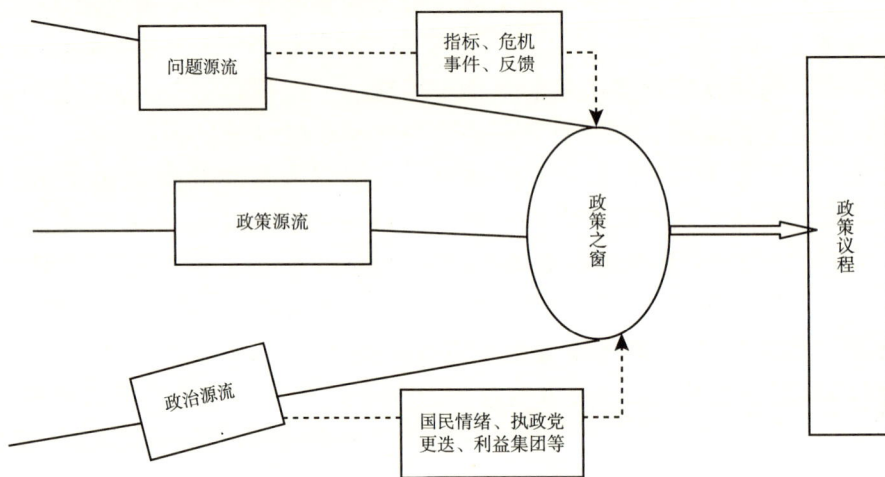

图 1　多源流分析示意图

三　描述和解释

（一）加州高等教育总体规划描述

加利福尼亚州位于美国西海岸，1850 年正式成为美国第 31 个州，并作为后起之秀迅速发展成为美国乃至全世界经济、科技最为发达的地区之一。究其原因，除区位因素外，还有一个非常关键的因素就是加利福尼亚州规模庞大、机制完善、职能分工合理的公立高等教育系统，它为加州经济的腾飞发展提供了合理的人才结构和不断更新的知识基础。加州公立高等教育系统由弱而强、由小而大、由默默无闻到声名显赫，是与区域高等教育政策分不开的，其中最有影响力的就是 1960 年的"加利福尼亚州高等教育总体规划"（*The Master Plan for Higher Education in California*）。

20 世纪 50 年代和 60 年代，加州高等教育正处于大众化转型时期，面临着来自高等教育系统内外的种种压力。为解决其当时所面临的种种困难与挑战，1959 年，"加州高等教育总体规划"（以下简称"总体规划"）在高等教育系统内部各部门的反复协调磋商、利益博弈下出台，1960 年开始实施。

"总体规划"从高等教育的结构与功能、规模与质量等方面，论述了加利福尼亚州各级各类高等院校的均衡发展问题，公平与效率问题，政府、高校与市场三者间的良性互动关系问题等内容。为了避免各级高等教育部门间的无谓重复和恶性竞争，"总体规划"明确了加州大学、州立学院和初级学院三者在未来加州高等教育发展中的作用，并就它们的管理和协调问题进行了研究分析。同时，总体规划提出了一个科学、系统、富有创造性的研究框架和发展思路，建立了加州公立高等教育系统的三级模式：加州大学（University of California）为研究型大学，主要负责博士教育和科学研究，招收学习成绩前 12.5% 的高中毕业生；州立学院（后更名为加州州立大学 California State University）为研究教学型大学，主要提供四年制本科生教育、职业教育和研究生课程，可以和加州大学联合授予博士学位，招收学习成绩前 1/3 的高中毕业生；初级学院（后更名为社区学院 California Community Colleges）面向加州所有高中毕业生开放，提供两年转学教育、职业教育等。

"总体规划"有效解决了当时加利福尼亚州高等教育所面临的一系列问题，创造了美国最大、最有特色的公立高等教育体系，在最大程度上协调了公立高等教育三级结构之间的不同利益，使其能够各得其所、各展其长，也使加州高等教育由此走上了大众化、普及化的道路，为加州经济的腾飞提供了合理的人才结构。总体规划的成功不仅为美国的高等教育，也为世界其他国家的高等教育树立了榜样。

（二）"总体规划"产生过程中的问题源流

1960 年"总体规划"被视为美国乃至全世界 20 世纪最伟大和最具影响力的指导性文献，为世界各国区域高等教育的发展提供了经验和借鉴。正如"总体规划"的总工程师克拉克·科尔所言："事实上，对于我们身在其中的人，我们不是在从事一个很高水平的复杂的理论权重与选择，而是在一个很低层面上，探讨和提供一个可行性的解决问题的方法……当时我们主要关心 20 世纪 60 年代，在较少程度上关心 70 年代和 80 年代，而且完全关心的是加州。我们并不关心我们的成功是否可能具有任何长远的价值，我们只关注当前需要解决的问题。"[7] 由此可见，"总体规划"的初衷并不是想提出一个长远宏大、鼓舞人心的规划，而是为了解决眼下实实在在的问题。规划从当时面临的问题着手，从加州实际出发，针对高等教育当时存在的问题及社会对高等教育的需求，为加州高等教育的发展提供了合理而又科学的方案。

1. 加州高等教育面临的发展困境

20 世纪 50 年代末，加州公立高等教育面临的发展困境主要有以下几个方面。

第一，加州高等教育入学人数激增。20 世纪 50～60 年代，美国高等教育正从大众化向普及化转变。"二战"结束后，美国出现了近代史上最高的出生率，这时期出生的年轻人在 1960～1975 年间大量涌入高等教育机构。同时，"二战"时期受地域因素影响，加州国防工业快速发展，带动了加州经济的繁荣发展，加州人口亦急剧上升。战争结束后，大批由于战争而中断了大学学业的人和退伍军人重新回到大学校园继续学习，州长沃伦曾表示，战后加州有近 10 万名退伍军人重返学校，这些生源主要由加州大学、州立学院和初级学院来分担。除此之外，每年有大量移民进入加州。在 1950～1956 年，移民人数达到了 290 万人，1959 年加州总人口为

1528 万人，当时估计到 1975 年加州人口将达到 2500 万人。人口的激增直接导致了公共服务需求的增长，加州公立高等教育规模不断扩张，1950 年公立院校在校生总数比 1945 年增加了约 30%，而且之后加州高等教育不可避免地面临更大的入学压力，加州高等教育必须为所有高中毕业生接受高等教育做出努力，必须对日益增长的社会需求做出回应。

第二，高等教育系统内部结构混乱、无序竞争。加州公立高等教育发展至 20 世纪中期时，已初步形成了三级高等教育系统：加州大学、加州州立学院和加州初级学院。20 世纪 50～60 年代，高等教育大众化与精英化之间的矛盾，打破了 20 世纪前半页加州公立高等教育的平衡。"加州公立高等教育不同部门之间对资金、生源、新的职能、专业和校区的竞争急剧升温。"[8] 当时加州高等教育各级机构普遍存在着升格的愿望。一些州立学院希望变成能够授予硕士和博士学位的研究型大学；而一些社区学院（最初称为初级学院）希望成为能够面向全州招生的四年制本科。这不仅使加州大学感到压力重重，加州私立机构也觉得受到公立高等教育部门扩张的威胁。在规模不断扩张的背景下，各公立高等教育机构职能如何划分，各类院校学生入学水准如何确定，如何更好地实现加州高等教育的良好发展，成为当时争论的焦点和亟待解决的问题。

第三，教育开支剧增，州财政紧张。"二战"后，失去了军事及相关产业支持的加州经济急剧下滑，同时，1957 年爆发的全国性经济危机更是直接影响到加州的财政状况，加州政府面临着 20 世纪 30 年代大萧条以来最严重的财政危机。这对以政府拨款为重要经费来源的公立高等教育部门来说，无疑是极大的灾难。与此同时，高等教育资源的有限性使得各级公立高等教育机构对学生和资源的竞争到了"真正的无政府状态"。不论是州立大学还是初级学院，都要求政府增加经费投入，开展科学研究，试图把自己提升成为另一个加州大学。此外，公立高等教育机构入学人数不断增加和入学需求不断上升，又进一步加剧了州财政的紧张，造成加州政府教育支出严重不足。

第四，政府干预增强，高校自治权受到威胁。"二战"后，美国高等教育发生了一些重要变化，联邦政府开始介入高等教育。20 世纪 50～60 年代，许多州对公立和私立高等教育进行改革，通过建立统一的委员会或更严格的人事管理机制来加强政府的控制，减少高等教育机构的自治权。在这种政府集权倾向越来越明显的形势下，加州政府与高等教育机构之间已是矛盾重重，加州政府日益表现出对公立高等教育系统的不满和进行集权改革的意愿，州立法机构试图扩大制定高等教育政策的权力，把决策权从高等教育机构内部接管过来。尽管加州公立高等教育各部门有着不同的立场和担忧，但是在全国集权倾向和州政府的威胁下，各高等教育机构官员和加州教育界人士都认识到，对总体规划的磋商可能是他们影响改革的最后机会。

2. 问题源流中的行动者

相对于政策源流和政治源流，在"加州高等教育总体规划"制定过程的问题源流中，政策参与者相对没有那么明晰，参与者的作用也不是很突出，但在问题的发现与分析方面，参与者的作用是不可或缺的。

行政当局的政府官员、研究人员和教育界学者都是问题源流中的重要参与者。加州高等教育面临的政策问题通过一些数据、重大事件或符号等形式暴露出来；研究人员和教育界的学者通过调研得出数据指标，进而对问题进行分析，对指标进行解释，从而影响对政策问题的界定；州政府官员或议会成员将问题引至政策议程高度，引起行政当局的关注，从而有助于问题的解决。

（三）"总体规划"产生过程中的政策源流

在政策产生过程中，当问题被识别并得到社会中一部分人的关注时，围绕着这些问题的解决就会产生许多政策建议，是为政策源流。

1. 加州公立高等教育改革方案研究

与美国其他州相似，长期以来加利福尼亚州一直都非常关注自身对高等教育的需求以及各个高等教育系统之间的关系，从而使其需求能够以最有效的方式得到满足。早在 1899 年，加利福尼亚州就创建了加州教育委员会对加州的高等教育项目进行研究并对其改进提高提出建议。在这之后的近 60 年里，加州教育委员会及研究人员、学者自发或者通过立法机构授权对加州教育进行了很多研究，为解决加州高等教育所面临的问题提供了如下各种方案和政策建议。

第一，《加利福尼亚州的高等教育——卡内基教学促进基金会的报告》（*State Higher Education in California：Report of the Carnegie Foundation for the Advancement of Teaching*）。

在美国经济大萧条环境下，在 20 世纪 20 年代末 30 年代初，加利福尼亚高等教育面临着严重的财政削减与入学需求激增的矛盾，地方对公立高等教育的需求日益增长。同时，许多社区学院试图发展成为四年制院校，对大学造成冲击。时任加州大学校长的斯普劳尔建议州政府利用卡内基教育促进基金会对加州高等教育的体系及组织管理进行研究，以避免加利福尼亚内部政治力量的争吵，并调查公立高等教育内部存在的问题。

1931 年年初，立法院批准通过了该提案。卡内基教育促进基金会主席亨利·苏扎罗（Henry Suzzallo）组织成立了专门的（与加利福尼亚州州政府无关的）"七人委员会"对加州高等教育展开全面的调查研究。1932 年 6 月，委员会提交了《加利福尼亚州的高等教育——卡内基教学促进基金会的报告》，又称《苏扎罗报告》（*Suzzallo Report*）。报告指出："加利福尼亚教育的当前形势包括了政策问题和组织机构问题，这些问题特别与高等教育的运行有关。"委员会认为，教育形势的混乱是由于缺乏必要的机制对高等教育各个阶段进行有效协调，因此必须从三个方面来改进加利福尼亚的高等教育体系：一是对全部或绝大部分教育体系实施统一管理；二是对维持体系运作的财政负担进行更加平等的分配；三是在中等和中等后教育机构之间有清晰的政策。应该说，报告提出的解决方案对管理机构问题进行了有意义的重建：其一，通过对州高等教育体系进行的调查研究，委员会认为设立"高级委员会"作为单一的委员会将是所有州高等教育的普遍趋势；其二，在加州，初级学院应该继续受教育委员会管理，大学董事会应该负责管理州师范学院（后来的加州州立学院）的工作；其三，委员会建议成立州教育规划和协调委员会，该委员会将是一个协调、规划州公共教育体系所有方面的机构。

《苏扎罗报告》是 20 世纪以来对加利福尼亚公立高等教育最全面的调查报告，是"加利福尼亚州第一次试图评估加利福尼亚后进步主义时代教育体系的组织是否合理"[9]，是加州对高等教育进行局部规划的最初尝试，它迈出了加州高等教育规划开创性的一步。可以看出，报告的大多数建议是合理的。然而，由于没能充分考虑到加利福尼亚政治文化的力量和不断增长的高等教育需求，报告的提议最终没有得到州议会的批准，还遭受了很多教育团体的抵制和教育界人士的批评，认为该报告是大学明目张胆的企图控制州教育政策的行为，并普遍认为这是斯普劳尔和卡内基基金会"合谋"的产物。

第二，《关于加利福尼亚高等教育需求的研究报告》（*A Report of a Survey of the Needs of California in Higher Education*）。

"二战"时期，靠近太平洋的加利福尼亚州成为美国军需物资的重要提供地，国防工业成为加州经济的重头。战争结束后，为避免高失业率导致经济无序发展，更好地应对《退伍军人法》带来的学生潮，州政府采取了一系列的改革措施，为公立高等教育的发展提供了政策支持和经济保障。然而，由于缺乏有效的协调机制，加州公立高等教育内部在职能划分、招生配额等方面冲突不断。在这种混乱无序的状态下，人们迫切需要州政府能够制定一份基于广泛共识的规划性方案，以使州公立高等教育能够健康有序的发展。

1946 年年底，联络委员会（Liaison Committee）①邀请乔治·斯特瑞尔主持一项关于加州公立高等教育的调查研究。1948 年，斯特瑞尔带领的专家小组发表了《关于加利福尼亚高等教育需求的研究报告》，又名《斯特瑞尔报告》（*Strayer Report*）。

报告集中阐述了三级公立高等教育部门的职能分担、入学增长人数预测以及新校区的建设和管理协调等问题。首先，报告指出，加州高等教育已经取得了令人瞩目的成就，并初步形成了包括加州大学、加州州立学院和加州初级学院在内的三级公立高等教育系统，三类公立院校也基本确立了各自的职能范畴。为避免各类院校在日后的发展中产生不必要的矛盾冲突，应进一步明确三级系统的职能划分；其次，面对未来入学人数的激增，在详细分析加州各地区人口分布及高校适龄人口增长情况的基础上，报告认为加州公立院校必须完成高等教育规模的扩张；再次，报告强调协调是加州高等教育特别是公立高等教育健康、有序发展的保证。只有当三类高等教育机构的职能、活动形成有效的关联和协调机制，公立高等教育体系才能够真正的生存。

作为一份着眼于战后加州高等教育特别是公立院校未来发展的规划性研究成果，《斯特瑞尔报告》取得了巨大成功，迅速得到立法委员会的广泛支持，在加利福尼亚和全美上下产生了巨大的影响。报告在一定程度上实现了各方利益的平衡，暂时终止了加利福尼亚大学与州立学院之间的争吵，各方力量第一次达成共识。《斯特瑞尔报告》是加利福尼亚第一次尝试为州高等教育系统制定一个"总体规划"，作为一个长远规划过程中的第一步，《斯特瑞尔报告》清晰地阐述了三级公立高等教育系统中各部门的目标和任务，为1960年高等教育总体规划打下基础。[10]

第三，《加利福尼亚高等教育需求再研究报告》（*A Restudy of the Needs of California in Higher Education*）。

进入20世纪50年代，许多问题的出现要求对《斯特瑞尔报告》进行重新评估。首先，加州人口的增长速度和经济发展情况远远超过了《斯特瑞尔报告》的预计，大量移民涌入加利福尼亚。人口的增长导致人们对公立高等教育的需求相应增加，人们要求增加高等教育机会的呼声空前高涨；其次，在全国经济大衰退的背景下，持续涌入的人口和不断增长的高等教育入学需求，导致教育费用增加，州政府教育支出严重不足；再次，加州大学和州立学院间曾暂时建立的和谐局面被打破，高等教育共同体内部又一次陷入混乱。在此背景下，加州大学董事会和州教育委员会提议重新评估《斯特瑞尔报告》。

1953～1955年，由布法罗大学前任校长托马斯·R.麦康奈尔（Thomas R. McConnell）组织的"再研究"专家小组对加州公立高等教育进行了研究，发表了《加利福尼亚州高等教育需求再研究报告》，简称《再研究报告》（*Restudy Report*）。

报告指出，初级学院、州立学院和加州大学是构成加州庞大、高效的公立高等教育体系中不可分割的部分，三者之间必须建立起合理而又紧密的联系。同时，报告在《斯特雷尔报告》基础上，对不同类型公立院校的职能进行了重新评估，提出了新的职能划分模式，并就三级系统的管理协调、成本控制等问题提出了很多具有重大影响的建议。但报告中的两条重要建议遭到了地方立法委员、州教育委员会及加州大学董事会的反对。其一，报告认为现有的管理机构缺乏对州立学院强有力的领导和管理，建议州立学院建立独立的董事会；其二，报告建议在1965年前停止建设新的四年制院校。最终，由于研究报告缺乏政治智慧，无论是加州大学董事会还是州教育委员会都没在这份报告上签字。

第四，《加利福尼亚公立高等教育增补中心需求报告》（*A Study of the Need for Additional Centers of Public Higher Education in California*）。

《再研究报告》的失败导致很多委员要求立法院对州高等教育系统的未来进行新的研究。在此情况下，联络委员会批准开展一项关于公立院校建设计划的研究，并于1957年公布了研究成果《加州公立高等教育增补中心需求报告》，简称《增补中心报告》（*Additional Centers Report*）。报告指出，新校址的确立将建立在最有效地使用政府资源及对最好的地理条件和职能需要进行评估的基础上。报告根据加州财政能力及各地区经济、人口发展情况，结合州议员的相关提议，开列出一份新建公立院校地区名单，按入学需求递减排列。其中18个地区需新建初级学院，9个地区的州立学院应当优先发展。此外，考虑到加州人口中心的转移以及由此带来的对加州大学的招生压力，报告还建议加州大学在人口密集的洛杉矶地区和旧金山湾区新建两所大学分校，以减轻伯克利和韦斯特伍德校区的入学压力，并提供大学层次的公立教育，满足这些地区不断增长的入学需求。

尽管《增补中心报告》提出的新建院校备选地区名单是综合各种因素并经多方反复研讨而得出的，尽量满足各地区对高等教育的迫切需求，但报告还是未能阻止议员们为争取在各自选区创建公立院校而采取的行动。就在报告公布后的 1957 年州议会年度会议上，仍然有很多议员提交了大量要求创建新院校的议案，这次规划没有取得预期的效果。不过，此次规划明确提出了一个需要新建校区的地区清单，为 1960 年总体规划中对新校址选择的建议提供了蓝本。

2. 政策源流中的行动者

第一，政策共同体分析。在政策源流中，有这样一个由专业人员组成的共同体，他们对问题有自己的看法，能够提出专业的政策建议，并通过各种方式推销自己的方案。这个共同体就是"政策共同体"。在政策共同体中，方案和建议四处飘流，金登将其比喻成"政策原汤"，这些方案和建议不仅千差万别，而且也随时间不断发生变化。思想漂浮、提出建议、修改建议、再次漂浮，不断循环，这个过程被称为政策方案的"软化"，软化是使政策方案为别人了解和接受的过程。软化的对象不仅局限于政策共同体内部，还有广泛的公众和决策者们。

第二，政策企业家作用分析。政策共同体中的"政策企业家"在方案软化过程中起着关键作用，他们是政策建议或思想的倡议者，"怀着未来会有所回报的希望而愿意投入自己的资源——时间、精力、声誉、金钱。他们所得到的回报形式可能表现为他们所赞成的政策，因参与而产生的满足感，或个人职业安全感的增强和职位的提升。"[4]155 在加州高等教育总体规划的制定过程中，政策源流中的政策企业家们主要包括加州大学校长克拉克·科尔（及其前任斯普劳尔）、加州大学校董会主席、斯特瑞尔教授、州教育总督学辛普森、州教育委员会主席威廉·布莱尔、多纳霍议员等。面对加州高等教育不同时期的问题，他们提出自己的政策建议，并抓住各种机会在各种场合宣传他们的思想和方案建议，努力使他们的政策方案得到政策共同体中的多数人的认可与接受，并根据意见反馈不断修正这些政策建议，最终成为问题解决的最佳方案。

第三，学者和研究人员作用分析。除了政策企业家外，政策流中的另一些重要参与者就是学者和研究人员。

通过前文我们可以看出，加州大学、州立学院、初级学院、私立教育机构的学者代表及研究机构的研究人员对加州高等教育进行了很多的研究，如主持《苏扎罗报告》的卡内基教学促进基金会主席亨利·苏扎罗、七人委员会主席塞缪尔·卡彭、奥伯利·道格拉斯、加州大学副校长门罗·多伊奇、加州大学代表托马斯·霍利、布法罗大学前任校长托马斯·麦康奈尔等。他们对加州高等教育进行了很多的研究，提出了很多的政策方案并将之发展完善。

（四）总体规划产生过程中的政治源流

1. 政治环境的变迁

如上述，在政治源流的影响因素中，国民情绪和执政党的更迭两个因素的结合，会对议程产生强有力的影响。苏联卫星上天事件引发的公共舆论、民主党人地位的重新确立引发的执政党理念的转变、加州大学内部领导权的重大变化，这些构成了1960年高等教育总体规划形成的新的政治环境，改变了政策制定的动力机制，使高等教育共同体的内部冲突得以解决。

第一，苏联卫星上天事件引发的国民情绪。1957年苏联第一颗人造卫星的成功发射，是20世纪50年代末至60年代里影响美国教育的最重要的历史事件，引发了美国全国性教育改革浪潮。苏联卫星事件使美国社会产生了前所未有的危机感和紧迫感，"震惊了我们的公民和政府，使他们从对我们在科学和军事方面保持领先于苏联的能力、对我们教育制度的优越感的自我满足中清醒过来"。人们开始反思在科技、教育等领域与苏联的差距，以及产生这种差距的原因，"唤起了人们对美国教育进行客观而广泛地重新评估的要求"。苏联卫星上天事件成为美国教育改革的导火线和催化剂。

卫星事件对美国高等教育产生的影响在加州得到了更为集中的体现，这很大程度上是由加州一系列高校在军事与国防相关领域的技术研究实力和独特地位造成的。加州大学、斯坦福大学等院校早在"二战"时期就已成为美国弹道导弹技术、电子信息技术及航空技术研究的重要基地，为新兴国防与军事工业及其他相关领域的繁荣输送了大量技术人员。正是由于加州在上述领域的重要地位，当苏联卫星事件发生后，加州的高等教育很快就成为美国人尤其是加州人关注的焦点。加州民众和教育界学者都在思考加州的教育体制有何问题。

在苏联卫星上天后三个月内，受苏联卫星事件的影响，加利福尼亚的参众两院主持了一系列的关于教育的听证会，并专门成立了公共教育联合临时委员会和公民顾问委员会对加州教育进行综合考察。在最终提交的研究报告中，委员会对加州的教育体制进行了严厉抨击，认为加州的教育体制存在大量严重的问题，包括教育厅庞杂、不独立的状况，高等教育机构在扩大招生和学校发展方面缺乏明确而有效的沟通与合作，立法部门在引导公共教育发展方面没有发挥足够的影响，也没有承担必要的责任等。在进一步加强高等教育特别是公立高等教育部门之间的协调管理、制定具有广泛约束力的长远发展规划方面，加州社会各界已形成了初步的舆论基础。

第二，执政党的更迭和执政理念的转变——民主党人布朗州长的改革。1957年底，民主党在州议会选举中赢得了加州参众两院的多数席位。1958年，民主党人埃德蒙·帕特·布朗当选为加州新任州长，近百年来民主党第一次获得了萨克拉门托政府的领导权，扭转了加州政局长期为共和党所掌控的局面。②民主党地位的确立，成为制定政策、提出议案、进行政府管理和保障政策实施的关键。

布朗上任后面临着很多棘手问题。一方面，一直以来，民主党和共和党由于执政理念的不同，在如何解决包括高等教育在内的诸多社会问题上存在很大的差异。同时，新议会和州长选举等又进一步加剧了两党间的冲突和隔阂，最终导致议会议而不决、政府效率低下等问题。为此，布朗呼吁两党相互理解、相互信任，共同维护加州民众利益，支持政府工作。另一方面，布朗就任州长之际，加州正经历着"二战"结束以来最严重的经济衰退。为激发加州经济的活力，缓解严峻的财政形势，布朗提出了一系列的改革方案和措施。这些改革措施多数得到州议会的批准并顺利实施，成功地增加了政府收入，逐步扭转了加州经济萧条的局面。布朗积极的改革姿态和合理的改革措施赢得了大多数州议员的赞许。

"二战"后，在各种因素的共同影响下，加州高等教育规模特别是公立院校的在校生规模急剧扩大。据统计，到 1958 年加州公立高等教育在校生保有量较 1950 年增长了一倍多，适龄人口的毛入学率也远高于美国同期的平均水平。[10]加州在公立高等教育领域的民主化进程已走在了全美各州的前列。但是，随着公立高等教育招生数量的快速增长，高等教育的质量问题也随之凸显，"尽管（规模增长所引发的问题）是一个全国性的难题……但相对而言，该问题的严重性在加州尤为突出"[11]。之前，加州民主党人的教育政策主要集中于扩大教育规模、增加教育机会等问题上。面对加州高等教育的新形势，以布朗州长为代表的民主党人逐渐将教育改革的重点转移到教育质量上来，而这与共和党人的教育政策理念不谋而合，这种政策默契为此后加州高等教育的理性发展、特别是 1960 年高等教育总体规划的制定提供了一定的政治基础。

第三，人事变动——克拉克·科尔就任加州大学校长。加州大学在斯普劳尔校长的强势领导下，开辟了一个新时代，成为拥有广泛国际声誉的美国最著名的研究型大学之一。但是，斯普劳尔的铁腕作风和近乎于专断的工作方式也引起了很多人的不满。20 世纪 50 年代末，加州公立高等教育面临诸多挑战，在急需协调各方力量进行全面改革的时期，斯普劳尔的领导风格已很难适应加州大学所处的新环境。基于上述考虑，1957 年 10 月，加州大学董事会选择了有着高超协调能力和丰富的危机处理经验的克拉克·科尔担任加州大学新任校长，标志着加州大学领导层的一个重大转变。

在接任大学校长之前，科尔已经在加州大学伯克利分校工作了十余年，并于 1952 年出任伯克利分校首任校长。在伯克利的长期工作经历使科尔对加州大学内部的诸多问题，对加州大学与州议会、州教育委员会及其他社会力量之间的种种矛盾，对加州公立高等教育在发展进程中所暴露出的一系列问题都有较为深刻的认识。这为他上任后着力推动加州大学及加州公立高等教育的改革提供了背景依托。

同时，与前任校长斯普劳尔相比，科尔的风格更为民主，更关注那些对公立大学感兴趣的选民们的心声，这使得他更容易被社会公众及政府部门官员所接受，而他灵活的工作作风以及高超的协调各方关系的工作技巧为他顺利地履行加州大学校长职务、推动加州公立高等教育改革的稳妥进行提供了有效的保证。在这种背景下，受诸多积极因素的共同影响，一场改变加州公立高等教育发展史的改革运动就此拉开了帷幕。

第四，利益集团间的博弈。在政策的形成过程中，利益集团会主动提出自己的政策建议，或与和他们具有共同利益的议会成员联合在一起提出政策建议，利益集团的成员经常为政策的形成提供非常有价值的信息，努力把这些问题提上政策制定的议程。[4]235总体规划的制定过程是不同利益集团间相互斗争，相互制约，协调各方关系，实现团体间利益均衡的过程。

托马斯·戴伊认为，"政策是利益集团之间利益平衡和政治妥协的结果"。[12]45 20世纪50～60年代，加州高等教育系统内部普遍存在着升格的热望。州立学院在由师范学院转为综合学院的过程中，希望增加学科领域，变成授予硕士、博士学位的研究型大学，尽管这些提案受到加州大学的反对和阻拦，州立学院仍以迂回隐秘的方式进行升格，而这使得加州大学和州立学院之间的矛盾越来越突出。在与加州大学的这些冲突斗争中，州立学院的校长们对州教育委员会的领导管理方式越来越不满意，尤其是州教育厅长辛普森被他们视为提升州立学院在加州高等教育系统中地位的主要障碍。

一些州立学院的校长重申了1955年的《再研究报告》的一些议案，签署了一份报告以图得到关键立法委员们的支持，实现州立学院使命的"边缘性变化"。这些提议包括：①提议州立学院建立单独的董事会，拥有像加州大学那样的自治权，摆脱州教育委员会和辛普森的控制；②希望获得工程学和教育学博士学位的授予权；③要求政府加大对州立学院研究项目的资助力度。校长们还要求在州政府给予州立学院的财政经费中抽出1%用于支持教师的科学研究。

科尔和加州大学的其他领导意识到，州立学院要求的绝不仅仅是一些边缘性的变化，一旦州立学院拥有授予博士学位的权力，将导致州立学院巨大的扩张，必然对加州大学在加州公立高等教育体系中的主导地位产生威胁。

面对州立学院和初级学院的无序扩张，科尔认为，必须尽快制定出一份得到社会各界认可的规划文件，同时要扩大政策讨论的范围，发展更多同盟（包括布朗州长、关键的立法委员、初级学院及私立教育机构的成员等），制定更为开放和协调的发展战略，"这种战略将保护加州大学，并推动高等教育系统的协调发展。其关键内容是促成公立高等教育部门——加州大学、州立学院和初级学院——三方召开协商会议，并为加州高等教育制定一项秩序性规划"[13]，从而推动加州公立高等教育的健康、有序发展。

在得到董事会关于制定规划的批准认可后，科尔展开了积极的游说活动，不过许多州立学院校长认为这种协商的结果仅仅是一种权宜之计，无法从根本上解决问题。尽管州教育厅长辛普森对总体规划也持有怀疑态度，但他还是接受了提议，同意与科尔一同推动总体规划的制定工作，希望借助于完成这个规划来改变自己的形象，重新树立在议会中的威信。

1959年2月，辛普森和克拉克·科尔前往州立法机关申请进行一次总体规划，正式拉开了加州高等教育总体规划的序幕。

2. 政治源流中的行动者

第一，行政当局作用分析。行政当局的变更往往会改变整个城市政策问题的议程、备选方案和处理方法。在政治源流中，执政党和政府的态度对问题或方案的选择具有决定性作用，他们甚至可以决定哪些问题和建议可以被提出、被重视、被选择，并影响政策共同体内的主流价值观。通常情况下，在政策方案的提出与软化过程中，与主流价值观不符的方案会被淘汰。政党对议程的影响要大于其对政策制定者所考虑的详细备选方案的影响。政党可能会对议程有所影响，但政策制定者所关注的备选方案主要并不源于此。在加州高等教育总体规划制定过程中，民主党人布朗当选为加州州长，民主党获取加州政府的领导权，这些标志着行政当局和国会的政党力量发生了显著变化，在政治源流中为总体规划打开了一扇政策之窗。政策企业家及时地利用了这个敞开的政策之窗和现有的调节机制提出自己的政策方案建议，促进了总体规划的形成。

第二，利益集团作用分析。利益集团对备选方案的拟定和议程的建立都有影响，既会积极地推动某个主题的议程，也会消极地阻碍某个主题的议程。与利益集团理论的观点一致，金登也认为，在议程建立的过程，利益集团的作用往往更多的是阻碍作用。对利益集团作用原理的经典描绘是："利益集团往往倾向于保护自己的既得利益，阻碍那些利益集团（压力集团）通过利益诉求来影响决策者，使决策者将其他利益集团的诉求压缩，以达到一种平衡。"[14]我们看到加州公立高等教育系统内有两大主要利益集团：加州大学和州立学院，一直以来，两者都处于对峙和争吵状态中。面对加州高等教育的问题，通过利益博弈和政治妥协，两大利益集团通过加州高等教育总体规划实现了相对平衡。在这一过程中，利益集团有关各方，包括总体规划调查小组，通过报纸、新闻发布会等方式大力宣传和解释总体规划的内容，并得到了布朗州长的高度认可和加州大学内部学术评议会的支持。

第三，媒体作用分析。作为政治源流中的重要力量之一，有关学者认为，媒体对政策制定的影响可以分为三种情况：一是为政策制定者确定问题并设定议程；二是影响观众对政策问题的态度及价值观；三是改变投票人和决策者的行为。[12]43其影响政府议程的途径主要有如下几个方面。首先，新闻媒体可以在政策共同体内部充当一种沟通者的角色。其次，对一些已经在其他地方开始的活动进行夸张性报道，而不是引发那些活动。再次，媒体对公共舆论议程具有明显的影响，而公众舆论又会影响某些参与者。最后，媒体的重要性程度因为参与者类型的不同而有所差异。[4]71新闻媒体在加州高等教育总体规划的形成过程中更多地充当了辅助角色，为其他不同参与者所"利用"。总体规划最终不仅得到了州教育委员会成员们和加州大学董事会的支持，也得到参众两院和布朗州长的大力支持。同时，《旧金山纪事报》《洛杉矶时报》和《先驱考察报》等新闻媒体进行了大量的新闻报道，表现出欣赏和支持的态度。1960 年 10 月，加州大学克拉克·科尔登上了《时代》杂志的封面，并在期刊中刊登了一篇有关加州高等教育总体规划的专题文章。可以说，不论是在加州高等教育总体规划的制定时期，还是在之后的推广时期，新闻媒体都发挥着重要作用。

四 政策之窗与总体规划的出台

（一）政策之窗的开启

1. 触发机制与政策之窗

政策之窗类似于格斯顿的"触发机制"。格斯顿认为，触发机制是公共政策的催化剂，其价值来自于三个因素的相互作用：范围、强度和触发时间。在政治过程中，一个触发机制就是一个重要的事件，该事件把例行的日常问题转化成一种普遍共有的公众反应。公众反应反过来成为政策问题的基础，而政策问题随之引起触发事件。[15] 触发机制为政策之窗的开启创造了条件，而政策之窗的开启又为三源流的汇合提供了机会，最终促使了政策议程的启动。

政策之窗的开启，在很大程度上是由问题源流或政治源流的重大事件造成的。政策之窗可以区分为"问题之窗"和"政治之窗"。如果某问题源流中的重大事件（一个突发事件）引起决策者们关注，政策企业家就进入政策源流中寻找解决问题的备选方案，从而与问题结合起来；如果政治源流中发生重大变化，如行政当局的变更、国民情绪的变化、政党或意识形态的改变等，那么他们就进入政策源流中寻找适当的政策建议，进而与政治源流中改变政策议程的事件结合起来。

金登认为，"问题之窗"与"政策之窗"是相互关联的。当"问题之窗"开启时，如果作为问题解决办法的备选方案也符合政治可接受性的检验标准，那么他们就会进展得更加顺利。那些得不到政府支持的政策建议，即使它们可能是解决问题的最好办法，也往往很容易被遗弃。与此类似，当"政治之窗"打开时，政策企业家会找到一个可以把他们提出的政策建议附加上的问题。同时，政治事件还会增强人们对某一问题的关注程度。

本研究认为，在加州高等教育总体规划的形成过程中，政策之窗更大程度地受政治源流的重大变化影响而打开。

2. 政策之窗的开启

加州政府由共和党转为民主党执政的政治转变调整，为高等教育总体规划的启动提供了政治基础，而民主党人多萝西·多纳霍（Dorothy Donahoe）接替共和党人唐纳德·多伊尔就任众议院教育委员会主席，则成为加州高等教育总体规划启动的触发机制。《众议院第88号共同决议》的通过，标志着三个源流的汇合，政策之窗由此开启。

1959年3月4日，多纳霍联合众议员约翰·威廉斯和参议员沃尔特·施蒂恩斯等人向议会提交了一个议案，要求议会授权州教育委员会和加州大学董事会联络委员会"为初级学院、州立学院和加州大学及其他高等院校的高等教育设施、课程及标准的发展、扩张与整合起草制定一份高等教育总体规划，以满足加州未来十年乃至更长时期的（高等教育）发展需求"[10]，并要求在1960年立法会常规年会期间呈交该规划。

1959年3月14日，加州大学董事会、州教育委员会与部分议员就总体规划的制定问题在伯克利分校召开第一次联合会议。尽管科尔对此次联合会议寄予厚望，希望他的规划研究方案能够获得州教育委员会、辛普森和议员们的支持，但由于在利益问题上的巨大分歧，这次会议没有取得任何令人满意的成果。联席会议反映了州立学院和加州大学之间一直以来的冲突，最终演变为一场激烈的争论，特别是在关于创办新的公立院校的问题上双方一直争执不下。州教育委员会坚持由辛普森提出的优先建设新院校的名单，而大学董事会认为在双方就一些关键环节达成共识之前，任何类似的名单都没有实际意义。最后双方决定，所有问题都将留待于 4 月 15 日召开的第二次联合会议上讨论。多纳霍议员对此结果深表不满，她强调，议员们已经对双方的争吵失去耐心，大学董事会和州教育委员会必须在 4 月份的会议上启动"一个关于高等教育发展的明确的规划"[13]，以积极的态度争取议会支持。

1959 年 4 月 15 日，第二次联合会议召开，布朗州长亲临并主持了这次会议。科尔争取到了布朗州长、校董会主席唐纳德·麦克劳克林（Donald McLaughlin）及州教育委员会主席威廉·布莱尔（William L. Blair）的支持，最终《众议院第 88 号共同决议》（Assembly Concurrent Resolution No. 88，ACR 88）在立法院获得通过。同时，加州大学董事会和州教育委员会决定着手制定总体规划，并同意在 1960 年州议会年度会议上提交总体规划草案。

《众议院第 88 号共同决议》的通过，标志着高等教育总体规划的正式启动。

（二）总体规划的出台

1960 年高等教育总体规划的出台历时一年，经两次反复，最终颁布。

1. 1959 年"洛夫计划"

第一次规划主要发生在加州大学和州立学院两大系统之间，由联络委员会③下属的九人联合顾问委员会来完成。此次规划的核心议题是确立公立高等教育系统各部门的功能定位与职能划分，并对管理协调机制与招生标准加以探讨。

根据谈判和磋商，顾问委员会最终接受了州立学院代表马尔科姆·洛夫的建议，又称为"洛夫计划"。"洛夫计划"从根本上界定了州立学院和大学的功能。州立学院将变成大学，提供大学文科教育，进行职业或专业课程培训和科学研究活动，这些专业涵盖从本科到博士水平的所有阶段；而对于加州大学则要求其减少大学本科的招生，只招收高中毕业生前 10% 的学生，把主要精力专注于高级研究型学术人才的培养上，不再授予硕士学位。

由于"洛夫计划"实现了州立学院的大部分目标，使得州立学院的办学层次不断提高，功能不断增多，地位也越来越接近大学，严重威胁到了加州大学的地位和生存，遭到科尔的否决。科尔甚至一度考虑放弃对"总体规划"的磋商。第一次规划宣告失败。

2. 1960 年高等教育总体规划

1959 年 5 月底，经过广泛协商，"总体规划调查小组"正式成立。该小组不仅包括加州大学、州立学院和初级学院的代表，还增补了私立机构代表，以保证规划的全面性、整体性。西方学院（Occidental College）校长阿瑟·G. 孔斯（Arthur G. Coons）担任调查小组主席，其他成员由科尔和辛普森甄选，包括加州大学、州立学院、初级学院和加州私立教育机构的代表及一些工作人员。

调查小组成员在分析加州高等教育发展现状及面临的问题后，决定主要研究六个方面的问题：①预测 1960~1975 年加州高等教育的入学需求及生源分配；②调整不同类型公立高等教育机构的职能划分及现有格局；③确定新建公立院校的优先名单及进度安排；④预测公立高等教育机构运行成本；⑤评估政府财政支付能力；⑥设计加州公立高等教育三级系统的管理与协调模式。

根据这六个问题，调查小组成立了六个专门技术委员会针对某些具体问题展开调查研究。到 1959 年 7 月初，编制总体规划的前期准备工作基本完成，一个规模庞大、分工明晰和具有普遍代表性的工作团队最终成形（见图 2）。

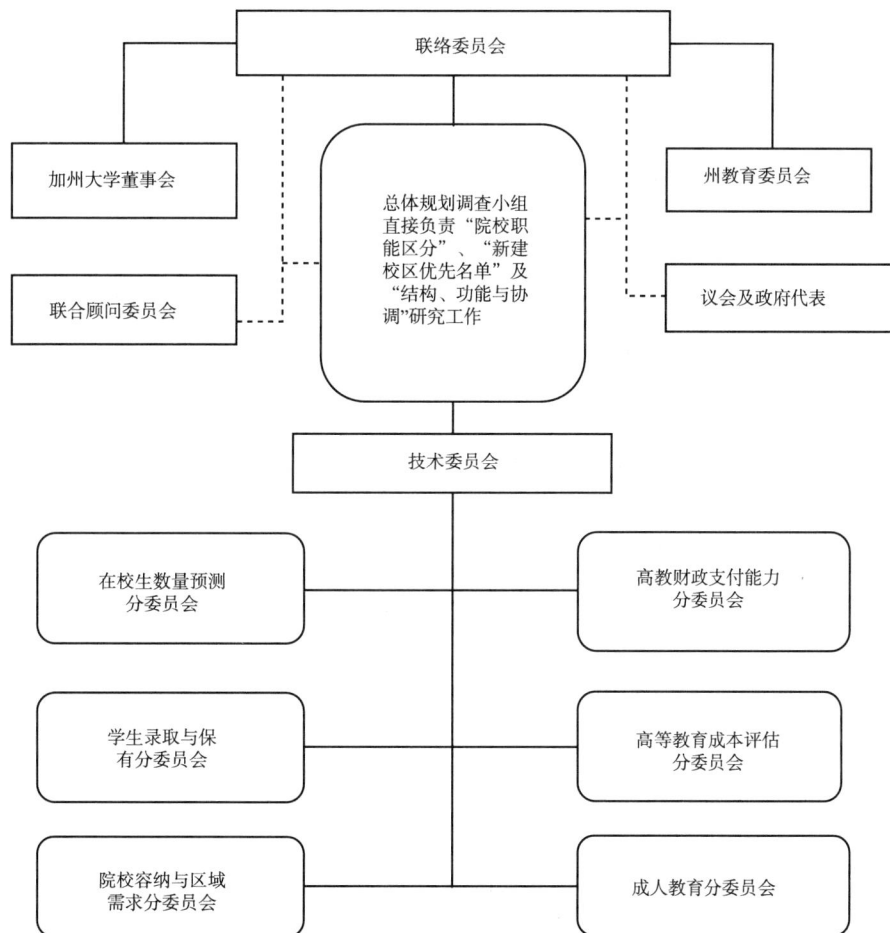

图 2　1960 年高等教育总体规划调查小组组织结构

资料来源：The California Idea and American Higher Education：1850 – 1960 Master Plan. p. 274。

面对总体规划制定过程中的种种问题，调查小组在某些关键问题上存在着严重的分歧和争论，调查研究工作一度陷入僵局。最终，加州大学校长科尔就加州大学和州立学院争论的焦点问题提出了一份妥协方案，得到了州立学院的同意，为总体规划的进行扫清了障碍。

1958 年 12 月，联络委员会一致审议通过调查小组提交的总体规划草案，并将其提交给州议会。1960 年 2 月，科尔与辛普森将《加利福尼亚州高等教育总体规划（1960～1975）》报告提交给布朗州长和州议会，得到了州议会参众两院的普遍支持，最终议会一致通过了根据总体规划主要建议为蓝本起草的法律文本，为纪念去世的众议员多纳霍，此法案被命名为《多纳霍高等教育法案》（*Donahoe Higher Education Act*）。同年 4 月，布朗州长签署了这份法案。11 月，一项根据总体规划的建议制定的宪法修正案获得加州全民表决通过。至此，总体规划④最终以法律形式被确定下来，成为改变加州高等教育特别是公立高等教育发展进程的里程碑，加州公立高等教育由此开启了辉煌的"规划时代"。

五　结论与启示

通过上述研究，我们可以得到如下几条结论。一是区域经济社会的发展对总体规划出台的产生了重要影响，区域政治经济发展是政策变迁的宏观背景。二是关键的行动者对总体规划的出台产生直接影响，正是政策企业家对"政策之窗"的把握推动了政策变迁。三是政策议程的形成机制是高等教育系统在宏观社会背景制约下自主选择的过程，总体规划的形成过程是自上而下和自下而上相结合的过程。区域高等教育发展与区域经济社会发展的耦合是 1960 年加州高等教育总体规划取得成功的关键。这些结论可对中国区域现代化与区域高等教育规划的耦合提供诸多政策启示。

（一）抓住问题，从实际出发

一直以来，我国各省市、各高校的发展规划的制定往往流于形式，其往往是"锁于柜中，存于口头"，并没有很好地在实际中发挥它们的作用，指导高等教育的发展。目前我国多数高校战略规划的制定工作不是从学校办学实际出发，把规划作为学校战略发展的有力工具，而多是将其视为一种临时任务，纯粹是为了迎接上级教育行政主管部门的检查。显而易见，这种抛开学校发展实际，又缺乏高校教师的认同和参与的规划是不能发挥其应有的作用的。

在加州，不论是加州高等教育总体规划之前的一系列研究，还是 1960 年的总体规划，尽管有些研究报告的结果不尽如人意，但它们的出发点都是加州高等教育当时所面临的问题和挑战，都是因时因势的问题导向型。正如克拉克·克尔所说："我们的确抓住了历史和引导历史，而没有被历史压倒。但是我们实际上很少考虑历史而更多地想当前需要解决的问题。"也正因为如此，在之前研究成果不断的修正、演进中，加州高等教育总体规划最终成功地解决了加州高等教育在 20 世纪 50～60 年代所面临的问题。时至今日，总体规划依然在全美和全世界发挥着无以替代的作用。这种关注问题解决的思路确实值得我们借鉴。

（二）多方参与，协调发展

从加州高等教育总体规划的形成过程及调查小组成员的组成可以看出，加州公立高等教育各机构各利益方广泛参与，充分发挥协调机制的作用，在各方的合作、磋商中，实现自上而下与自下而上的完美结合，达到各方利益的平衡与协调状态。

面对我国高等教育目前发展中的遇到的问题，加强高等学校之间的交流、合作，促进学科间的交叉、融合，实现资源的优化配置，将是明智之举。《中华人民共和国高等教育法》第十二条规定："国家鼓励高等学校之间、高等学校与科学研究机构以及企业事业组织之间开展协作，实行优势互补，提高教育资源的使用效益。"在课程资源、师资力量、实验设备以及书刊资源上，高等院校之间应该实现资源共享，取长补短、相互促进，营造更好的人才培养环境，最终实现院校间的互惠共荣。

（三）充分发挥校长等关键行动者的作用

高校校长是一个特殊的岗位，也是各种理想身份的综合体。作为发展规划工作的总协调人和最终发布人，校长起着无可替代的关键性作用。美国管理学家约翰·米利特认为，"一所大学规划的有效性取决于校长领导的有效性"[16]。校长的战略领导总体上决定了高校的发展方向。因此，要把高校发展规划的制定和实施工作作为校长的首要任务。在美国，遴选校长的要求之一就是校长能提出和实施有效的高校发展规划。在英国，大多数大学校长都认识到他们对规划过程有效进行所起的领导作用。英国高等教育拨款委员会在《英国高校战略规划指南》中指出："校长在规划过程中有四项主要任务：提出目标任务和发展思路，听取咨询意见，进行激励和加强沟通交流。"[17]

作为加州高等教育总体规划的总设计师，加州大学校长克拉克·科尔完美地发挥了"校长"这一职能，他的成功给我国当今高校的校长树立了一个榜样。而我国高等院校大多实行的是校长负责制，目前的校长选聘任用方式很难产生有自己教育理念的教育家型的校长。因此有关学者认为，制定校长的考核标准应该以校长的职责为依据，校长的学术背景只作为在选聘时的重要参考，校长在任期间的学术成果不作为考核指标，建立"年度述职、聘请考核"的制度。[18]

（四）加强政府与高等教育系统间的协调与合作

加州高等教育总体规划的出台是加州高等教育系统内部协调的结果。总体规划的形成与实施过程是政府、立法机构、高等教育系统、社会公众之间相互协调合作，通过一定的妥协，最终达成的一种相对平衡状态。"参与""谈判""协商"是其治理理念。总体规划实现了各利益主体之间"必要的张力"与"动态的平衡"。[19]

大学作为传承学术和研究学问的组织，既要主动适应政府所代表的公共利益的需要并接受政府和社会的监督，又要保持自己相应的独立和自主。政府不能以自己的偏好，通过行政、立法、财政等手段对大学过多干涉、控制。

借鉴加州经验，我们应建立一个政府、各层次类别高校、社会公共利益团体及企业等多方利益主体平等参与的制度化对话平台，它能将各种矛盾置于协商当中加以调和，形成共识后既可以留给每个主体创造的空间，又便于看到彼此的需要从而加强合作，并在透明的机制中互相监督，从而找到政府在直接管理中无暇顾及也无法触及的深层次问题的解决途径。

注：

① 为协调加州公立高等教育机构间及加州大学董事会与州教育委员会间的关系，避免各机构间冲突的进一步升级，加州大学校长斯普劳尔提议成立一个由董事会和州教育委员会共同组成的"联络委员会"。委员会于 1946 年成立，由 8 名成员组成，包括加州大学校长和州教育厅厅长，及董事会和州教育委员会的各 3 名代表。

② 1887~1959 年，加州共产生了 15 个州长，其中只有两位是民主党人，其余都由共和党人担任。

③ 联络委员会前身为根据 1932 年卡内基教学促进基金会建议建立的州教育计划和协调委员会，但后来这一机构并没有真正发挥作用。1945 年加州大学和州立学院两大系统建立联络委员会这一非官方机构，目的是跨过前一机构的障碍，改善两大系统的关系。20 世纪 50 年代初，联络委员会成立了九人顾问委员会，其成员为加州大学的三位分校校长、州立学院的三位院长和初级学院的代表，其职责是帮助联络委员会解决一些重点问题。

④ 1960 年加利福尼亚高等教育总体规划并不是一个单一文件，而是由三份不同的文件共同组成的：总体规划报告、《多纳霍高等教育法案》及后续相关法律、1960 年加州宪法修正案。

参考文献

[1] 刘玉，冯健. 区域公共政策 [M]. 北京：中国人民大学出版社，2005：6.

[2] 郭巍青. 政策制定的方法论——理性主义与反理性主义 [J]. 中山大学学学报（社会科学版），2003（2）：39-45.

[3] 陶学荣. 公共政策学（第二版）[M]. 大连：东北财经大学出版社，2009.

[4] 约翰·W. 金登. 议程、备选方案与公共政策（第二版）[M]. 北京：中国人民大学出版社，2004.

[5] 龚虹波. "垃圾桶"模型述评——兼谈其对公共政策研究的启示 [J]. 理论探讨，2005（6）：104-108.

[6] 保罗·萨巴蒂尔. 政策过程理论 [M]. 北京：生话·读书·新知三联书店，2003：92.

[7] 克拉克·科尔. 高等教育不能回避历史 [M]. 杭州：浙江教育出版社，2001：79.

[8] 章新胜. 加州高等教育总体规划与美国高等教育治理 [J]. 中国高教研究，2005（12）：39-40.

[9] 李政云. 美国加州教育总体规划演进分析 [J]. 高等教育研究，2005（11）：97-102.

[10] 何振海. 美国加利福尼亚州公立高等教育系统化发展研究 [D]. 河北大学博士学位论文，2008.

[11] Arthur G C. Crises in California Higher Education: Experience under the Master Plan and Problems of Coordination, 1950 to 1968 [M]. The Ward Ritchie Press. 1968.

[12] 托马斯·戴伊. 理解公共政策（第十一版）[M]. 孙彩虹，译，北京：北京大学出版社，2008.

[13] Douglass J A. The California Idea and American Higher Education: 1850 to the 1960 Master Plan [M]. Stanford: University Press, 2000.

[14] 王吉. 政府议程建立过程的角色功能分析——以美国为例兼论约翰·W. 金登 [J]. 海南师范学院学报 (社会科学版), 2006 (2): 132 – 135.

[15] 拉雷. N. 格斯顿. 公共政策的制定——程序和原理 [M]. 重庆: 重庆出版社, 2001: 23 – 25.

[16] 黄成林, 彭斌等. 地方高校制定发展规划的实践与探索 [J]. 江苏高教, 2007 (3): 58 – 60.

[17] 教育部直属高校办公室. 谋划发展规划未来——教育部直属高校发展规划工作探索与实践 [M]. 厦门: 厦门大学出版社, 2003: 224 – 225.

[18] 赵文华. 我国高等学校发展战略规划的价值、挑战与策略 [J]. 高等教育研究, 2006 (3): 34 – 39.

[19] 许杰. 政府分权与大学自主 [M]. 广州: 广东高等教育出版社, 2008: 87 – 90.

The Birth of a Regional Policy

—The Formation of the Master Plan for Higher Education in California

Zhou Guangli   Dong Weiwei

Abstract: Globalization and market transformation have intensified greatly the differentiation among regions in China. Replacing the idea of integral modernization, regional modernization has become an important concept in policymaking. Higher education is the most important factor affecting regional modernization, and how to achieve a mutually beneficial interactions between regional economy and higher education through policymaking is one of the important issues to the nation's decision-makers and the society as a whole. *The Master Plan for Higher Education in California* is regarded worldwide as the prime example of excellence in formulating regional master plans. It was able to achieve great success due to the scientific nature of its formulation process and a thorough consideration of the features of regional public policy. In general, to formulate effective regional higher education policies, one has to embrace the reality of the region; all the stakeholders must be involved; influences from key factors such as the principals must be utilized; and coordination and cooperation between governments and higher education system must be strengthened.

Keywords: Master Plan of Higher Education; Regional Policy; The Multiple Streams Framework; California Higher Education System

（责任编辑：黄容霞）

大学战略规划有效实施的
主要驱动因素分析

陈 明[*]

摘 要：20世纪80年代以来，战略规划作为一种对大学生存发展具有关键作用的管理工具和管理方法而逐渐流行开来。从战略管理过程来看，对任何大学来说，形成战略都是一件不太容易的事情，但在大学范围内有效实施战略则是一项更为困难和复杂的任务。本文在探讨战略实施失败原因的基础上，重点分析了战略领导、组织结构、年度计划、绩效管理、大学文化、支持系统等大学战略有效实施的若干驱动因素，以期为提高大学战略实施效果提供可行的路径。

关键词：大学 战略规划 战略实施 驱动因素

20世纪80年代以来，战略规划作为一种对大学生存发展具有关键作用的管理工具和管理方法而逐渐流行开来。从战略管理过程来看，对任何大学来说，形成战略都是一件不太容易的事情，但在大学范围内有效实施战略则是一项更为困难和复杂的任务。一个精心设计的大学战略，如果不能得到有效实施，就不会产生实际的组织绩效和竞争优势。大学战略规划的真正价值也只有通过有效实施才能得到体现和认可。这样来看，一旦大学卷入战略规划过程之中，如何有效实施就是一个必须面对的主要管理挑战。本文在探讨战略实施失败原因的基础上，重点分析大学战略有效实施的若干驱动因素，以期为提高大学战略实施效果提供可行的路径。

一 战略实施为什么会失败

从战略管理的过程模型来看，战略实施是分配组织资源（Allocating Resources）来支持已经选定战略（The Chosen Strategies）的过程。这一过程包含有一系列使得战略"动"起来，进行战略控制从而实现战略目标的管理活动。并且，从战略到实施的过程还是一个寻求匹配的过程（Seeking Alignment）。所谓匹配是指这样一种状态，即大学战略目标的实现得到大学组织结构、支持系统、工作流程、人员素质、组织资

---

* 陈明，男，湖北黄陂人，中南财经政法大学校长助理，研究员。

源、激励机制和组织文化等的支撑和保障，正是通过这种匹配把已经选定的战略转换为组织行动从而实现战略目标。

战略规划对大学的吸引力主要在于它既是目标导向的（Goal-Oriented），更是行动导向的（Action-Oriented）。通过导入战略规划，有利于大学进行系统的战略思维，促进大学对外部环境变化的适应性管理，推动大学在战略目标、优先发展领域等方面的科学决策，取得利益相关者对大学的支持，改善大学的公众形象，等等。因此，大学战略规划作为一个过程模型，总体来看还是有效的。但是，如果实施功能不到位，措施不能真正落地，实施效果不太好，那么，战略规划作为大学管理工具的功用性就要大打折扣。为此，战略管理文献中对战略实施不到位从而导致整体战略效果不好的原因进行了系统的分析和探讨。归纳来看，大体有以下一些方面。

（1）战略本身缺乏可执行性。战略可以定义为达成目标的手段，战略是目标与手段之间的一种逻辑关系。战略缺乏可执行性就意味着战略本身有问题。这既包括制定战略的程序出了问题，也指战略内容的不科学性，例如，简单套用商业组织的战略形成模式，而没有考虑大学的组织特征；战略设计没有充分反映内外环境变化的要求，目标脱离实际，等等。这样一来，战略自身的缺陷就前置性地限定了战略的可执行性。

（2）对战略管理过程的认识存在偏差。战略规划是一个过程模型，我们不仅要重视战略的制定和形成，更要重视战略的实施和落地。我们既要制定好的战略，更要把战略实施到位。现实中，由于对战略实施功能的重要性认识不足，大学通常会花很多的时间和精力来制定战略方案，但对战略实施过程的管理比较松懈，战略形成和战略实施过程相互脱节甚至中断。对战略管理过程认知不全面是导致大学战略实施不得力的重要因素。

（3）缺乏战略领导。领导通俗地讲就是引领和指导，包括对组织目标和方向、对资源流向、对组织成员行为、对组织文化等的引领和指导。而战略领导就是对大学的战略思维、战略愿景、战略形成和战略实施的引领和指导。实践证明，强有力的战略领导是大学战略成功的重要保障。缺乏战略领导，则很难在大学层面形成统一的战略思想基础，统一的战略承诺、战略行动和战略绩效文化。

（4）激励机制不健全。激励机制设计对保证组织战略目标的实现具有决定性意义。理想的状况是实现所谓的激励相容，即个人被激励努力完成任务、实现个人发展目标的同时，达成组织的整体目标。大学战略实施中的实际情况中则出现战略目标和任务的分解不清，找不着责任人；干多干少、干好干坏一个样，奖惩制度不分明；部门和个人虽然努力工作，但与组织的战略目标实现不相关等问题。所以强化问责、执行力和激励约束是大学战略实施的根本保证。

（5）战略沟通不够。战略沟通是大学与其利益相关者之间就大学的战略问题、战略意图和战略方案进行的互动过程。经由这一过程，大学内部就上述问题达到高度的思想统一、形成共识。而实际情况有时是，大学的战略规划往往是大学高层管理团队的一项智力活动，关于大学战略问题和战略方案的讨论也只局限在一个小范围和小圈子里面。这样，一旦要进行战略实施，其他利益相关者就会采取一种事不关己，高高挂起的态度，把自己游离于大学的战略管理过程之外。

（6）组织资源不匹配。当大学提出的战略目标和战略方案没有足够的资源基础和资源保障时，资源不足就成为战略实施的一个重要制约因素。因此，大学的战略必须建立在充分的资源基础之上。一旦进入战略方案的实施过程，就需要给予相应资源条件保证。否则，战略实施就会是无米之炊。在大学的所有资源中，人力资源和财务资源状况对战略实施的意义特别重要，必须进行优化配置来保障战略规划的顺利实施。

（7）部门之间的协调不够。现代大学是一个复杂的组织体，其特性被描述为"有组织的无政府主义"。由于战略实施比起战略形成来讲会涉及更多的部门和大学成员，这样直接带来的问题是大学内部的有效协调变得十分困难。战略实施通常需要将大学的战略目标和任务在横向和纵向两个方向进行分解。这种分解不仅是要明确各自的责任，而且需要各个机构和部门之间的战略协同，形成战略实施的合力。如果机构和部门之间各自为政、各行其事，甚至相互牵扯、互相干扰，那么战略实施就会产生无效协同。

（8）对战略变革的抵制。任何大学战略的实施都意味着变革，意味着对现状的一种改变。而变革总是带来利益调整，总会造成利益冲突。在大学实施新的战略时，往往存在对战略变革进行抵制的力量。因此，如何消解对大学战略变革的抵制因素，是大学战略实施的一个重要问题。如果大学高层不能很好地管理变革过程、有效地减少对变革的抵制，那么，大学新的战略决策和战略行动的落实将会大打折扣。

（9）战略文化跟进滞后。战略文化是支撑大学战略管理的价值系统和行为模式。实践证明，有效的战略实施需要一种战略文化的保障。诸如追求卓越、讲求绩效、相互协作、勇于负责、敢于创新、注重细节、善于学习等等价值取向对大学的战略实施起着重要的保障作用。一个不注意战略文化建设的大学，大学成员之间会缺乏共同价值的引领，很难在战略实施上形成有效的行为模式，进而掣肘战略目标的实现。

（10）较长时程导致的战略漂移。战略实施与战略形成相比要耗费更多的时间。正因为战略实施的周期较长，因此容易导致高层管理对战略实施的持续情况关注不够，较长的时间区间特别会使高层管理的精力不再专注于关键的战略目标。

总之，战略规划的实践表明，大学面临的最大挑战不是战略制定，而是战略执行。制定出来的战略在实施之前只是纸面上的或人们头脑中的"蓝图"，而战略实施才是取得战略效果的行动保障。因此，"知""行"合一是大学战略规划和战略成功的核心所在。

二 战略实施的主要驱动因素

所谓驱动就是驱使、推动的意思。战略实施的驱动因素就是使战略得以有效实施的推动因素，即如何使战略动起来，而不是躺在文件柜里面睡大觉的有关力量或变量。人们对战略实施驱动因素的高度关注，直接源于战略实施失败的效应。从相关文献来看，对战略实施问题的分析大体上可以归结为两种基本的研究路径。

一种研究路径是对战略实施过程中单个具体因素的分析。这种分析着重于探讨哪几个因素对战略实施产生影响和发生作用。例如，Thompson 指出，实施战略需要的是不同的管理任务和管理技能，并提出了 8 个战略实施的具体管理要素，分别是建立组织的战略实施能力、为关键的战略行动分配资源、设计支持战略实施的政策框架、建立最佳业绩标杆、建立战略实施的各项支撑系统、建立与战略实施效果关联的激励机制、建设组织文化和工作氛围、加强战略领导。David 认为，战略实施的重要管理问题或中心问题包括建立年度目标、设计组织政策、分配资源、调整组织结构、优化业务流程、改进激励计划、消除对战略变革的抵制、培育支持战略实施的文化、提升管理层的执行力、强化人力资源管理功能等方面。Plunkett 指出，战略形成与战略实施面对的是完全不同的任务。就战略实施而言，主要的要素是战略领导、组织结构、人力资源和信息与控制系统设计四个方面。国内的别敦荣教授结合规划实践也提出了领导、组织、措施和过程这样四个主要的战略实施要素。总的来看，这类研究的意义是分别定义和分析了影响战略实施过程的相关因素，不足之处是对这些因素之间的关系和相互作用的机制并没有提供清晰的解释，也没有说明这些因素是如何推动战略实施实际发生的。

另一种研究路径是在一个统一的框架和模型下对多个要素的系统分析。我们知道，在战略形成领域，已有一些诸如 SWOT 分析、Porter 的五种力量分析等通用模型和框架。与此相反，在战略实施领域，缺少广泛认同和处于主导地位的实施模型和实施框架。有鉴于此，不少学者认为，战略实施失败的一个主要原因就是缺乏相应的模型来指导战略实施过程。人们不清楚战略实施过程到底涉及哪些关键要素，这些要素如何影响战略实施效果。因而发展综合性的战略实施模型显得特别有意义。因此，20 世纪 80 年代以来，以 Joyce 为代表的一批学者先后提出了不同的战略实施框架。它们是战略管理领域的第一波战略实施框架。虽然这些框架没有后续的经验验证，但揭示了一组相似的关键性要素对战略实施成功的重要作用。这些相似性的实施要素主要有战略、组织结构、文化、人员、沟通、控制系统和绩效结果评价等。

20 世纪 90 年代后期，平衡计分卡技术（简称 BSC）开发出来并用于战略实施。这项技术的目的是为管理者提供一个战略实施成功因素的指南，促进组织活动与战略的协同和匹配。通过财务、客户、内部流程和学习成长四个视角的研究，Kaplan 和 Norton 界定了四个主要战略实施要素，即明晰和转换愿景与战略、沟通和责任、计划和目标设定、绩效反馈。BSC 提出来以后，对战略实施的认知和实践都产生了很大影响，以至被认为是战略实施的最佳工具。

2001 年，Okumus 界定了一组战略实施要素，即战略、环境、结构、文化、领导、运行计划、资源配置、沟通、人员、控制和绩效结果。根据这些要素的功能和性质，Okumus 将它们划分为四大类，即战略意图、战略背景、管理过程和绩效结果，从而提出了一个新的战略实施框架。

2005 年，Higgins 提了 8 S 模型。该模型立足于 20 世纪 80 年代麦肯锡公司的 7 S 模型，目的是让组织更好地管理战略实施过程。Higgins 坚信，战略实施与战略形成一样重要和关键，战略实施工作所包含的主要内容就是组织的各种功能要素与选定战略的匹配问题。这些功能要素包括结构（Structure）、系统和程序（System and Processes）、领导风格（Leadership Style）、人员配置（Staff）、资源（Resources）和共享价值（Shared Values）。这些要素加上战略绩效（Strategic Performance），就是所谓的 8 S 模型。Higgins 认为，这个模型就是战略实施的路线图。

2008 年，Hrebiniak 认为需要一个实施框架作为实施战略的逻辑方法，这个框架包含的主要因素有：清晰和有效的战略、设计合理的组织结构、将战略目标转换成短期运行目标和指标、清晰的责任分配和问责机制、运用激励机制支持实施过程和实施效果、发展适应战略实施需要的组织能力、注意对战略变革的管理等模块。战略、目标、结构、问责、控制、能力和变革等要素一同构成了 Hrebiniak 的战略实施模型。

同样，国内学者对战略实施的影响因素问题也进行了深入研究，比如薛云奎等指出，战略实施是由多个要素关联形成的立体框架，包括有战略制定、战略澄清、战略沟通、目标分解、计划拟定、资源分配、战略行动、业绩反馈、激励奖励和学习调整等多方面内容。因为对选定战略的有效实施取决于组织的战略执行力，即运用各种资源和机制实现战略目标的综合能力。所以，可以将上述要素归结为战略共识、战略协同和战略控制这样三个战略执行力因素。

总体来看，战略实施问题研究的兴起，标志着对重"战略"而轻"实施"这种现象的扭转，战略实施被放在了一个更加突出的位置。上述战略实施框架的提出就是对这一趋势的回应。这些框架定义和列举了主要的战略实施变量，并进行了图示化的表达。各种实施框架在实施要素的识别和界定上尽管有所区别，但都体现了一种探索战略实施有效性的系统化努力。这些框架的主导性思想是，在实施规划的时候，人们应该同时考虑多种影响因子或支持性要素，既要理清要素之间的相互关系，又要把握要素与战略成功之间的逻辑关联和匹配机制，最终保证组织战略的成功实施。组织结构、资源分配、领导风格、信息系统、激励机制、控制系统和组织文化等通常被认为是进行有效战略实施的基本要素。

无论是在上述单个要素分析中，还是在实施框架的研究里，核心思想是通过识别关键性要素来引导战略有效实施，这些关键性要素即战略实施的驱动因素。包括大学在内任何组织的战略实施过程本质上也是一个系统工程，需要在识别和界定主要驱动因素的前提下进行系统设计，从而确保战略实施的预期效果。

三　有效实施战略领导

战略实施的一个核心要素就是加强战略领导。通过战略领导，目的在于获得大学内部对于战略目标的承诺、形成对战略实施的一致性支持、处理战略实施过程中的利益问题、强化战略沟通功能、培育和塑造战略文化、引导组织创新和对环境的反应能力、协调权力冲突、控制和调整战略实施过程等。

美国耶鲁大学校长 Levin 教授在 2004 年第二届中外大学校长论坛上指出，即使最伟大的大学，要是没有雄心壮志，没有高明的领导，就不可能取得更高的成就。实践证明，在大学战略管理过程中，领导既在战略形成中扮演关键角色，更是战略有效实施的决定性力量。

研究表明，缺乏战略领导是大学战略实施的主要障碍之一。反过来说，战略领导是大学战略实施的关键驱动因素。美国学者 Hitt 在《战略管理》中指出，实施有效的战略领导包含决定战略方向、发展人力资本、维持有效的组织文化、强化伦理准则、建立均衡的组织控制这样一些主要内容。从战略实施的角度来看，大学最要紧的战略领导角色主要有以下一些方面。

（1）决定战略方向。战略领导的首要职责是设计大学的战略目标和方向。在此基础之上加强愿景领导，使全体师生员工团结在大学的共同愿景之下。

（2）发展与维持核心能力。发展与维持核心能力是战略领导的重要职责。核心能力源于大学的资源及其组合效率。战略领导者必须不断努力地开发大学的核心能力以为战略实施提供能力保障。

（3）优化人力资源配置。人力资源是能否成功地进行战略制定与实施的关键。因此，战略领导必须保证大学的人力资源总量和结构与组织战略相匹配。

（4）培育有效的大学文化。大学文化对大学战略实施具有重要影响，战略领导应该是支持战略的大学文化的培育和建设的主要推动者。

（5）建立有效的战略控制系统。控制系统是战略执行的重要保障条件。进行有效的战略控制建设是大学战略领导的重要职责所在。

（6）处理大学内部的政治问题。这里的政治问题主要是指大学内部的权力关系问题。为此，战略管理者必须清醒地理解大学的权力结构及其运作，妥善处理好与大学主要的利益相关者的关系，建立最大可能的战略共识和承诺，确保对战略的支持，减少对战略的抵制因素。

（7）领导战略调整行为。没有一个大学战略规划及其实施方案可以预计所有的问题。因此，进行适时的调整是领导战略实施过程的一个正常和必须的部分。决定何时调整或调整什么取决于大学面临的环境条件，总的要求是大学战略应与环境保持动态一致性。

（8）推动组织变革。如何克服阻碍战略实施的因素是决定大学战略成功的重要问题。通常战略实施会涉及组织变革，而组织变革会涉及不确定性和风险。由于大学组织的传统性和保守性特征，大学天然有一种抵制变革的趋向，总是试图维持现有状况。因此组织变革的推动情况直接关系到大学战略实施的成败。总之，战略领导的愿景激励、资源分配、战略沟通、凝聚共识、建立承诺、文化培育、绩效评价等对于大学战略的有效实施都发挥着至关重要的作用。

四 加强组织与战略的匹配

大学必须设计合理的组织结构、合理运用组织资源来使战略变成现实。主要方面包括建立支持战略的组织结构、提高员工实施战略所需要的各种能力和技能、对个人和部门进行明确的战略实施责任分配、将合适的人员配置在关键战略实施岗位、加强战略实施团队、优化工作流程等。总之，要为大学战略实施提供有力的组织保障。

组织结构是有效实施战略的重要工具，一个好的战略需要通过与其相适应的组织结构匹配才能起作用。有关组织结构与战略之间关系的开创性研究是由美国管理学家 Chandler 教授进行的。他在 1962 年出版的《战略与结构：美国工业企业历史的篇章》一书中得出一个著名的结论：组织结构要跟随战略。通常来看，战略的变化要求组织结构的变化，组织结构的重新设计应该促进战略实施。因此，组织结构是战略实施的基础条件。战略一旦制定并进入实施阶段后，紧接着需要关注的问题就是，大学现有的组织结构是否适应其战略变革的需要？如果现有组织结构与战略的匹配有问题，需要做出怎样的结构调整？也就是说，战略一旦确定以后，必须要有相应的大学内部组织结构来进行匹配，为战略实施提供必要的组织保证。

组织与战略匹配的重要任务还包括加强组织能力建设。组织能力是一个组织实现战略目标、取得组织绩效的才能、本领或各种技能。能力建设或能力发展则是建立和开发组织能力的各种有关活动和工作，就像个人要完成某项工作和任务需要一定的能力和本领一样，一个组织想要实现战略任务，也需要相应的组织能力结构来保证战略的有效实施。在商业领域，苹果公司有卓越的创新能力，麦当劳有优秀的标准化管理能力，等等。这些能力不仅是这些公司获取战略绩效的重要保证，也是它们实现战略目标的重要手段。在高等教育领域，众所周知斯坦福大学有优秀的产学研协同创新能力，哈佛大学有卓越的课程开发能力等。正是这些能力保证了它们世界一流大学的卓越学术地位，并从根本上支撑了它们的可持续竞争优势和战略意图。因此，组织能力建设也是大学战略得以有效实施的重要保障。

同时，强化大学的战略实施，一种系统性的解决方案就是 Kaplan 和 Norton 提出的建立"战略中心型组织"。"战略中心型组织"和其他一般组织的区别在于，它们能够系统地描述、衡量和管理战略。其核心在于帮助组织形成以战略为中心的管理流程。特点是为组织建立一个达成战略、高效部署资源的框架；确保组织战略能有效分解到业务单位与职能部门，保持战略执行的纵向一致与横向协同；确保员工个人的目标、薪酬、职业规划与组织战略得到有效整合，从而使组织战略最终落实到每个成员身上并成为员工的日常工作；建立一个对关键业绩驱动因素进行监控、评估与分析的体系；确保组织能够高效识别问题并有针对性的提出战略绩效的解决方案。按照卡普兰和诺顿的标准，如果达到了"高层领导推动战略变革"、"战略转化为可操作的行动"、"组织围绕战略协同化"、"战略成为每个员工的日常工作"、"战略成为连续的过程"这五点要求，大学就属于"战略中心型组织"。

五　重视作为战略落地工具的年度计划

在商业领域，公司战略规划的实施会从时间维度上进行分解，通常由三年或五年的战略规划开始，到年度计划，再到季度计划，一直到月度计划。从大学来看，战略规划同样要按年度进行分解，将战略规划转换为分年度的工作安排和任务分配，把战略规划在时间维度上进行分解和细化。实践证明，大学战略规划难以落地的一个重要原因就是没有具体、详细的年度计划的跟进，年度计划与战略规划脱节。因此，战略规划必须"年度化"，通过逐年的计划推进，最终达成战略目标。因此年度计划是一个有效的战略管理、绩效责任和效率改进工具，也是战略落地的重要手段。

有效的年度计划被称作是战略规划的"转换器"和战略实施的"建筑师"。从前者来看年度计划任务来自于战略规划的目标分解，是对如何落实战略规划的细化方案，所要解决的问题主要包括年度需要完成什么任务，谁来负责这些任务，如何完成任务，何时完成任务，需要何种资源条件，如何评价和监督等相关问题。从后者来看，成功的战略实施是通过年度行动计划而完成的。正是经由年度计划确定的具体措施、行动、资源分配、时间界定、绩效评价等保证战略规划运行在正确的轨道上面。年度计划实际上是战略规划和战略实施之间的重要桥梁。作为完成战略规划中特定任务或达成特定目标的具体安排，一个有效的年度计划能够支持大学战略意图，保证大学战略目标的实现，并且可以防止出现与大学战略目标相偏离或相冲突的现象。

总体来看，年度计划的意义体现在：一是按年度列出战略规划的任务分解清单，确保大学建立合适的年度工作目标和预期成果来有效支撑大学的战略规划和战略目标；二是界定资源需求，组织资源分配以利于年度目标的实现；三是责任分配，明确个人和部门年度工作的任务和职责，为提升执行力，加强问责和绩效考核奠定基础；四是帮助大学以最有效率的方式来履行职能和达成使命，是保证大学运行效率的重要工具；五是经由年度计划的制定和实施表明大学是在以有效率的方式使用公共经费和履行职能；六是宣示大学致力于持续的计划和评价过程来体现对大学使命、目标和运行结果的系统评估。

大学战略实施的重要工作在于根据战略规划的总体构想来制定具体的年度计划，并通过年度计划的运行最终来保证战略规划目标和战略的实现，真正使年度计划成为战略规划实施的一个主要工具。年度计划通常应该包含以下主要要素：一是计划的背景，包括大学愿景、使命、目标和战略等；二个是年度工作目标，即根据战略目标而分解和提取的预期工作成果；三是具体的工作任务，即要做些什么及谁来做；四是主要措施，即为了达成工作目标而采取的行动和措施；五是责任主体，即对于完成目标任务负有责任的个人和单位；六是资源分配，即针对具体任务的资源保障，对于每一个行动方案，都需要有相应的资源保障，包括人员、技术、资金、设施、制度等；七是时间界限，即什么时间完成任务；八是指标或标准，即完成任务的绩效指标和评价标准。

六　培育支持战略的大学文化

实践证明，战略的有效实施需要一种支持战略的大学文化。战略实施一旦启动以后，大学高层要做的一项重要工作就是推进文化的变革，以促进大学文化与战略的适应和匹配，其主要任务包括建立共享价值系统、设定伦理标准、创造支持战略实施的工作氛围、倡导高绩效文化等方面。

大学的核心价值、伦理标准、历史传统、员工态度、行为模式、工作规范等因素综合起来构成了所谓的大学文化。从文化与战略管理的关系来看，大学文化对于战略实施既可能作出贡献，也可能成为障碍。一个与战略实施相匹配的大学文化会帮助员工以一种支持战略的方式行事。比如，一个鼓励创新、挑战、承担风险，勇于变革的大学文化，就会有助于教学、学术和管理创新战略的成功实施。而一旦大学文化不利于大学战略实施的时候，或者文化具有排斥性导致战略实施困难的时候，大学的文化变革和创新就需要加速推进。

根据 Hellriegel 在《组织行为学》一书中提出的观点，一个文化是否存在，必须满足三个条件或标准，即这个文化必须为组织中的最大多数成员接受、认同和共享；必须在组织成员间代代相传、持续维持和发展；必须能够引领和塑造组织成员的行为、指导和影响组织成员的决策。因此，要培育支持大学战略实施的组织文化，需要按照上述要求进行系统的设计，并以大学文化战略规划的形式予以规范和落实。在这个过程中，语言和行动在推进大学的文化变革中都扮演着重要角色。语言能激励员工士气，激发精神追求，界定支持战略的规范和价值，说明战略变革的理由，强化员工的行为承诺，鼓起员工对战略目标的信心，等等。而行为能创造支持战略的象征，树立榜样，昭示大学对员工行为的预期，等等。因此，大学领导层的文化自觉和文化引领具有特殊的重要意义。

推动支持战略的文化建设也需要加强伦理行为。战略实施需要大学建立与战略一致性的伦理标准，公开和清晰地表达对伦理行为和道德行为的倡导。一些大学为此制定了大学教职员工和学生的伦理守则，还通过大学领导的行为示范、对失范行为的惩处等来强化大学的伦理约束。这里面特别重要的是大学领导层的伦理责任和伦理领导。为了加强大学的伦理领导，首先是大学的领导应该以他们的行为来建立卓越的伦理典范。其次是领导和员工都应该接受伦理教育，知道什么是合乎大学伦理要求的，什么是不符合大学伦理要求的，为此要进行相应的伦理项目培训。再次是大学领导需要定期地表明对大学伦理守则的坚定支持，并在有关的伦理问题上清晰地表明自己的立场。最后是对违反大学伦理守则的教职员工进行严肃处理。

总之，大学文化也要跟随大学战略。实践证明，大学所倡导的执行力文化、绩效文化、追求卓越的文化等会对大学战略实施产生深远影响。因此，战略实施需要一种相应的战略文化来匹配。大学的战略文化不会凭空产生，必须经由培育和养成，并通过激励约束机制得以贯彻，最终融入大学成员的日常行为之中。

七　强化战略绩效管理过程

从语义学来看，绩效就是成绩和效果。在管理学看来，绩效是组织期望的结果，是以组织目标为导向的产出，是组织为实现战略目标而展现在组织中不同层级上的有效输出，是对在特定时间和特定工作中产生的结果的一种记录。通常绩效要从行为过程和行为结果的一体性来看待，将绩效界定为行为加结果这种相对宽泛的解释更具现实性和实践性。

在一个组织系统内，绩效可以划分为个人绩效、部门或团队绩效和组织绩效三个层次或者三个方面。其中，组织绩效是组织作为一个整体的运行效果，是组织战略目标达成程度的一种衡量及测定。组织绩效通常可以用一些财务或非财务的量化指标加以界定和反映。从三者的关系来看，只有当个人绩效和团队绩效有利于或者支撑组织战略目标的达成时，个人、团队和组织绩效三者之间才能取得一致性。

绩效管理是一个完整的系统或者过程。它始于绩效计划，即员工和管理层为了组织的战略落地就工作目标或者工作标准达成一致，确定绩效指标；止于绩效结果的运用，即绩效考核的结果为员工薪酬、晋升、发展等人事政策设计提供基本依据。实践证明，导入绩效管理可以明确绩效目标，形成一种以高绩效为导向的组织文化，更好的激励员工的努力程度，强化组织内部良好的沟通关系，有利于组织结构的调整，减少内部冲突，等等。组织战略加上绩效管理之后，就变成所谓的战略性绩效管理了。这样，战略性绩效管理就不仅仅是一种普通的管理手段，更重要的是成为一种战略实施的有效工具。

从大学战略规划的具体实施来看，引入战略绩效管理是一项重要的管理变革。而关键绩效指标（KPI）则是实施战略绩效管理的主要方法。通常 KPI 是对大学内部某些流程的输入端、输出端的关键参数进行设置、取样、分析来衡量流程绩效的一种目标量化管理指标，是把大学的战略目标分解为具体的绩效目标的工具，是大学实施绩效管理的基础。英国 Committee of University Chairmen 在 2006 年发表过一份专题研究报告，简称关键绩效指标报告（*KPI Report*）。该报告认为，大学高层管理者不可能也不应该监控过多的大学运行绩效数据指标。基于这一观点，报告提出了十个优先级别的关键绩效指标，分别是：大学的可持续发展；学术状况和市场地位；学生经历和教学；科学研究；知识转移和外部关系；财务状况；资产和基础设施；员工和人力资源发展；治理、领导和管理；大学建设项目。在上述指标中，两个最高级别的关键绩效指标分别是大学的可持续发展指标和学术状况指标。实践证明，KPI 很好地把绩效指标与大学战略直接联系了起来。一套完整的绩效指标能够反映大学的战略目标和战略取向，引导大学及其成员围绕这些指向战略目标的关键指标展开有效的实施行动。

因此，为了有效实施战略，大学必须建立战略绩效管理体系，以使大学中的所有部门和个人的绩效统一指向大学战略目标的实现。为此，要系统设计关键绩效指标，科学分配基于战略的关键绩效指标，强化指标分解和绩效责任，进而培育一种绩效导向的大学文化，使讲求绩效成为大学中的一种普遍性的行为模式。

八　构建战略实施的支持系统

大学战略实施需要得到大学内部一系列管理活动的支持，包括人力资源、财务活动、信息技术、控制和风险管理体系等。只有当大学的所有支持性活动都能围绕大学战略实施来展开，大学的战略意图和战略目标才能在资源整合和协同的基础上得到实现。

支持系统简单地讲就是为大学战略实施提供支持的一组保障性条件。从大学战略管理实践来看，战略实施一旦启动，大学首先需要进入相应的资源预算程序，特别是财务预算程序，以便对战略实施过程中的资源需求作出安排。再好的战略构想，如果没有与之相匹配的资源保证，也只能是空中楼阁。因为这样的资源预算安排具有明显的战略支撑功能，因此可以称为战略预算。

如同组织结构必须跟随战略一样，资源预算也需要匹配战略。预算的实质就是资源的分配计划。当战略实施开启以后，就需要加强现有的组织能力，需要补充新的人力资源，需要加强关键业务活动的运行经费保障，需要增加新的学术项目，需要增设新的学术机构，需要为新的战略领域进行投资，等等。这些都对大学资源预算提出了新的要求。实践证明，资源预算与战略需求是否匹配直接促进或者制约着大学的战略实施进程，因此必须保持资源预算与战略实施需求的一致性。

大学资源预算的主要领域是财务预算。财务预算与大学战略实施的匹配是战略成功的重要基础条件。财务预算必须以大学战略为基本依据，对大学战略目标的具体落实提供财力保障，进而对大学战略的有效实施起着关键的支持作用。事实上，财务预算所体现的财务战略是大学战略的最重要的支持性系统。

现代大学作为一个复杂的组织体，需要一个收集和储存数据、跟踪关键绩效指标、界定和诊断问题以及报告战略实施进展的管理信息系统。这种管理信息系统的作用在于信息的采集、传送及处理，实现数据在大学范围内的共享，及时地为各级管理人员提供所需的信息，支持管理和决策工作，改进运行效率。从战略实施来看，必须加强信息系统建设，并使其在反映战略实施的动态信息及其反馈，帮助管理层监控战略实施状况和战略绩效指标，及时识别和发现问题，适时采取干预措施，调整战略或者调整战略实施方案等方面发挥有效功能。

战略实施最重要的支持条件还包括大学的激励机制设计。这是战略实施中的一个核心问题。大学的激励机制设计一般可以分为两个方面来考虑。一个是物质性的激励。比如增加工资、绩效奖励等都是现代激励机制的核心要素。二是非物质性的激励。这块的内容非常广泛，比如表扬表彰、职业安全保障、晋升、岗位和任务调整、决策授权、工作环境优化等。上述两个方面的不同组合就是我们所说的激励机制的结构问题。这个结构最关键的一点是它必须直接与保证战略有效实施的绩效结果紧密相连。大学越是懂得激励部门和员工，越是重视将激励机制作为战略实施的工具，就越能强化大学范围的战略承诺。为此，大学需要使绩效评价成为激励机制设计、评价个人和部门工作成效以及奖惩的基础，建立一种结果导向的激励机制、绩效文化和工作伦理，从而有利于战略目标的实现。

总的来看，当大学在制定战略规划过程的时候，需要十分明确的是，制定规划文本只是起始点，实施规划才是重头戏。我们只有对影响战略规划实施效果的主要驱动因素有了系统性的认知，才能把握战略实施的本质特点和逻辑要求，进而通过有效的战略行动将战略目标转化为预期的大学战略绩效和竞争优势。

参考文献

［1］斯蒂芬·P. 罗宾斯. 管理学原理［M］. 北京：中国人民大学出版社，2010.

［2］达恩·海瑞格尔. 组织行为学［M］. 北京：北京大学出版社，2005.

［3］托马森. 战略管理［M］. 北京：机械工业出版社，1998.

［4］戴维. 战略管理［M］. 北京：清华大学出版社，2001.

［5］普拉克特. 管理学［M］. 大连：东北财经大学出版社，2006.

［6］克拉克·科尔. 美国加州高等教育总体规划［M］. 王道余译，北京：人民教育出版社，2005.

［7］乔治·凯勒. 大学战略与规划［M］. 青岛：中国海洋大学出版社，2005.

［8］徐小洲，黄艳霞. 美国高校战略规划过程模式评析. 高等教育研究［J］，2009（1）：101－105.

［9］别敦荣. 大学发展战略规划的制定与实施——青岛大学案例研究. 高等工程教育研究［J］，2010（1）：91－95.

［10］薛云奎，齐大庆，韦华宁. 中国企业战略执行现状及执行力决定因素分析. 管理世界［J］，2005（9）：88－98.

［11］James M H. The Eight 'S' s of Successful Strategy Execution［J］. Journal of Change Management, 2005（3）：3－13.

［12］Hrebiniak, L G. Obstacles to Effective Strategy Implementation［J］. Organizational Dynamics, 2008（1）：12－29.

［13］Committee of University Chairmen. The Monitoring of Institutional Performance and the Use of Key Performance Indicators［R］, 2006. Retrieved from：http：//www2. bcu. ac. uk/docs/cuc/pubs/KPI_Booklet. pdf, on July 27th, 2013.

［14］Kaplan R S, Norton D P. The Strategy Focused Organization：How Balanced Scorecard Companies Thrive in the New Business Environment［M］. Cambridge, MA.：Harvard Business School Press, 2001.

［15］Rowley D J, Sherman H. Issues of Strategic Implementation in Higher Education：The Special Concerns for Institutions in Developing Economies［R］, 2001. Retrieved from：http：//www. sba. muohio. edu/abas/2001/brussels/Rowley_Brussels－Rowley_Sherman. pdf, on September 23rd, 2013.

［16］Messah O B. Factors Affecting the Implementation of Strategic Plans in Government Tertiary Institutions［J］. European Journal of Business and Management, 2011（3）：85－105.

［17］Literature Review of Strategy Implementation and Strategy Process Frameworks［unpublished online articles］, retrieved from http：//view. officeapps. live. com/op/view. aspx？src＝http％3A％2F％2Fwww. rscbrc. indianrailways. gov. in％2Fuploads％2Ffiles％2F1307518615250－Literature％2520review％2520of％2520strategy％2520implementation％2520and％2520strategy％2520process％2520frameworks. doc, on July 15th, 2013.

［18］Higher Education Funding Council of England. Strategic Planning in Higher Education：a Guide for Heads of Institutions, Senior Managers and Members of Governing Bodies［K］, 2000. Retrieved from：http：//www. hefce. ac. uk. on June 14th, 2013.

［19］Chang, G C. Strategic Planning in Education：Some Concepts and Steps［R］. UNESCO, 2006.

［20］Paris K A. Strategic Planning in the University［R］. University of Wisconsin System Board of Regents, 2003.

［21］Strategic Planning Handbook［K］. Tarleton State University, The Texas A&M University System, 2002. The handbook is available on http：//www. tarleton. edu.

［22］FIU Millennium Strategic Planning Handbook［K］. Florida International University, 2000. The handbook is available on http：//www. fiu. edu.

An Analysis on the Main Factors for Effective Implementation of A University's Strategic Plan

Chen Ming

Abstract：Since the 1980s, strategic planning has been widely employed by universities as an administrative tool and was deemed crucial to the survival and growth of higher education institutes. From a strategic management perspective, forming a strategy is not easy for any universities, and implementation of the strategy campus-wide effectively is even more complicated and challenging. This paper based its analysis on the reasons of failed strategy implementation, and paid special attention to factors known to drive effective strategy implementation, such as the strategic leadership, organizational structure, annual plans, performance management, university culture, and support system. The goal is to explore the path to improve the outcome of strategy implementation for universities.

Keywords：University; Strategic Planning; Strategy Implementation; Driving Factors

（责任编辑：雷　磊）

我国高校扩招后高等教育对
国民经济增长的贡献率[*]

吴振球　孙雪玉　吴世杰^{**}

摘　要： 本文使用 1999～2010 年全国与各省（自治区、直辖市）的有关统计数据，运用美国经济学家丹尼森的教育量简化指数法，对高校扩招背景下我国高等教育对国民收入年增长率的贡献率进行了实证研究。主要发现有：我国高等教育对全国国民收入年增长率的贡献率偏低，高等教育对各省区国民收入年增长率贡献很不平衡，高等教育对国民收入年增长率贡献率比基础教育要低很多，还有其他因素比教育对国民收入年增长率贡献更高。今后一个时期我国发展教育应该要优先、大力发展基础教育和中等职业教育；要适度发展普通高等教育；国家要采取优惠政策，引导、鼓励高等教育毕业生到欠发达地区就业；要重视其他因素对国民经济增长的贡献。

关键词： 高等教育　结构调整　办学水平　国民经济增长　贡献率

1999 年的高校扩招，是我国高等教育史上的第三次扩招，是新中国高等教育发展史上持续时间最长、扩招规模最大、影响最为深远的一次高校大扩招。高校大扩招的原因之一是为了满足国家经济建设需要，即满足我国持续快速发展的经济对高素质人才的需要，满足扩大内需、增加消费的需要，满足缓解就业压力的需要；高校大扩招的原因之二是为了满足教育发展需要，即满足基础教育由应试教育向素质教育全面转轨的需要；高校大扩招的原因之三是为了满足人的发展需要，即满足人们接受高等教育、提高国民综合素质的需要。2012 年我国普通高等教育招生数达 688.83 万人，各类高等教育在校生规模达到 3325 万人，居世界第一。我国高校扩招取得了举世瞩目的成就。高校扩招最直接的影响是使得数百万人享受到了接受高等教育的机会，公

---

* 本文受到教育部人文社会科学研究项目《AD－PA 模型拓展与扩大就业的理论和政策研究》（编号：10YJC790287）资助。

** 吴振球，男，湖北武汉新洲人，中国社会科学院经济研究所博士后流动站，中南财经政法大学工商管理学院副教授；孙雪玉，女，山东曹县人，中南财经政法大学工商管理学院硕士研究生；吴世杰，男，湖北武汉新洲人，中南财经政法大学党委宣传部，助理工程师。

众对高等教育的渴求得到了较大程度的满足，促进了人与人之间受教育机会的平等，有力地促进了我国人力资源开发水平的提升，推动了我国经济社会的持续快速健康发展与综合国力、国际核心竞争力的提高。但扩招带来的问题同样不可小视，如大学生就业难、教学资源紧张、教育质量滑坡、高等教育结构不优化、学生创新能力与实践能力不强等。面对高校扩招带来的种种问题，社会上各种指责、诘难纷至沓来。高校扩招是否满足了经济建设对高素质人才的需要，对我国国民经济增长贡献到底如何，这些问题迫切需要我们进行认真研究，以对国家教育发展与经济增长提出切实可行的对策建议。

一　模型设定

（一）模型推导

丹尼森计算教育经济效益的方法被西方经济学界称为是教育经济效益计算中最细致、最深入的一种方法，在世界教育经济学数量化研究方面起了开创性作用。其计算方法基于柯布－道格拉斯生产函数：

$$Y = AK^{\alpha}L^{\beta} \tag{1}$$

其中，Y 代表国民收入，A 代表技术水平，K 代表资本投入量，L 代表劳动投入量，α 是资本的产出弹性系数，β 是劳动的产出弹性系数，$\alpha > 0$，$\beta > 0$，$\alpha + \beta = 1$。

丹尼森认为，劳动不仅有数量方面，而且有质量方面的构成要素。如果把教育作为构成劳动质量方面的一个因素，人均劳动小时数和同质工人的数量可以看作是劳动数量方面的因素，那么，柯布－道格拉斯函数可以变为：

$$Y = AK^{\alpha}(L_0 E)^{\beta} \tag{2}$$

其中，L 代表不包含教育质量因素的劳动投入量，E 代表教育投入量。式（2）两边对时间 t 求导数，且两边同时除以 Y，经过推导，可得国民收入增长速度模型。

$$y = a + \alpha k + \beta l + \beta e \tag{3}$$

其中，y 代表国民收入年增长率，a 代表年技术进步率，k 代表资本投入量年增长率，l 代表不含教育质量因素的劳动年增长速度，e 代表教育投入年增长速度，α, β 分别为资本、劳动的产出弹性。因此，教育对国民收入年增长速度的贡献率可以表示为：

$$H_e = \beta e / y \tag{4}$$

在实际计算中，教育投入年增长率 e 一般以教育综合指数年均增长率 R_e 代替。教育综合指数是指某年某国或某地区劳动者人均受教育程度，它以劳动者受某一级教育为基准，按照一定的劳动简化率（或称劳动折算系数）折算人均受教育程度。教育综合指数年均增长率与教育投入的年均增长率呈正相关，因此前者能够代替后者计算教育对国民收入年增长速度的贡献率。于是，式（4）可以变为：

$$H_e = \beta R_e / y$$

计算高等教育对国民收入年增长速度的贡献率为：

$$H_h = (1 - \frac{R'_e}{R_e}) \frac{\beta R_e}{y} \tag{5}$$

其中，R'_e 为扣除高等教育后的教育综合指数年均增长率。需要说明的是，式（5）只是计算了高等教育通过增加劳动力质量或提高劳动生产率而对国民收入增长率所作的贡献。但是，高等教育对国民收入增长率的贡献还有其他途径，这在式（5）并没有被计算出来，这些途径一是高等教育通过大学的教职员工和研究生的学术研究和技术研发活动以及其他创造性活动，对经济增长作出贡献；二是高等教育通过知识传播、创造来实现自身价值。

（二）参数确定

1. 劳动的产出弹性系数 β 的确定

关于劳动的产出弹性系数 β 的确定，经济学界目前流行两类测算方法。一是采用历年来工资额占全部国民收入的百分比，作为劳动的产出弹性系数。这种算法以充分竞争条件下的边际生产力分配论为基础，即劳动的工资率等于其边际产品的价值，同时沿袭了柯布—道格拉斯的思想。二是采用历年来回归统计分析的结果，把 β 看作以国民收入产出量为因变量的回归方程中，解释变量劳动投入量的回归系数。

丹尼森基于美国的经济情况采用第一种方法将 β 确定为 0.73，麦迪逊将其确定为 0.7，我国经济部门一般将 β 定为 0.7～0.8。本文也拟采用第一种测算方法进行测算。因为在市场经济条件下，按劳动者工资总额占国民收入总额的比重来确定 β 值是可取的。笔者根据 2010 年我国城镇居民人口、城镇居民人均可支配收入、农村居民人口、农村居民人均纯收入以及个人所得税税率、社会保障缴纳比例等统计资料，估算我国劳动者的工资总额（工资总额中包括农村居民的纯收入及个人所得税、社会保障金等）占 GDP 的比重。

据 2011 年《中国统计年鉴》，2010 年我国城镇居民人口数为 66978 万人，城镇居民人均可支配收入为 19109 元，城镇居民可支配收入为 127988.26 亿元，考虑城镇居民缴纳的个人所得税、社会保障金等，城镇居民工资性收入等于在城镇居民可支配收入的基础上上调 25%，即城镇居民工资性收入为 159985.32 亿元；农村居民人口数为 67113 万人，农村居民人均纯收入为 5919 元，农村居民纯收入为 39724.19 亿元，考虑农村居民 70% 在城市打工，他们的打工所得要扣缴个人所得税，并且部分打工者要缴纳部分社会保障金等，农村居民工资性收入等于在农村居民纯收入的基础上上调 12%，即农村居民工资性收入等于 44491.09 亿元。城镇居民工资性收入与农村居民工资性收入之和为 204476.41 亿元，2010 年 GDP 为 401202.0 亿元，城镇居民工资性收入与农村居民工资性收入之和约占 GDP 的 51.0%。这与丹尼森的 73% 相比有一定差距。究其原因，一是城镇职工有大量的收入，如住房补贴、住房公积金、医疗补贴、交通补贴、子女教育补贴、节假日福利、降温费、烤火费以及各种隐形补贴没有被统计在城镇居民可支配收入中。二是城镇居民中有一部分干部职工，他们大量进行公款消费、公款旅游、公车私用等，这部分消费额本应计入人均可支配收入中，但未计入。同时考虑到便于国际比较，因此笔者认为在我国将 β 定为 0.73 是较为合适的。

2. 劳动简化率的确定

劳动简化率的确定，是一个较为复杂的问题。目前主要有三种方法：西方丹尼森的"工资法"、前苏联的"复杂劳动简化法"和中国学者的"修正的劳动简化法"。三种方法计算出的结果差异很大。

西方丹尼森的"工资法"，以工资差别为劳动简化尺度。它是建立在一系列假定基础之上的：一是受过不同教育的人，劳动能力、劳动生产率有所不同；二是整个社会的分配体系是建立在边际生产力分配理论基础之上的，产品市场、劳动市场是完全竞争型市场，生产函数满足一次齐次性。实际上，中国的劳动力市场还不成熟，离完全竞争型市场还有差距，加上中国人事制度改革迟缓，劳动力要素完全流动还受到很大的限制；收入分配制度是以按劳分配为主体、多种分配方式并存的分配制度，与边际生产力分配制度有很大的不同，目前中国仍然存在"工资刚性"、"收入来源隐蔽"和"多元化"等问题，使得"工资法"的计算结果难免具有较大的偏差。但是"工资法"在实证研究中获取数据相对简单，口径统一，便于操作。前苏联的"复杂劳动简化法"以劳动的复杂程度系数作为劳动质量的衡量尺度。劳动复杂程度系数根据工资、受教育年限、工作年总课时数等因素确定，用于实证研究时计算复杂，主观性强，难以准确把握。并且其建立在"劳动者提高的生产能力全部归因于多受的教育"的假定之上，这不符合经济事实，因此估算出来的结果偏大。中国学者的"修正的劳动简化法"是对"复杂劳动简化法"的修正和扩展，同样存在主观性强和计算结果偏大的问题。通过对以往研究成果的比较，笔者认为使用丹尼森的"工资法"计算高等教育对国民收入年增长速度的贡献率较为合理。

丹尼森的"工资法"在中国使用时，中国学者一般是采用不同文化程度劳动者的平均工资收入确定不同文化程度劳动者的劳动生产率，然后与经验值相结合做不同程度的折算。崔玉平确定初等、中等、高等教育的劳动简化系数为 1、1.4、2；胡永远、刘智勇确定初等、中等、高等教育的劳动简化系数为 1、1.5、2.1；李洪天确定小学、初中、高中、大学的劳动简化系数为 1、1.2、1.4、2。将中国劳动力的受教育程度分为三级有些粗糙，因此本文拟采用李洪天的算法。

3. 数据来源

按照模型可知，我们应该收集全国以及各省、市、自治区从业人口受教育程度及其比例，但是从业者的受教育程度及其比例很难获得，因此学术界一般用劳动力人口的受教育程度及其比例来代替。劳动力人口的范围采用国际通行标准即 15～64 岁。客观地讲 15～64 岁年龄段人口受教育的情况基本上可以反应劳动力人口的受教育情况。本文的 15～64 岁年龄段人口受教育的情况来源于《中国劳动统计年鉴》2000 年和 2011 年。本文选取 1999 年、2010 年 15～64 岁年龄段人口受教育的情况来计算高等教育对国民收入年增长率的贡献率，以反映高校扩招对国民收入年增长率的贡献率，是可行的。

二 实证研究

（一）计算报告期年（2010 年）和基期年（1999 年）的教育综合指数

首先计算出人均受各级教育年数，计算公式为：$P_i = N_i \sum X_i$，其中，X_i 是各级文化程度分布比例，$i = \{$（小学，初中，高中，大学）；（初中，高中，大学）；（高中，大学）；（大学）$\}$；N_i 是各级教育规定年限（我国各级教育小学、初中、高中、大学年限分别为：6、3、3、4）。从而教育综合指数计算公式为：$R_e = \sum P_i S_i$，其中，P_i 是人均受各级教育年数，S_i 是各级劳动简化率，$i =$（小学，初中，高中，大学）。1999～2010 年全国、各省（自治区、直辖市）教育综合指数见表 1。

表 1　1999～2010 年全国以及各省（市、自治区）教育综合指数

	1999 年教育综合指数	2010 年教育综合指数	年均教育综合指数增长率（%）	扣除高等教育综合指数年均增长率（%）	高等教育综合指数年均增长率（%）	GDP 年均增长率（%）	教育对经济增长率的贡献（%）	高等教育对经济增长率的贡献（%）	基础教育对经济增长率的贡献（%）
全　国	8.30	9.64	1.51	1.24	0.27	10.51	14.39	2.57	11.82
北　京	13.16	14.58	1.03	0.34	0.69	11.81	8.73	5.87	2.86
天　津	11.03	12.39	1.17	0.77	0.40	14.40	8.10	2.75	5.35
河　北	8.90	9.71	0.88	0.75	0.13	11.19	7.85	1.12	6.73
山　西	9.38	10.28	0.93	0.74	0.19	11.65	7.95	1.62	6.33
内蒙古	8.63	9.75	1.22	1.01	0.21	16.79	7.27	1.24	6.03
辽　宁	9.78	10.82	1.02	0.66	0.36	12.07	8.48	2.99	5.49
吉　林	9.73	10.29	0.57	0.37	0.20	12.29	4.61	1.60	3.01
黑龙江	9.33	10.14	0.84	0.69	0.15	10.85	7.73	1.39	6.34
上　海	11.98	14.22	1.73	0.84	0.89	11.61	14.87	7.65	7.22
江　苏	8.64	9.85	1.33	1.19	0.14	13.01	10.19	1.05	9.14
浙　江	8.24	9.93	1.88	1.29	0.59	12.37	15.18	4.78	10.40
安　徽	7.29	8.39	1.42	1.26	0.15	11.26	12.58	1.37	11.21
福　建	7.88	10.17	2.58	1.90	0.68	11.83	21.84	5.77	16.07
江　西	8.18	9.96	1.99	1.69	0.30	11.80	16.86	2.56	14.30
山　东	7.92	9.60	1.95	1.66	0.29	12.90	15.11	2.22	12.89
河　南	8.16	9.58	1.61	1.41	0.20	11.83	13.63	1.67	11.96
湖　北	8.39	9.74	1.50	1.22	0.28	11.49	13.05	2.42	10.63
湖　南	8.59	9.68	1.21	1.05	0.17	11.61	10.43	1.43	9.00
广　东	9.29	10.51	1.25	1.07	0.17	12.70	9.81	1.35	8.46
广　西	7.74	9.25	1.81	1.50	0.30	11.64	15.52	2.60	12.92

续表

	1999 年教育综合指数	2010 年教育综合指数	年均教育综合指数增长率（%）	扣除高等教育综合指数年均增长率（%）	高等教育综合指数年均增长率（%）	GDP 年均增长率（%）	教育对经济增长率的贡献（%）	高等教育对经济增长率的贡献（%）	基础教育对经济增长率的贡献（%）
海 南	8.67	9.76	1.19	1.16	0.03	11.00	10.80	0.26	10.54
重 庆	7.68	8.81	1.39	1.17	0.22	12.06	11.51	1.84	9.67
四 川	7.33	8.53	1.52	1.24	0.29	11.82	12.91	2.43	10.48
贵 州	6.60	7.74	1.60	1.54	0.06	11.08	14.42	0.52	13.90
云 南	6.30	7.57	1.86	1.69	0.17	9.83	18.90	1.73	17.17
西 藏	2.11	4.26	7.30	7.30	0.00	12.09	60.36	0.00	60.36
陕 西	8.42	9.67	1.40	1.08	0.32	12.78	10.92	2.48	8.44
甘 肃	7.10	7.86	1.03	0.86	0.16	10.65	9.63	1.52	8.11
青 海	6.80	8.48	2.22	1.84	0.38	11.95	18.59	3.19	15.40
宁 夏	7.54	9.44	2.27	1.92	0.36	11.47	19.80	3.10	16.70
新 疆	9.74	10.15	0.41	0.38	0.03	10.06	4.03	0.29	3.74

（二）计算全期（1999～2010 年）教育综合指数增长系数 G_e 和年平均增长系数 r

全期增长系数 G_e 为报告期教育综合指数除以基期教育综合指数，再减去1。设每年教育综合指数平均增长率为 r，$(1 + r)^t = 1 + G_e$，从而计算出 r，其中 t 为报告期与基期之间相差的年数。1999～2010 年全国、各省（市、自治区）年均教育综合指数增长率见表 1。

（三）计算实际国民收入年均增长率和教育、高等教育、基础教育对经济增长率的贡献率

设全期实际国民收入增长率为 y，是报告期与基期实际国民收入的差额与基期实际国民收入的比值，实际国民收入年均增长率为 p，那么 $(1 + p)^t = y$。然后计算教育、高等教育对国民收入增长率的贡献率。其中实际国民收入年均增长率是以本国货币不变价格计算的增长率。

根据式（4）、式（5）计算出 GDP 年均增长率和教育、高等教育、基础教育对经济增长率的贡献率见表 1。

三 结果分析

（一）我国高等教育对全国国民收入年增长率的贡献率偏低

1999～2010 年，我国国内生产总值保持了年均 10.51% 的高增长率，但是从全国来看，教育对我国国民收入年增长率的贡献率仅为 14.39%，高等教育对我国国民收入年增长率的贡献率仅为 2.57%。丹尼森 1985 年对美国 1929～1985 年经济增长的核算中得出，在国民收入年均2.92%的年增长率中，有0.4%归因于教育的贡献，即教育对国民收入增长率的贡献为13.7%。李洪天发现，在1973～1984年间的美国、英国、法国，教育对GDP年均增长率的贡献率分别达到23.41%、30.23%、27.53%。显然，我国的教育，尤其是高等教育现阶段对国民收入年增长率的贡献偏低。

根据人力资源和社会保障部科研所的调查数据，我国在"十一五"（2006～2010年）期间计划年均新增劳动力需求总量为1800万人，但同期每年新增劳动力供给为2000万人。这意味着，每年将出现200万人的富余劳动力。中国人事科学研究院《中国人才报告》预计，"十一五"期间我国专业技术人才供应总量为4000万人，而需求总量为6000万人。这说明，我国劳动力总体有富余的同时，专业技术人才还是出现供不应求的局面。"十一五"期间，我国每年有几十万、上百万大学生不能就业。这主要是因为我国教育的层次结构、类别结构、专业结构、课程设置等不能满足国家经济社会建设的需要。中国目前正在成为"世界工厂"，需要数以亿万计的中、高级技能型人才，但我国的教育体系中中、高职人才严重培养不足，普通高级专门人才严重过剩。中等职业教育、高等职业教育、普通高等教育专业结构与经济建设人才需求结构不相匹配。中等职业教育、高等教育课程设置存在重学术、轻技能，重理论、轻实践等倾向，与社会需要的人才的知识与技能结构"脱节"。以上这些因素制约了中职、高等教育毕业生的就业以及其知识、能力的发挥，从而制约了教育对国民经济年增长率的贡献。

（二）高等教育对各省区国民收入年增长率贡献很不平衡

从表1可以看出，高等教育对国民收入年增长率超过全国平均水平2.57%的省份有北京、天津、上海、福建、浙江、辽宁、广西、青海、宁夏，其余省份均低于全国平均水平。最高的省份是上海市，为7.65%；最低的省份为西藏，为0.00%。超过全国平均水平的省份分为两类，一类是东部地区，包括上海、北京、福建、浙江、辽宁、天津，其中上海、北京、福建、浙江超过全国平均水平较多，辽宁、天津超过全国平均水平较少；一类是西部地区，包括青海、宁夏、广西，其中青海、宁夏超过全国平均水平较多，广西超过全国平均水平较少。这说明，高级人才只要得到正确的使用，他们的聪明才智和创造潜能得到充分发挥，实现人尽其才，那么高等教育对国民收入年增长率的贡献是可以提高的。我国东部发达地区需要高级专门人才、高等技能人才，西部欠发达地区也需要高级专门人才、高等技能人才，而且，高级专门人才、高等技能人才到西部就业更能发挥才干和作用，更能提高高等教育对国民收入年增长率的贡献率。

（三）高等教育对国民收入年增长率贡献率比基础教育要低很多

从表1可以看出，全国基础教育对国民收入年增长率的贡献率是11.82%，高等教育对国民收入年增长率的贡献率是2.57%，前者是后者的4.6倍。全国除北京、上海高等教育比基础教育对国民收入年增长率贡献高以外，其余省份高等教育比基础教育对国民收入年增长率贡献都要低。这充分说明，当前一个时期国家和居民投资于基础教育，更能提高教育投资收益率，更能提高教育对国民经济年增长率的贡献率。

特别是在西部较落后地区，基础教育投资收益率更高，对国民经济年增长率贡献率更高，所以西部落后地区迫切需要发展基础教育。

（四）还有其他因素比教育对国民收入年增长率贡献更高

全国教育对经济增长的贡献率为 14.39%，高等教育对国民经济增长的贡献率为 2.57%，这说明教育对经济增长的贡献较为有限，千万不可以迷信教育对经济增长的贡献作用。丹尼森在分析经济增长因素时，将导致经济增长的因素分解，分为七类因素：就业人数及其年龄—性别构成；包括非全日制工作的人在内的工时数；就业人员的教育年限；资本存量的大小；资源配置的改善，即低效率使用的劳动力比重的减少；规模经济的实现程度；知识（包括技术与管理的知识）的进步及其在生产上的应用。他将这些因素的投入量分为全部要素投入量和单位投入量的产出量（要素产出效率）两大类，教育只是被看作全部要素投入量中的一个投入要素。

四　政策建议

（一）国家要优先发展、大力发展基础教育和中等职业教育

发展基础教育与中等职业教育比发展高等教育对国民经济增长更加有利。我国是穷国办大教育，有限的办学资金要用在最能发挥资金使用效益的环节上。我国已经普及九年义务教育，今后十年要以政府投入为主，民间投入为辅，多渠道筹措资金，争取普及高中教育与中等职业教育。

（二）国家要适度发展普通高等教育

截至目前，我国普通高等教育年招生量、在校生规模已达到世界第一。从北京、上海等省份高等教育对国民收入年增长率的贡献率来看，我国发展高等教育尚有一定的空间，但是我国政府办学经费较为紧张，国家财政性教育经费支出占国内生产总值的比重到 2012 年才达到 4%。因此，我国普通高等教育办学规模在现有规模的基础上，只能适度增加，关键是提高人才培养质量，走内涵式发展道路。同时，普通高等教育的层次结构（本专科、硕士研究生、博士研究生教育的比例）、类型结构（学术型专业型的比例、普通型技术型比例）、专业结构、课程与能力素质结构要尽可能地与经济社会建设人才需求结构一致。

（三）国家要采取优惠政策，引导、鼓励高等教育毕业生到欠发达地区就业

高等教育毕业生到欠发达地区就业对国民经济增长更加有利。国家要采取灵活安排落户、人事代理免费服务、代偿国家助学贷款、提前转正定级、考公务员考研加分、发放生活补贴、优先评定中高级职称等优惠政策，鼓励高等教育毕业生到欠发达地区就业。

（四）要重视其他因素对国民经济增长的贡献

对国民经济增长作贡献的因素很多，教育对国民经济增长的贡献其实有限。因此，政府在统筹安排公共财政资金时，要合理安排资金到其他促进国民经济增长的因素上去，如促进技术和管理知识进步的领域，促进实现规模经济的领域，改善资源配

置的领域，增加资本存量等。同时，国家要采取措施引导企业将资金投向能促进国民经济增长的生产环节。

参考文献

［1］崔玉平，教育对经济增长贡献率的估算方法综述［J］．清华大学教育研究，1999（1）：74－81．

［2］崔玉平，中国高等教育对经济增长率的贡献［J］．北京师范大学学报（人文社会科学版），2000（1）：28－34．

［3］李实，丁赛，中国城镇教育收益率的长期变动趋势［J］．中国社会科学，2003（6）：58－72．

［4］马彦，陈全明，湖北省教育对经济增长贡献率的实证研究［J］．价格月刊，2008（1）：66－69．

［5］魏新，邱立强，中国城镇居民家庭收入及教育支出负担率研究［J］．教育与经济，1998（4）：3－12．

［6］杨盛菁，提高我国教育对经济增长贡献的建议［J］．发展，2007（04）：99－100．

［7］岳昌君，教育对个人收入差异的影响［J］．经济学（季刊），2004（S1）：139－154．

［8］胡健，陕西省高校教育经费投入的结构性矛盾及对策［J］．西安财经学院学报，2010（1）：42－46．

［9］胡永远，刘智勇，不同类型人力资本对经济增长的影响分析［J］．人口与经济，2004（2）：57－60．

［10］李洪天，20世纪90年代我国教育发展对经济增长的贡献研究［J］．南京政治学院学报，2001（6）：101－105．

A Study on Higher Education's Contribution Rate to the National Economic Growth after China's College Enrollment Expansion

Wu Zhenqiu   Sun Xueyu   Wu Shijie

Abstract：This research adopted the American economist Dennison's education simplified index method to empirically study the contribution of higher education to the national economic growth in the context of China's college expansion, using the national data and data of each province (municipality) during 1999－2010. We concluded that in China, the contribution of higher education to the national economic growth is rather low, that the contribution in different provinces differs, that the contribution rate of higher education is lower than that of elementary education, and that the contribution rate of other elements to the national economic growth is higher than education. This research suggested to 1) develop elementary education and secondary vocational education vigorously and prioritize development on these two fronts; 2) develop regular higher education moderately; 3) adopt preferential policies to encourage college graduates to work in less developed areas; and 4) take into account the contribution of other elements to the national economic growth.

Keywords：Higher Education; Structure Adjustment; Educational Capacity; National Economic Growth; Contribution Rate

（责任编辑：卢现祥）

基于培养卓越法律人才视角下的
法学专业教育综合改革研究

吴汉东*

摘　要： 我国当前的法学教育规模与质量不相匹配，培养出的法律人才不能很好地满足经济、社会发展的需求。在此情况下，教育部、中央政法委决定实施卓越法律人才教育培养计划，这一计划毫无疑问符合国家发展战略、经济社会发展和高等教育发展的需求。根据不同阶段、不同层次的法学教育在法律人才培养中的不同定位，我们需要进一步明确各种法律人才培养目标和特色，从而推动法学专业教育的综合改革。本文结合中南财经政法大学法学教育的现状，结合卓越法律人才教育培养计划，对全面推动法学专业教育综合改革进行探讨。

关键词： 卓越法律人才　法学教育定位　培养模式

随着中国社会特别是法治国家建设的进一步发展，如何在新形势下与时俱进地培养优秀的法律人才，成为法学教育面对的一大难题。同时，全球化的稳步推进带来的各国社会关系的深刻变革，对高等教育中的法学教育也提出了新问题和新要求。如何立足国际视野，结合实际国情，建立创新机制，探寻法律人才培养的新思路，从而推动法学教育综合改革成为所有法学教育者必须思考的一个问题。

《教育部　中央政法委员会关于实施卓越法律人才教育培养计划的若干意见》中对于卓越法律人才的定义是：信念执着、品德优良、知识丰富、本领过硬的高素质法律人才。[1]卓越法律人才教育培养计划的总体目标确定为：经过 10 年左右的努力，形成科学先进、具有中国特色的法学教育理念，形成开放多样、符合中国国情的法律人才培养体制，培养造就一批信念执着、品德优良、知识丰富、本领过硬的高素质法律人才。[2]这一计划的实施，为探索新思路、全面推动法学专业综合改革提供了一个良好的契机。

---

* 吴汉东，男，江西东乡人，中南财经政法大学校长，教授，博士生导师。

一　高等法学教育的定位

长期以来，法学教育的定位在学界都存在不同的声音，这也成为困扰我国法学教育的一个难题。卓越法律人才教育培养计划的实施，使得我们必须将法学教育的定位问题明确下来。法学教育定位的核心是法学教育在培养法律人才，特别是卓越法律人才中的地位和作用的问题。无论是法律人才，还是卓越法律人才的培养，至少有两个必要且密切相关的环节，即法律人才的培育与法律人才的养成。

（一）当前法学教育的定位

当前法学教育的定位更多的着眼于法律人才的培育，在很大程度上忽视了法律人才的养成，这几乎是一个普遍现象。

1. 法律人才的培育

法律人才的培育，即通过系统的专业教育和职业训练，使其具有法律职业的专业要素和职业要素，为从事法律职业打下坚实的基础，为法律人才的养成创造条件。这个环节或过程主要在法学院校完成，目前的法学教育主要也是着力在这一环节。

2. 法律人才的养成

法律人才的养成虽然主要体现在法律职业生涯中，法学教育也应担负相应的职能。我国当下的法学教育，在法律人才的培育环节，比较注重专业因素，而对职业因素关注不够是普遍的问题。在法律人才的养成环节，法学教育还没有找到用武之地。我们的法学教育还只停留在法律人才的培育阶段，虽然丰富了学徒式法律人才培养的培育内涵和内容，使专业教育更具系统性，却丢失了学徒式法律人才培养的职业训练和职业养成功能。

（二）法学教育的重新定位

针对法学教育当前定位存在的问题，根据社会对法律人才的需要，我们必须进一步创新法学教育的理念，重新对法学教育进行准确定位。

1. 明确法律人才的培养过程，就是法学教育的过程

法学教育应作用于法律人才培育与养成的全过程，而不应该只重视专业因素，忽视职业要素。

2. 基于法律人才养成的需要，法学继续教育仍有继续存在的必要

即使有类似日本司法研习所这样的机构，法学院校也应通过法学继续教育促成法律人才的养成，就像工商管理人才通过 MBA、EMBA 提升职业水平和能力一样，只不过这类继续教育不再具有学历教育的意义。中南财经政法大学曾于 20 世纪 90 年代，通过福特基金会的资助与最高人民法院合作举办了为期五年的法官培训，取得了很好的效果。

3. 明确法学教育应以法学专业教育为基础

明确以法律职业为取向的教育形态，或者直接将法学教育定位于法律职业教育，以强化法律人才的职业素养和职业技能的教育和训练。在中南财经政法大学 2009 年版的本科培养方案中，虽未明确提及法律教育是职业教育，但我们已认识到法学教育的职业取向和职业背景，通过学位论文、学年论文、试验课程、课内实训、专业实习

构建了完整的实践教学体系，实践教学的学时占教学总时数的35%，这对学生职业能力的培养具有重要作用。法学教育的定位，还涉及不同层次、不同阶段的法学教育在法律人才培养中的地位、作用及相互关系的问题。法律教育在本科阶段，应侧重法律专业与职业的素质教育或通识教育；在硕士研究生阶段，应侧重于法律思维和法律职业技能的教育；在博士研究生阶段，应侧重于法律理论素养的教育，进行学术训练，使学生具有解决宏观性、重要性、复杂性法律问题的水平和能力。因此，根据不同阶段、不同层次的法学教育在法律人才培养中的定位，确定不同阶段的培养教育目标，建立健全的法学教育培养体系，是我国法学教育应特别重视的问题，必须认真对待。法学教育的定位，还应包括在上述法学教育定位的基础上，各法学院校根据办学条件、办学规模、办学能力找准自身在法学教育中定位的问题。例如，如果真的能将法律人才分为卓越法律人才和一般法律人才的话，那么并非所有的法律院校都具有培养卓越法律人才的条件和能力。因此，法学院校应根据自身条件，确定本院校的法学教育在国家法学教育体系中的应有位置。

二　卓越法律人才培养目标

要推动法学专业的综合改革，必须首先认识清楚何谓法律人才，从而明确人才培养的目标。法律人才，简而言之，是能够从事法律职业的人才，可以是法学理论研究人才，也可以是从事法律实务的人才，高等法学院校应重点培养后者，这在人才培养数量上也应该占绝大多数。但无论是进行理论研究还是法律实务，法律人才都应该具有良好的法律素养、扎实的法律知识和娴熟的法律技能。法学教育在本质上是一种精英教育，法学教育应当培养精英人才或曰卓越人才。[2]

（一）具备良好的专业素养

卓越法律人才的培养要求"厚基础"，这就要求在传统的法学教育基础上，必须立足法律职业，更加强调职业特性。因此，法律人才的培养必须建立健全以法律职业信念与伦理教育、法律知识与技能教学为核心的教学内容。注重将社会主义法治理念教育融入法学专业教育的全过程，强化学生对中国司法和法治实际的了解，在深刻理解中国国情，了解中国实际基础上引导学生树立社会主义法治理念，增强课程的吸引力与说服力，从而培养具备良好专业功底与实务技能的高素质法律职业人才。

（二）具有多学科交叉背景的复合型人才

卓越法律人才的培养要求"宽口径"，这就决定了人才培养应该在立足法学教育的基础上，强调交叉性和融通性。美国联邦最高法院前大法官弗兰克·福特就曾经指出，法律人应该"具有哲学家、历史学家和先知的素质"。[3]复合型知识结构，其实是法律职业的内在要求。作为一种解纷规则或行为规范，"从社会的角度看，法是一种社会现象。从文化的角度看，法是一种文化要素"[4]。法律职业的复合性主要表现为四个方面：一是理论与实践的统一，二是抽象与经验的统一，三是专业性与社会性的统一，四是精英化与大众化的统一。[5]

卓越法律人才要有宽阔的学术视野。它要求法学专业的学生"既懂法律，又懂经济、人文、社科知识；既懂法律专业知识，又懂其他专业科学知识；既懂中国法律，又懂外国法律；既懂中文，又懂外文，完全能够适应国际国内经济社会发展的需求"[6]。

结合实际情况，中南财经政法大学主要将法律教育与经济学教学、管理学教学相融通，形成融通特色。以中南财经政法大学在法学、经济和管理学科方面具有的交叉综合优势以及"应用型、融通性、开放式"人才培养模式为依托，同时立足中南财经政法大学区位优势，借助武汉七所部属高校联合办学、十校联合办学的平台，加强法学与其他学科融通教学的广度与深度，打造法学多个子学科的知识背景，从而能够更好地应对和处理复杂的实务问题。

当然，立格联盟的成立，本身就是为了促进五所老政法院校的合作与交流，为依法治国、建设社会主义法治国家而不断探索，同时探究如何才能更好地促进法学教育的规范化、提高中国法律人才培养质量。这一平台的建立同样能够帮助我们明确如何才能更好地培养具有多学科背景的复合型法律人才。

（三）具备良好的实务技能

卓越法律人才强调应用性，以培养高素质法律职业人才为目的，在此目标之下，教学就不可能仅仅依靠大学课堂本身，而应该建立"法学院－实务部门联合培养基地"这一全新的培养平台。因此，一方面，必须强化实践教学环节，提升卓越法律人才的法律实践能力。在人才培养的过程中始终将实践教学环节作为人才培养工作的重点，对于实践教学工作中的各个环节进行系统设计，形成以"校内（案例研讨课程、实务技能课程、法律诊所课程）＋校外（实习基地建设、分站式专业实习模式）"为主要内容的多模块整合的法学实践教学体系。另一方面，建设"法学院－实务部门联合培养平台"，进一步加强和完善"法学院－实务部门"联合互动教学，实行开放办学。

中南财经政法大学在第一轮"质量工程"建设中，根据法学专业的特点和社会的需要，成功申报和获批建设国家级"解纷专家型人才培养模式创新实验区"（下面简称"创新实验区"）。[7]同时，依托"创新实验区"，在创新实验教学模式中，灵活运用情趣教学法、案例教学法、讨论教学法和角色扮演法等多种教学方法，提高学生的分析问题的能力和实际处理问题的能力。

作为卓越法律人才，应从专业要素和职业要素两个维度明确与一般法律人才的关系。为此，有必要制订法律人才的国家标准或行业标准，并在此基础上确定卓越法律人才的一般标准，进而根据从业要求制订不同种类的卓越法律人才的特殊标准。这是一项意义重大，十分迫切并非常艰巨的工作，因此我们建议成立专门机构，尽快启动这项工作。作为一种探索，在中南财经政法大学新制定的 2009 年法学专业全程培养方案中，法律人才的专业因素和职业因素在培养目标和课程设置等方面已有所反映。

三　卓越法律人才培养特色

卓越法律人才实行分类培养，分为应用型复合型法律职业人才、涉外法律人才、西部基层法律人才三类。上述分类从现阶段我国社会对法律人才现实需求出发，以法律人才的职业特点和职业背景为标准，从不同的侧面凸现了卓越法律人才的特色。各政法院校应考虑各自人才培养的融通性特色，在依托主干学科的基础上，通过设置融通性、交叉型专业，来更好地契合社会需求，尽可能地避免同质竞争。[8]但无论是培养何种类型的卓越法律人才，都必须处理好三对关系：规范化与特色化、本土化与国际化、专业化与复合型。

（一）规范化基础上的特色化

法律人才，尤其是卓越法律人才的培养，应该有明确的培养目标和标准。因此，我们赞成并且呼吁，成立专门机构制订法律人才的国家标准或行业标准，并在此基础上确定卓越法律人才的一般标准，进而根据从业要求制订不同种类的卓越法律人才的特殊标准。只有如此，才能使法律人才的培养走向规范化。但这并不意味着，不同地区、不同类型的法律院校要培养出千篇一律的法律人才来，恰恰相反，同样的规范之下，更应该注重发挥不同高校区位、师资、专业、资源等的优势和特色，实现差异化的培养，让法律人才各具特色、百花齐放。规范化是为了更好地把握法律人才培养的高标准、严要求，而规范化基础上的特色则能更好地发挥不同法律院校的优势，为国家、社会培养各具特点、能在不同地区和行业游刃有余的特色法律人才。这样的人才，才是国家经济、社会发展所急需的法律人才，才是卓越法律人才。

（二）本土化基础上的国际化

一方面，中国正以前所未有的积极姿态参与全球竞争与合作，尤其是经济领域的竞争与合作；另一方面，信息、资源、资金、人才在全球的快速流动也让地球村的童话逐渐成为现实。对法律人才的传统要求，即"懂法律、懂经济、懂外语"，应该赋予新的内涵。所谓懂法律，必须既通晓国内法律也通晓国际法律知识；懂经济，不仅仅是懂得微观经济管理的知识，还应懂得宏观市场经济规律；懂外语，应增强利用外语进行法律交流的能力。因而，我们培养的人才应该是立足本土，放眼国际的人才。在注重打造法律人才的前瞻性的眼光和全球化的视野的同时，也注重培养法律人才对中国传统文化的体悟，对中国本土实际的感知，以及投身于建设社会主义法治国家的事业荣誉感，进而成为能够熟练运用国际政治、经济规则的法律人才；甚至成为能够参与制定国际游戏规则的高素质法律人才。国际化与本土化并不矛盾，本土化基础上的国际化，才能适应中国对外开放和经济交往对高素质涉外法律人才的迫切需求，才是中国卓越法律人才的特色。

（三）专业化基础上的复合型

当今世界，复合型人才的竞争力不言而喻。无论是我们的复合型应用型法律人才、涉外法律人才，还是西部基层法律人才，均强调多要素的结合是不可或缺的一个方面。因我们面对的问题本身就是极其复杂的，涉及道德、经济、管理、文化等多个方面，故法律人才所要面对和解决的问题，往往不能仅以单一的法律知识来应对。然而，无论是法律人才，还是卓越法律人才的培养，过硬的专业素质始终是摆在第一位的。只有立足专业化，复合型才有更大的意义和价值；所谓的复合型，是为了更好地实现专业化。以西部基层法律人才为例，若缺乏对西部基层地区的民风民俗、历史、经济社会发展等详细的了解和认识，就难以令人信服地处理好相关纠纷。但若缺乏扎实的专业化基础，更是难以实现有效的调整。因此，必须始终将专业化放在法律人才培养的首位，强调复合型人才是专业化基础上的复合型。

中南财经政法大学长期致力于应用型、复合型法律人才的培养，早在 20 世纪 90 年代就提出了法律人才培养的目标是懂法律、懂经济、懂管理、懂外语的应用型法律人才的观点，并付诸实施。大学体制改革后，形成了以经、法、管三大学科为主干，多学科交叉融合的学科特色和学科优势，学校坚持将学科优势和学科特色转化为专业优势和专业特色，以形成法律人才培养的优势，并开创特色的办学思路。为此，学校适时提出了"应用型"、"融通性"、"开放式"的本科人才培养目标，将"应用型""复合型"纳入法律人才培养目标之中。所谓"应用型"，主要体现在根据法律职业需要，对学生"实践"、"运用"和"操作"的能力和技能进行培养和训练，使学生在毕业后能迅速适应法律职业的工作。所谓"融通性"，主要体现在"融会"、"贯通"和"创新"能力的培养上，即通过不同学科之间、教学与科研之间、理论与实践之间、学校与社会之间的融通，促进学生形成以融会贯通、触类旁通为核心的发散型知识结构，使学生具有解决疑难、复杂法律问题的知识结构和思维能力。所谓"开放式"，主要体现在对学生的"适应"、"创造"和"发展"能力的培养上，即通过合作办学包括国际合作办学、校内外合作办学、学校与实际部门合作办学，采取请进来送出去的方式等途径，使学生形成开放性的知识结构及国际化的视野，增强学生的创新精神和发展潜力，以适应不断快速发展的法律职业需要。

经过 10 年的实践和探索，中南财经政法大学为培养具有鲜明特色的卓越法律人才打下了坚实的基础。第一，法学教育积累了"复合型卓越法律人才"培养的丰富经验，同时十分注重培养学生的实务技能。第二，通过多学科交叉，形成了经、法、管为主干学科和优势学科的学科特色，为复合型卓越法律人才的培养提供了很好的学科条件。第三，56 个本科专业，其中包括经、法、管相关专业的七个国家级特色专业，都是应用型专业，这为应用型法律人才的培养提供了强有力的专业支撑。第四，法学学科和专业具有培养卓越法律人才的条件和能力。第五，建立了适应培养卓越法律人才的课程体系。法律专业课程体系由通识课程、学科基础课程、专业课程和实践实验课程组成。在通识课程中，作为必修课开设有经济学通论、管理学通论、高等数学等较有特色的课程，另开设有 100 门通识选修课，供学生按兴趣选修。在法学学科基础课和专业课中，有 6 门国家级精品课程。除传统意义的实践教学外，法学专业十分重视法学实验课程建设，已出版一套（6 本）法学实验教学教材；开设了 1 门独立的必修实验课程，3 门选修实验课程；历时 3 年研发了一套有自主知识产权的法学实验教学系统；以国家级法学实验示范中心为平台，建有4 个多功能法学实验室。

综上，立足卓越法律人才教育培养计划的实施，为全面推进法学专业综合改革、明确人才培养的特色，卓越法律人才的培养将主要体现在以下三个方面。

（一）知识方面

系统掌握法学专业的基本理论与方法，掌握从事法律职业所必须具备的经济学、管理学等方面的知识，熟悉与法律工作有关的法律和法规，了解法学学科的最新研究成果和发展动态。

（二）能力方面

具备法律职业的特定技能和与之密切相关的其他可迁移性能力，包括具有法律人特有的思维模式、必要的法庭技术、辩论技巧和较强的口头表达能力、文书写作能力；法律职业人综合运用知识分析与解决法律问题的方式和手段以及一定的科学研究能力；适应国际化或涉外服务需要的"双语"能力。

（三）素质方面

具有良好的身心素养、政治素质和职业道德，包括健全的人格、健康的心理、顽强的意志；遵从法律、追求正义；诚实守信，具有高度的社会责任感和服务人民的自觉意识；富有创新意识和开拓精神；具有管理法律事务机构的基本知识；具有与他人合作的团队精神和组织领导能力。

四　卓越法律人才培养模式措施

推动法学专业综合改革，归根到底是要在新目标、新思路之下，全面创新人才培养模式。根据职业素养、职业道德和职业技能三方面并重的人才培养目标，中南财经政法大学以近 60 年的法律人才培养经验为基础，依托"经""法""管"三大学科优势以及由此形成的"应用型""融通性""开放式"培养模式和办学传统，同时立足武汉地区的区位优势，积极有效地实施法律人才培养模式改革，具体措施主要有以下几个方面。

（一）创新社会主义法治理念教育

中南财经政法大学法学学科始终注重在法学教育中加强国情教育和品德教育，以更好地贯彻落实社会主义法治理念。根据社会主义法治理念的要求，中南财经政法大学法学专业将继续从改革教育内容方面入手，积极探索强化社会主义法治理念教育的有效途径。

当前的法学教育，主要力量集中在法律专业教育，使学生具有法律专业知识、具备专业技能。在社会主义法治理念的指导下，高等院校法学教育还应该加强大学生人格教育、德性教育、世界观教育、民族教育和公共参与技能等教育。

总的来讲，中南财经政法大学法学学科积极追求实践"知育"（传授专业知识）、"智育"（培养创新思维）、"德育"（塑造高尚人格）三位一体的"博雅"教育理念。从法学教材的编写和选择开始，法学学科将继续重视对上述内容的渗透。

（二）调整完善法学课程体系

在认真实施现行"本科法学专业全程培养方案"——以"通人文、宽口径、厚基础、精专业"为教学指导思想，设置法学综合、民商法、涉外经贸法、政府法制四个方向，在已经具有应用型复合型特色的基础上，调整完善现有的法学课程体系。

（三）改革教学方式，创新教育模式

1. 全面倡导启发式、探究式、讨论式、参与式教学等课堂教学方法；

2. 全面改革考试方法，注重口试与笔试相结合，平时考核与最终考核相结合，充分利用中南财经政法大学自主研制开发的法学实验教学软件平台"法学实验教学系统"（LETS，获得国家专利）实行自主测试，使网络环境下考核与现实环境下考核相结合，有效促进学生学习的积极性、全面性，提高学生学习的效率；

3. 充分利用国家级法学实验教学示范中心的资源，丰富法学实验实践教学内容和手段；

4. 加强和提高教学研究，以教学研究成果引领教学，突出教研项目的重要地位；

5. 抓住国家精品资源共享课开放的契机，利用拓展资源，为学生拓宽视野提供平台。

（四）改进和优化教学内容

1. 强化法律实务技能教学；

2. 强化法律职业伦理教育，特别是加强以社会主义法治理念为核心内容的现代法治理念教育；

3. 利用中南财经政法大学经济、法律、管理和人文学科交叉综合的优势，加强法学与其他学科融通教学的广度与深度；

4. 通过学术报告、论坛、创新研究性教学项目等形式，加强研究性教学；

5. 立足中南财经政法大学法学专业独有的辩论文化，加强法律职业技能培训。

（五）强化法学实践教学

1. 加强和完善"法学院－实务部门"联合互动教学；

2. 调整教学培养方案，加大实践教学比重，确保法学实践环节累计学分（学时）不少于总数的 20%；

3. 依托"解纷专家型人才培养模式创新实验区"，加强法律实务教学；

4. 借力"法律援助与保护中心"，加强法律诊所教育；

5. 立足法学实验教学中心，加强法学实验教学，特别是要充分利用中南财经政法大学自主研制开发的法学实验教学软件平台"法学实验教学系统"进行教学；

6. 利用模拟法庭教学和旁听法院实案审判，为各专业的案例教学进行演练，实现课堂内外的互动与促进；

7. 加强实施社区法律服务项目。

（六）推进"文澜工程"战略，大力提升人才质量

为顺应新时期我国高等教育由重规模扩张向重质量提升转型的趋势，在今后的几年中，中南财经政法大学将进一步加强内涵建设，继续推进"文澜工程"战略的实施，立足文澜学院建设，继续推进拔尖创新人才培养模式改革，在学生选拔、培养模式、管理机制、教学方法、氛围营造等方面大胆探索，形成具有中南财经政法大学的特色培养模式，造就一批具有战略科学家潜质的拔尖创新人才。对法科学子的培养将抓住"文澜工程"战略推进的契机，大力提升人才质量。

（七）改进自主招生，推进本科教学"卓越计划"

加强本科教学，做好源头工作。首先需要改进自主招生，完善创新人才选拔体系，选拔的标准、方式、过程都要体现学科的特色，选拔具有学科特长和创新潜质的学生。其次要继续推进本科教学"卓越计划"，打造高端人才。对特别优秀的学生，实行"一制三化"的模式，即导师制、小班化、个性化、国际化培养。

（八）完善具备国际化视野的人才培养机制

中南财经政法大学法学学科高度重视国际交流合作，依托学校现有的平台及学术交流机制，积极推进法学教育国际交流与合作。同时，中南财经政法大学本科法学专业全程培养方案专门设立了涉外经贸法方向，并于 2009 年开始实施涉外经贸法双语人才培养机制，这是本项目实施的一个重要方面。现在需要继续改革和完善的内容主要有：

1. 进一步明确培养使命；
2. 充分开展法学教育国际交流与合作，建立"国内 – 海外合作培养"形式；
3. 针对涉外法律人才培养开展双语教学与英语教学。

五 小结

法学专业综合改革是一项长期的工程，要面对的问题、面临的困难很多，需要我们在明确的方向指引下，坚定不移地去推进。法学教育改革要围绕卓越法律人才教育培养计划的目标，以卓越法律人才教育培养为契机，全面推进法学专业综合改革，从而建立健全以法律职业信念与伦理教育、法律知识与技能教学为核心内容，以法律教育、经济学教学和管理学教学相融通为基本特色、以"法学院校—实务部门联合培养基地"为主要平台，直接有效链接法学教育与法律职业、能够满足多样化法律职业要求的法律人才培养机制，培养造就信念执着、品德优良、知识丰富、本领过硬的高素质本科应用型复合型法律人才。

（注：本文根据作者在 2013 年全国政法大学"立格联盟"第四届高峰论坛上的讲话稿整理）

参考文献

［1］国家中长期教育改革和发展规划纲要（2010 – 2020 年），2010 年 7 月。

［2］龚廷泰. 论大众化教育走向中的法学精英人才的培养［J］. 法学家，2003（06）：27 – 31.

［3］贺卫方. 中国法学教育之路［M］. 北京：中国政法大学出版社，1997：120.

［4］梁治平. 法辨［M］. 北京：中国政法大学出版社，2002：10 – 11.

［5］霍宪丹. 法律职业与法律人才培养［J］. 法学研究，2003（04）：80 – 89.

［6］谷春德. 中国法学教育未来发展趋势［A］. 中国人民大学法学院编. 走向世界的中国法学教育论

文集 ［C］，2001：347.

［7］ 教育部、财政部关于批准 2008 年度人才培养模式创新实验区建设项目的通知（教高函〔2009〕4 号）.

［8］ 吴汉东. 契合社会需求，推行法学本科人才特色培养方案 ［J］. 中国大学教学，2009（12）：7 - 9.

A Research on Comprehensive Legal Education: From an Excellency Perspective

Wu Handong

Abstract：The current legal education in China faces a problem of mismatch between quality and scale. Graduates with law degrees could not meet the requirements of social and economic development. Under such circumstances, the Ministry of Education and the Central Committee of Politics and Law had decided to implement the Plan for Outstanding Legal Education, which is no doubt necessary and responsive with respect to the nation's social and economic development strategy as well as higher education's development needs. Depending on the different roles played by legal educations at different levels and stages, respective educational goals and specialties must be further clarified so that comprehensive reforms can be advanced. Based on the current status of legal education in Zhongnan University of Economics and Law and the specifics of the Plan for Outstanding Legal Education, this article explores and discusses the issue of advancing comprehensive reforms in legal education.

Keywords：Outstanding Legal Talents；Legal Education Positioning；Training Model

（责任编辑：卢现祥）

语言沟通课程的"仿真"
教学情境研究与实践[*]

李军湘[**]

摘 要：传统口才教学多是将学生训练成演讲、辩论型人才，很难满足其日常生活与未来职场生活中对沟通能力的需求。人类的语言沟通处在一定的社会活动情景之中，建构主义学习理论视情境教学为教学设计的最主要内容之一。"应用语言艺术"教学构建的是一种以学生为中心的"仿真"教学情境，以学生当下的生活、影视剧节选及普通职场沟通难题为场景，让学生在体验、解析中演习沟通知识，增强应对不同情境的口头表达能力。

关键词：语言沟通 情境教学 应用语言艺术 仿真教学情境

一 面临的问题与预设的目标

2009 年 9 月，中南财经政法大学面向本科生了开设具有通识教育性质的《应用语言艺术》课程，目的在于提升大学生应对各类社会情境的口头沟通能力。传统的口才教学多采用朗读、演讲、辩论等方式训练学生的普通话、语音、态势与口语表达，将学生训练成朗诵、演讲、辩论人才，很难满足大学生日常沟通与未来职场沟通的需求。

教学作为教师与学生交互作用的过程，教师就像企业领导者，帮助教室内的每个人调整个人目标以达成该课程所要完成的教学目的。[1]相关调查表明：与"80 后"大学生表现出的不适、迷茫相比，如今的"90 后"大学生已摆脱了以往理想主义的狂热，价值目标有着强烈的实用化特点。他们了解当前就业形势的严峻，对自身的要求也有了更为清醒的认识，渴望在大学里不断发展自我。[2]一项针对上海与台湾地区大学生的调查发现：两岸大学生对教师能"激励学生增加学习满足感"的认同度最高，而对教师能"引起学生学习的渴望"的认同度最低；在两岸大学生眼里，教师们能引

---

* 本文系中南财经政法大学 2012 年校级教学研究课题"提升大学生专业与日常语言沟通能力的'仿真'情境教学研究"的阶段性成果，项目编号：2012YB02。
** 李军湘，男，湖南衡阳人，中南财经政法大学新闻与文化传播学院，教授。

导学生参加学习过程，但在引起学生学习的渴望部分，仍做得不足。[1]依据"途径－目标"教学领导理论，教师的教学领导包括以下几个方面：①致力于引起学生对学习的渴望，即根据学生的需求制定教学目标；②增加机会以成就有品质的教育行为，增强学生的实践能力；③提供正向的指导，教学计划符合学生需求，清楚定义学生的责任；④帮助学生排除学习障碍，能够评估问题并帮助解决问题；⑤激励学生增加满足感，鼓励学生独立思考，成长为成熟的社会人。[3]目前，语言沟通类课程教学大多以课堂讲授为主，学生多数情况下处于被动状态。虽然通过听课学生也能了解一些语言沟通知识，但仅靠教师口授而没有直观的辅助与训练手段，学生对教师讲授的诸多内容仍懵懂茫然。

传统的教学模式根植于洛克的观点。他认为，未经专业学习的学生恰如一张张白纸，等待着教师在上面书写；学生如同一个个空的容器，需要教师向其灌输知识。正是基于这一假设前提，传统教学观将教师的工作视为纯粹的知识传递活动，教师的教学就是努力将自己掌握的知识输送出来，转变为学生的知识，学习过程就是知识的获取过程。从认识论的角度看，该假设认为知识是一种可以传递并为个人所持有的物品，而学生可以像教师一样了解世界，并进一步设想学生也希望像教师那样了解世界。在传统的教学模式中，对学生评价的核心目的是为了检查学生对教师传授的知识的记忆情况，并依此对学生进行分类，通过比较学生的成绩，确定学生中的胜利者和失败者。对教师而言，有价值的是专业知识的记忆，而不是专业知识的运用。这种传统教学模式通常被称为传授式。[4]大卫·W.约翰逊将传统的教学描述为：教学活动只是由教师将知识转移给学生，教师的工作就是输出知识，而学生只能被动地接收知识，教师在课堂中传授信息，而学生学习的目的就是记住并在考试时复写出这些信息；教学活动就是把知识装到一个个空洞的容器中去，学生只要被动地接受即可；学校教学的重要目的之一就是对学生进行分类，教师依分数将学生分成不同的等级，并以此对学生的能力进行评价；根据泰勒的工业组织模式，学生与教师都被看作"教育机器"中可以任意替换的部件，在教学中应保持一种竞争的组织结构，学生的学习动力在于获得比其他同学更好的成绩，而教师的教学则是为了胜过自己的同事；传统教学模式认为任何人只要具备了某种专业知识，不经过培训就可胜任教学工作，在这种所谓的知识专业假设之下的教学，"每一位成功的教师背后都是一个筋疲力尽的班级"。[5]

作为一种社会现象，人类语言学和心理学研究表明：语言应用能力的发展与特定社会环境之间有着不可分离的联系。人们运用语言从事沟通活动时，离不开人、事、物所构成的相应场景，人们的语言沟通无不处在一定的社会活动情景之中。由此可见，在应用语言艺术教学中，只有让学生置身于现实的语用情境或模拟的语用场景中，才能让学生有针对性地学习如何组织思维，理解相应场景中传导的沟通信息和语言材料，触景生情，激发表达欲望，提升运用语言表情达意的能力。这正是《应用语言艺术》教学试图达成的三个目标：①从解决学生日常沟通难题入手，拓展学生的眼界、思维、胸襟，激活学习兴趣，发展学生未来职场语言沟通的逻辑性、条理性和沟通时过硬的心理素质；②尝试转换教学主体，将讲授和讨论、角色扮演相结合，课内和课外相结合，突出学生的主体地位，培养学生的积极参与意识；③创新教学思路，改革教学方法，实践深入性、趣味性、时代性、应用性并举的教学原则。

二 建构主义学习理论及教学方法

20 世纪末以来，我国教育界最重视的心理学概念莫过于"建构主义"。建构主义作为一种新的学习理论，是在吸取了诸多学习理论如行为主义理论、认知主义理论，尤其是维果斯基的理论的基础上形成和发展的。行为主义理论认为人类思维是与外界环境相互作用的结果，即形成"刺激－反应"的联结，行为是学习者对环境刺激做出的反应，所有行为都是习得的。认知主义理论重视个体在学习中的主体价值，强调认知、理解、独立思考等活动在学习中的重要作用，主张个体学习的创造性。维果斯基特别强调活动和社会交往在个体的高级心理机能发展中的突出作用。建构主义学习理论则认为：个体的知识获得是客观与主观共同作用的结果，知识的学习与传授重点在于个体的转换、加工和处理，而非简单的"输入"或"灌输"，学生切身的"经验"和在知识学习的过程中的主动参与起着举足轻重的作用；学习是一个与情境联系紧密、积极自主的操作活动。在此过程中，知识、能力等不能被训练或被吸收，而只能被建构，这种建构并非从零开始，而总是以一个已有的知识结构为基础的。这种学习有赖于学习者在其中进行的情境联系；学习者依据从前的认知结构，注意和有选择性地感知外在信息，建构当前事物的意义，被利用的过往知识并非从记忆中原封不动地提取，而是根据具体情境的变化得以重新建构；学习者是借助于他人的帮助对知识进行建构的。[6]

对于学习过程，建构主义学习理论认为：学习是学习者重建内部心理表征的过程，学习者不是外来信息被动的接受者，而是进行选择加工的主动者；学习者是从不同背景、角度出发，在教师和他人的协助下，通过独特的信息加工活动，建构自己的意义，这是个人建构的过程；学生对世界的独特理解也许不符合教师的期待，但对于学生自身来说，这种建构却意义重大，因为它是学生在自己先前经验基础上对世界的一种主观组织。对于学习结果，建构主义学习理论认为，教育者要有明确的目标，指导和协助学生依自身的情况对新知识进行组织，最后建构起关于知识的意义。对于学习条件，建构主义学习理论认为主体、情境、协作和资源是促进教学的四大要件，主张：①学习以学生为中心，注重主体的作用；②学习情境要与现实情境相结合，因为生动、丰富的现实情境能帮助学生掌握高级的知识；③注重协作学习，强调学生与学生的讨论与相互学习；④注重教学环境设计，为学习者提供丰富的情境资源。对于教学关系，建构主义学习理论认为：在教学过程中，教师只是创造某种环境，学生们在此环境中，在原有认知结构的基础上对所学内容进行加工，进而获得某些知识，如此获得的知识会在长期记忆中保存，并可在今后的学习中进行重新加工或组合；教师的努力方向是培养学生的能力和才干，应以"培育和发展"教学观替代"选择和淘汰"教学观，教育就是教师和学生在共同合作的过程中，彼此产生的一种信息和观点的相互交换，师生之间和学生相互之间越是相互关心、相互负责，学习的潜力就越大；最好的学习是在合作的背景中发生的，学生间经常的合作讨论，使他们更加努力地去发展与他人的更为积极的关系，心理上也会变得更健康。[4]建构主义学习理论提出了三种教学方法：①情境教学法，即设置与现实情境相类似的，以事例、问题为基础的教学；②随机通达教学法，即着眼于问题的不同侧面，每次情境具有不重复的方面，让学生获得对同种知识的多方面理解；③支架式教学法，即教师引导教学，使学生掌握建构和内化所学的知识技能，通过支架（教师的帮助）把管理学习的任务逐渐由教师转移给学生自身，最后撤去支架。[6]

　　总而言之，建构主义学习理论强调以学习者为中心的学习，强调学习者对知识的主动探索、主动发现和对所学知识意义的主动建构；教师不再是知识的传授者和灌输者，而是意义建构的帮助者、促进者；学习者是信息加工的主体，是知识意义的主动建构者，知识不是由教师灌输的，而是由学习者在一定的情境下通过协作、讨论、交流、互相帮助（包括教师提供的指导与帮助），并借助必要的信息资源主动建构的。[7]

三　建构主义学习环境下师生角色的定位

　　建构主义学习理论视情境教学为教学设计的最主要内容之一。教师的教学设计不仅要考虑教学目的，还要设置有利于学生意义建构的多种教学情境，在实际情境或借助多媒体架构的贴近现实的场景中学习，从而最大限度地触发联想，唤醒先前记忆中有关的知识、经验或表象。[8]心理学认为，情境是对人有直接刺激作用、有一定的生物学意义和社会学意义的具体环境，它可以是具体的自然环境或具体的社会环境，具体可感性是其特质。所谓情景教学，就是在教师在教学中为了达到预定教学目的，从学生需求出发，引入或创设与学习内容相对应的具体场景或氛围，给学生以真切的现场体验，寓教于事，启发学生自觉、自主地学习，以帮助他们迅速而正确地领会学习内容，提高教学效率。情境教学由以教师为中心转为以学生为中心；由教师对学生的"教"变为对学生的"导"；由学生被动接受知识变为主动探究、索取知识；由单纯传授书本知识改变为开放性、多渠道获取知识并展开知识的应用。

（一）教师角色

　　与传统的讲授式教学相比，情境教学中教师已不单纯是知识的传授者，而是得花费更多的时间，付出更为艰辛的劳动：教师要做许多细致的前期准备工作，如选择恰当的问题，检测学生探究问题的深度，给学生更多鼓励激发其独立自主学习的热情，准确评价学生发现问题的缜密性与学生的理解程度，等等。从表面上看教师似乎退居到"幕后"，而实际上要保证情境教学的有效性，教师的作用举足轻重。这种幕后角色的关键作用是为学生成为学习中的"主角"铺平了道路，这表现为以下几个方面。

　　1. 促进者

　　建构主义教学观认为，知识的意义寓于情境之中，学习情境不是一个无关因素，学生必须通过具体情境才能获取某种知识。在"情境教学"中，教师作为促进者并非将知识的结果直接告诉学生，而是通过适时化解学生在解决"眼前"问题时遇到的困惑或不足，将符合专业要求的科学思维与策略体现出来。

2. 指导者

确立学生在学习中的主体地位并非是对教师作用的否定，而为了让学生更有效率地使用情境教学资源。教师由知识灌输者的角色转变为学生获取知识的指导者角色，意味着其肩负起为学生选择、管理、组织和加工知识的引导与帮助责任。

3. 合作者

在"情境教学"中，教师承担着指导学生"解决问题"的任务，在教育学生学习合作的同时，教师自己首先要学会合作，将教师与学生之间由传统的"上"与"下"关系，变为一种平等相待、相互合作、相互促进的学习研究共同体。

（二）学生角色

每个学生都是一个独特的个体，潜能巨大，他们从小到大的经历和经验皆是有待开发学习的财富，"情境教学"中所有环节的设计无不立足于令学生更好地成长：置身于"情境教学"中的学生，不再被视为"空的容器"或者信息的被动接收者，而是一个个能够掌控自己的主动学习者，是学习活动全程的主角；在情境教学中，学生也不再是"孤独的"学习者，他们以小组为单位合作，相互启发完成课题，他们的潜力、热情和能力会在相应情境的体验中得以充分的发掘、发挥和发展。

1. 自主者

自主学习是一个主动学习、独立学习和发现学习的过程。在"情境教学"中，学生作为学习者拥有更大的自主性，在学习过程中，他需要自我激励，探究尝试，将新建构的知识应用到相应困境的解决之中，并且还要反思解决问题的过程。

2. 合作者

在"情境教学"中，学生们往往以小组为单位研究问题。在讨论中，学生与小组其他成员只有彼此信任、相互启发、共担责任，才能共享专业知识，集思广益，从多种可能性中寻求到解决难题的相应路径。

3. 研究者

在"情境教学"中，问题情境往往能够吸引并维持学生的兴趣。由于"情境"与自己当下或未来的生活关联紧密，因此这种教学方法能促使学生积极思考、探求情境的方方面面，识别问题的症结所在，以找寻解决问题的良好策略，完成由观看者到研究者的转变。

四 应用语言教学的"仿真"情境与思考

受益于"建构主义"学习理论与"途径－目标"领导理论的应用语言艺术教学，我们试图构建一种以学生为中心的"仿真"教学情境。所谓"仿真"情境，是指教师在课堂上以学生当下的生活、影视剧节选以及普通职场沟通难题等为案例，让学生在体验、解析中习得语言知识，增强交涉能力的教学情境。"仿真"情境以具体困境为学习任务，以化解问题的过程为学习过程。应用语言艺术是一门认知性、情感性和实践性很强的技能课，学生的口头沟通能力只有通过大量的实践训练才能提高。口才训练实际上就是模拟训练，因而要求教师因地制宜地利用课内外题材，营造尽可能真实的交涉语境。学习情境越接近真实，学生建构的知识就越可靠，也就越容易在真实的情境中运用，从而达到教学的预期目的。面对实际问题时，许多学生之所以在运用所学的技能时感到困难，源于他们知识学习的过程脱离了其赖以从中获得意义的真实情境，而只有真实的情境才能提高学生的观察、思考和应用能力，才能帮助学生成就良好的习惯和正确的价值观。正如乔纳森指出的：如果能给学习者提供自我选择和拓展自身兴趣的机会，他们会对当下的学习承担更大的责任。在传统教学模式下，学习者常常被剥夺了拓展决策、自我监督、注意力调整等技能的机会，这些技能对学习经验的优化十分必要。如果学习者将学习任务看成是让自身的发展与外部机构的期望相匹配的一个训练，那么，他们在学习中会变得越来越得心应手。[9]

在应用语言艺术教学中，面对阅历有限的大学生（接触社会有限及专业经历空白），考虑到知识的运用总是受到个人的前期积累与现实情境等因素的影响，教师应该由近及远、由浅入深、由表及里地设计"仿真"教学情境的"路径"和"台阶"，使之适合学生当下的现状，便于学生理解和接受。应用语言艺术课程的"仿真"情境可分为以下三类。

（一）实际生活案例

即由学生提供发生在自己或身边朋友生活中的语用情境：如上课前的"占座"纠纷、借用手机丢失发生的索赔……交全班学生商讨对策。创设情境的关键，在于"情境"必须是学生感兴趣且乐于尝试的，否则形同虚设。教学情境只有联系学生的生活实际，使学生认识到学习与生活是紧密联系的，才能真正激发其学习热情与兴趣，并培养学生从生活中发现问题和运用知识解决问题的能力。因此，应用语言艺术教学情境的创设，第一是就"近"取材，即来自学生生活中的情境；第二是就"急"取材，即优先选取大学生当下生活中的语用困境。这样能使学生很快进入"境"，设身处地进行多种角色扮演，移情体验他人的立场和感受，积极主动地投身到语言运用的实践之中。

使用学生身边发生的真实案例作为教学情境，让学生将课堂了解的有关沟通理论与技能现学现用，是使学生获得创新能力必不可少的条件。首先，真实情境的形象性将抽象的知识具体化，有利于学生理解书本的教条，体验在相应境况下知识的运用；其次，真实案例能化枯燥为生动，大大激活了学生的学习兴趣；最后，这促使学生重新审视身边的生活，并从日常生活中发现问题、提出问题，在身临其境中检验知识、增强能力，由此认识世界，丰富自己的人生经历。

（二）影视剧节选

即教师利用多媒体技术，放映自中外影视剧中节选的交涉视频，将"准真实"的各类语用情境呈现在学生面前，提高其由此及彼，触类旁通的应用能力。情境教学的设计要想有利于发展学生的创造力和想象力，题材的多样性及内容的趣味性就必不可少。实验证实，人类获取信息的 95% 来自视觉、听觉和触觉，人们仅能记住自己听到和看到的 50%，却能记住在交流过程中自己所说内容的 70%。将影视剧中的交涉情境引入应用语言教学，可以创设接近实际的情境，在产生亲切感和新鲜感的同时，激活了学生大脑皮层中的优势兴奋中心，对增进其形象思维、抽象思维与逻辑思维的协调发展，有着异常重要的作用，已被实践证明是一种行之有效的教学方法。

之所以选择影视剧节选作为学生应用语言学习的教学情境，原因有二。第一，作为大众喜闻乐见的艺术形式，影视剧中蕴藏着丰富的语用情境。以往人们仅注重其休闲性或艺术性，忽略了"语言应用精华"。利用多媒体将影视剧的精彩语用情境引入教学环节，能使学生在学习过程中开阔眼界，弥补其见识的不足，是一种形象说理且寓教于乐的方式。第二，这种方法基于当前网络发达、学生可以非常方便地利用网络资源学习的现状。随着信息技术的推动，网络已经不仅是一个连接学习资源的平台，而且成为高等教育组织的基本框架。信息、知识和学习机会现在能够通过强大的网络来传送给成千上万的人们。正如杜德斯达所指出的："网络学习结构最适合提供随时随地的教育服务——也就是说，提供'及时式'的教育而不是'以防万一'的教育。应当承认，这也许不是与普通教育相关的一般学科的适当框架，但它完全有可能支配专业教育和与工作有关的学习。"[10]艺术是对生活的浓缩。课堂教学的生动性与网络观影的便捷性，有助于学生随时汲取影视剧中的各类语用经验，自觉解析其中的成败得失，为终身学习能力的发展奠定基础。

（三）普通职场案例

由于学生缺乏专业经历，若依学生所学专业进行专业案例分析，则这些案例往往流于空泛。因此，教学情境设计还要讲求适宜性，即"情境"的难度适宜。过于简单会使学生失去兴趣，难度过大又会令学生望而生畏。在应用语言艺术教学中，教师选择将普通职场交涉引入课堂，让学生经过独立思考及集体讨论，体会如何在未来职场中准确、清楚、有效地表达自己的观点。以下为其中一个案例。

一位客户从西北去海滨城市大连出差，到一个商店买海鲜。售货员帮客户将海鲜装袋时，无意中听说他三天后才离开大连。于是这位售货员立即退款，并告诉客户，等三天后他离开时，现在买的海鲜已不新鲜了。海鲜售货员为客户着想，放弃销售机会，无可非议。问题是，如果用"既销售产品又满足客户需求"的标准衡量，海鲜售货员出于好心放弃销售之后，是否就满足了客户"希望买海鲜带回家乡"的需求呢？"好心"是一回事，能否做到"两全其美"又是一回事。这个案例的问题是：如果你是那位海鲜售货员，你怎样把这件事做得更好？

普通职场案例必须符合学生的知识背景和认识能力，把需要解决的问题和已学的沟通技能巧妙地寓于情境之中，并且益精不益多。

五 "仿真"情境教学的一次实践

学生解决问题的能力是大学高层次学习的主要表现，这种能力的高低取决于情境知识的多寡。应用语言艺术教学的实践性，要求学生们在课堂上一要"动脑"，二要"动口"。这里以"仿真"教学情境中的"影视剧节选"为例，看看教学中如何让学生"身临其境"，体察并开展讨论。教师提出问题是应用语言课堂促进学生思考的起点和动力；从有疑到释疑的过程，就是学生情境知识不断丰富、认知能力不断发展的过程。教师的通常做法是：首先，运用"脑力激荡法"——教师凭借影视剧描述的语用情境向学生寻求意见，提供一个能够相互启发的"共振"机会，让学生在讨论中触发灵感、集思广益，强化沟通力与解析力；其次，运用"发散与聚合法"——教师提出一些存有多种结论的问题以发掘影视剧语境内涵，启发学生从不同角度发散思维、求异求新，通过分析比较筛选最佳方案，提升其发散思维和聚合思维水平。

情境教学由"提出问题—学生思考—背景介绍—分段放映—学生讨论—教师点评"等环节组成。

以下是教师讲述"开场白"时放映的一个片段。

[提出问题]：

1. 如果你与一位陌生女性会面，你会怎样同她交谈？

2. 若是一次相亲，你的底线是什么？

[学生思考]：

让学生将问题思考数分钟。

[背景简介]：

冯小刚的贺岁片《非诚勿扰》讲述了一个"海归"发财后征婚的故事。陌生男女会面，初次交谈如何自然而不生硬？且看葛优扮演的秦奋与徐若瑄扮演的台湾富商千金的茶馆对话：

[放映片断一]：

秦：你好像不是本地人吧？

徐：我是台湾人。我爸爸在杭州开工厂，所以我们暂时住在杭州。

秦：去过北京吗？

徐：当然去过啊。

秦：北京、杭州你更喜欢哪里？

徐：这个问题有点难。如果讲居住环境、天气气候的话，那当然是杭州。可是我也蛮喜欢北京人的，我爷爷就是北京人，我最喜欢听他讲话了："这是怎么回儿事？"

秦：（纠正）回不加儿音，事加儿音。怎么回事儿。

徐：怎么回事儿。后来我爷爷因为大陆沦陷，就跟着国军撤退去台湾……

秦：（打断）等会儿等会儿，我们叫解放，你们叫沦陷。我们叫解放。

[学生讨论]：

将四五个学生分为一组，讨论数分钟后，由一位同学代表本组报告讨论意见。

[教师点评]：

同学们指出秦奋用提问作为交谈的开头。这是开局的一个重要方法（肯定学生的亮点，并且具体点名）。——男女初次见面，"破冰"重任理应由男同胞承担。秦奋从北京来杭州见应征的台湾小姐。素不相识者如何打破无话可说的"尴尬"？他采用了提问，并且以对方为主提问。这达成了两个效果：一是让对方有话可说，二是从中找寻到进一步交谈的话题。同学们还注意到两次纠错——徐小姐即兴学说北京话，秦奋纠正发音；对方说"沦陷"，他更正为"解放"。他不怕"因小失大"吗？这正是"海龟"的智慧所在:当彼此并不了解时,女性对一味顺从的男人易生轻视之心,以为其缺乏主见。秦奋"纠错",一方面显得有主见,另一方面可视为一个小"圈套":若徐小姐因此纠缠不清,足见其小眉小眼。

[放映片断二]:

徐:解放?什么叫解放啊?——我明白的,解放跟沦陷,只是角度上的说法不同而已。

秦:对,对!我们可以求同存异。

徐:就是。有些普遍的价值观是被大家认同的,好像慈悲就要有仁爱之心啊。

秦:嗯,像这次大地震,台湾各界都踊跃在那儿捐款,大陆人民还是很感动的。

徐:我爸爸的企业也有捐款。我们看到同胞这样受难,大家都很心痛。

秦:尤其是那些失去父母的孤儿,真是可怜,我在新闻里看到一位母亲,临死前还在给孩子喂奶,人都咽气了还在哺育,母性真是伟大。

徐:做母亲是可以为孩子牺牲一切的。

秦:爸爸也行。甭说是亲生的,就那些孤儿,我都想申请领养了。

[学生讨论、发言后,教师点评]:

各位说秦奋"顺杆爬"。这儿有大学问——徐小姐以"解放跟沦陷只是角度上的说法不同"化解了"争执",秦奋见好就收——"我们可以求同存异"。通常情况下,交谈和谐的途径之一是"顺杆爬"以营造"心理相容"的气氛。但事事顺着对方,会令人怀疑你的诚意。"顺杆爬"的学问在于:能否对彼此认同的"理念"予以细化或提炼——对方说法抽象,你就形象具体;对方就事论事,你就总结升华。当徐小姐说"慈悲就要有仁爱之心"时,秦奋化抽象为形象,以"汶川地震台胞捐款"和"遇难母亲给孩子喂奶"深表同感,越谈越投机。

[重放整个片段]

需要特别指出的是:对学生讨论中表现的点滴长处,教师在点评时均应予以及时肯定。他人和社会的评价和判断会影响被判断者的感觉和行动,这种现象被社会学者罗伯特·默顿称为"自我实现的预言"。有心理学家对研究者的偏见和教师的评价做了实验研究,结果显示认识和判断起着重要作用,比如老师对学生"学习能力优秀"的评价可能会引发学生做出更出色的表现。[11]形象的记忆伴随着赞赏的愉悦,能激活学生学习的主动性,对"90后"大学生语言应用能力的自我塑造和持续发展大有益处。兴趣是人们积极探究某种事物或进行某种活动,引导和维持注意力的重要因素。应用语言艺术教学创设的三类"情境"打通了课内课外的界限,使学生在有限的课堂时间内得到多方面体验与训练,提高了教学效率。其意义在于:首先,针对当前大学生语言沟通能力欠佳的现状,借助"仿真"体验,提升了学习兴趣;其次,较好地解决了语言沟通教学中内容多、课时少、学生主动性不强、教师"满堂灌"的问题,拓展了教学的新路径;最后,引导学生开阔视野、胸襟,培养自主学习能力,增强合作精神,为学生口头沟通能力的可持续发展打下了基础。

参考文献

[1] 陈羿君. 上海、台湾大学生对教师教学领导能力认知的比较分析 [J]. 高等教育研究，2010（4）：45－52.

[2] 丁静. 时尚文化对当代大学生价值观的影响 [J]. 学海，2010（5）：208－212.

[3] 王一军. 大学课程发展学生个人知识的必要与可能 [J]. 高等教育研究，2011（4）：64－75.

[4] 赵海涛，刘继和. "基于问题的学习"与传统教学模式的比较研究 [J]. 外国教育研究，2007（12）：53－57.

[5] 大卫·W. 约翰逊，罗格·T. 约翰逊，卡尔·A. 史密斯. 合作型学习的原理与技巧——在教与学中组建有效的团队 [M]. 刘春红，译. 北京：机械工业出版社，2001.

[6] 王毅敏. 从建构主义学习理论看英语情境教学 [J]. 外语教学，2003（2）：85－86.

[7] 祝智庭. 现代教育技术：促进多元智能发展 [M]. 上海：华东师范大学出版社，2003.

[8] 何克抗. 教学系统设计 [M] 北京：北京师范大学出版社，2002.

[9] 戴维·H. 乔纳森. 学习环境的理论基础 [M]. 郑太年，译. 上海：华东师范大学出版社，2002.

[10] 詹姆斯·杜德斯达. 21 世纪的大学 [M]. 刘彤等，译. 北京：北京大学出版社，2005.

[11] 戴维·迈尔斯. 社会心理学 [M]. 侯玉波等，译. 北京：人民邮电出版社，2006.

Teaching and Learning in Real World Simulations：The Study of an Verbal Communication Class

Li Junxiang

Abstract：Conventional oral communication classes have been training students to become public speakers and debaters, resulting in difficulties in meeting the communication needs of everyday life. Verbal communications always happen in social contexts. The Social Constructivist Theory suggests establishing a student-centered teaching and learning environment that simulates real life situations. "The Art of Applied Language" is a course that embarks on this mission. Materials of this course consist of students' daily encounters, clips from movies, and interactions in the workplace. Students' verbal communication skills were substantially improved through experiencing, analyzing, and interacting when situated in a variety of simulated scenarios.

Keywords：Verbal Communication；Situational Teaching；The Art of Applied Language；Simulations in Teaching

（责任编辑：骆　美）

复合创新型人才培养目标下
教学现状探析*

中南财经政法大学"通识课程教育质量调查"研究组**

摘　要：提高教育质量、实现内涵式发展是高等院校在现阶段的核心任务。培养复合创新型人才是中南财经政法大学在新时期的人才培养目标定位。本次研究主要是以学生为评价主体，检测具体承载此质量目标的课堂教学的实际现状。检测标准源于社会建构主义认知论体系及其相关教学理论。检测结果表明学校的日常课堂教学已经步入了社会建构式的起步阶段，但是传统的教师宣讲式教学仍然占有较大空间。本次研究建议辩证对待调研结果、对专业课教学进行监控和重视决策前的归因分析。

关键词：人才培养　教学质量　过程监控　课堂教学　社会建构主义

发达国家高等教育进入大众化阶段后，为解决和科学评价高校教育质量，探索出了不同的适合自身状况的评价模式。发达国家教育质量评价开始转向注重和加强建设高校内部质量保障体系，并提高学生在评价过程中的参与度。国内学者也已经提出了"以学生为中心"的教育评价理念——"学生作为教学活动的主体，应重视其在课堂教学质量评价中的地位"。[1]《教育部关于普通高等学校本科教学评估工作的意见》也强调"应特别注重教师和学生对教学工作的评价，注重学生对学习效果和教学资源使用效率的评价"。中南财经政法大学高等教育评估与研究中心作为学校内部教育质量监控和保障单位之一，于2012年12月在教务部、学工部和校团委的协同配合下，对学校通识教育课程进行了一次"以学生为中心，匿名回答问卷"的自我评价实验（以下简称"2012年学情调查"）。

一　问题提出

21世纪，随着知识经济时代的到来，高等教育作为构建知识型社会的主要力量，

---

* 本文系中南财经政法大学2013年校级教学研究课题"以学生为中心的高校内部教育质量评价与保障体系研究"的研究成果，项目编号：2013YB30。

** 本研究组成员单位为中南财经政法大学高等教育评估与研究中心的卢现祥、徐警武、雷磊、郭华桥、胡瑜芩、黄容霞、骆美（执笔）。对本调查做出贡献的还有：中南财经政法大学公共管理学院乐章教授；教务部柳正华老师；统计与数学学院金林博士，硕士研究生王建勇、吴梦颖、张晓波；公共管理学院硕士研究生任青、周珊、吴琼、孟婉婉、冯雅慧、魏山、刘丽丽。

在国家战略发展布局中凸显出历史上从未有过的重要性。培养新型人才、提升高等教育质量成为现代各国教育政策的主要取向。2010 年，胡锦涛在第四次全国教育会议上提出树立以提高质量为核心的教育发展观。同年，《国家中长期教育改革和发展规划纲要（2010~2020）》阐明，提高质量是高等教育发展的核心任务。教学质量作为向国家和社会输送新型人才的主要保障通道，成为高等学校走内涵式发展道路的重要内容。

　　面对新形势对人才的新要求，我国高等院校纷纷出台人才培养目标定位与培养模式的改革措施。中南财经政法大学在 2009 年提出以"创新型、融通性、国际化"为核心的《本科专业全程培养方案》，以多学科交叉融合为平台，通过主干学科优势形成以精品课程、优质教材、主讲教师为核心的"三位一体"人才培养合力。为实现复合创新型人才培养目标，学校进行了多角度多层面的人才培养模式和教学改革创新：制定实施了本科教学"质量工程"；在全部开设的 5720 门课程中，对 678 门课程进行了考核方式改革；强化实践教学，加强了实验室建设；2012 年初开始实施创新拔尖人才培养新模式——"文澜模式"；对会计、英语等专业课程进行了教改创新，等等。这些人才培养的相关改革措施在现阶段具有两个特征。首先，覆盖范围小，许多项目目前仍处于试点状态；其次，综合性改革项目启动时间短，其执行实效以及可推广性仍面临诸多疑问。从教育管理角度看，学校教学管理机制与体制在新形势下亟待创新，最突出的问题表现为，"教务部很难对教学质量进行全面监控，而各学院又缺少有效监控，教学的二级管理尚未落到实处，教学秩序有待加强，教学管理的改革与创新滞后"。[2]

　　教学运行与质量监控之间的错位令学校的人才培养实际成效难以被准确评估。学校新的人才培养计划定位究竟有没有得到落实？具体承载这一质量目标的教学实践是否正朝着此设计的方向前进？这对未来教学改革以及有关政策制定有何启发与借鉴价值？本研究运用调查数据分析和讨论了学校课堂教学的实施现状，并提出相应建议，以期为实现培养复合创新型人才，不断完善教学质量保障体系，提高学校教育教学质量提供一定的思路。

二　通过教学过程监控人才培养实效的必要性

　　人才培养目标是否在实践中达成，依靠两种监控方式提供依据，一种来自学校内部，一种来自学校外部。学校外部监控是对高校人才培养质量的终极检测，主要包括上级主管部门宏观监控和评估、受政府委托的独立（联合）第三方质量监控和评估以及社会化的教育质量监控与评估，旨在评价毕业生群体能否很好的适应经济社会中国家、社会、市场对人才的需求。学校内部监控则主要监控人才培养过程是否与目标保持一致以及初步检测培养结果是否达到设计要求，是各个院校对自身的教育教学工作进行全过程、全方位、全员性质量管理的一套操作系统。学校内部评价虽然不能直接反映本校人才对市场需求的适应度，但是在人才培养目标经过严谨论证的前提下，能够对人才进入市场的质量进行预测，能够对培养过程进行实时监控，是高校人才培养风险防范机制的核心组成部分。作为学校内部评价的重要构成部分，过程评价集中于监控教育教学常态，是对人才培养方案与人才培养途径进行微观调控的重要依据。

高等学校培养人才的途径是多种多样的。本研究所关注的教学过程是与第二课堂、实践与实验课、素质教育课、实习等概念并列的日常课堂教学，涵盖学科基础课、通识教育课以及专业课。按照我国本科教育全程培养方案的一般做法，教书育人的任务约85%左右是通过日常课堂教学完成，因此要监测高等学校人才培养实效，对日常课堂教学的调查必不可少。

三 教学过程监控的标准

著名的组织控制论专家威廉·奥奇（William Ouchi）认为，评价就是指预先设立一套标准，然后参照这套标准对组织成员进行监控及进行最终结果的评估，并根据评估结果给予选择性的奖励或者惩罚，以达到鞭策个体行为朝集体目标方向前进的目的[3]。因此，在对学校教学的现状展开分析之前必须要回答关于评测标准的问题，即"什么样的课堂是培养高素质、创新型人才的课堂？"国内外学者从理论与实践两个层面对这个问题进行了持续深入的探讨。

（一）社会建构主义认知论及相关教学理论

在20世纪与21世纪的世纪之交，为回应社会政治经济变迁对教育领域带来的冲击，世界主要发达国家如美、英、法、德、日等都对本国教育进行了革新。尽管各国的具体改革措施不同，但体现的一些基本理念与我国现阶段的要求有异曲同工之处：注重创造性与开放性思维的培养，强调价值观教育和道德教育，尊重学生经验，发展学生个性，等等[4]。这些理念的出现是"实践型学力观"与"学科型学力观"的二元动态关系中前者占据主导的体现[5]。学科型学力观认为学生在学校学习的目的就是习得学科知识；而实践型学力观认为学力是从现实中学习并在生活和工作中发挥作用的能力，而不是各门学科知识的简单习得，因此学校系统性知识的重心应为思维能力、判断能力、问题解决能力等"方法论知识"，而非"事实性知识"。

对实践型学力观思潮影响最大的是社会建构主义认知论体系。社会建构主义（Social Constructivism）指的是人在与他人的相互作用之中，建构自己的认识与知识[6]。社会建构主义认知论体系集合了近现代众多著名哲学家、心理学家以及教育理论家的思想和研究成果，例如伯杰和勒克曼（Berger, P. L. & Luckman, T.）的知识社会学，皮亚杰（Piaget, J.）的认知结构说，杜威（Dewey, J.）的实用（验）主义教育哲学，米德（Mead, G. H.）的象征性互动论，维果斯基（Vygotsky, L. S.）的"最近发展区"理论，等等。社会建构主义认知论体系的内容非常丰富，但其核心可以概括为：以学生为中心，在教与学的过程中强调学生对知识的主动探索、主动发现和对所学知识意义的主动构建，并且通过此过程实现在认知维度、人际维度和自我维度中多种能力的培养和提高；教师在学生建构知识过程中的主要作用为搭建垂直或水平互动平台，塑造"自主、对话、探究"式教学文化，引导学生发展在学习过程的主体性。社会建构主义认知论体系对以实践型学力观为基础的教学理论的发展影响巨大，具有代表性的如研究性学习理论[①]、合作学习理论[②]、平衡性实践教学理论[③]等。

在社会建构主义及相关教学理论指导下，启发式、探究式、讨论式以及参与式等充满垂直和水平互动的教学已取代传统教师讲授式授课成为主要教学方式。相应的，与社会建构式教学法挂钩的教学结果评测方法则通常包括论文、小研究课题、演讲、辩论、学生个人成长记录（Portfolio）等。

（二）建构式教学对人才培养质量的积极影响

迄今为止，许多来自于教学第一线的研究显示，比起传统教师讲授型教学，融合了社会建构主义认知论以及相关教学理论要素的课堂教学在激发学生学习主体性，提高学生批判性思维能力、解决问题能力、创新能力、团队合作与人际交往能力以及其他综合素质方面有着更积极明显的作用。

美国是受社会建构主义理论影响最深的国家。19世纪末兴起的进步教育运动，以杜威的实用主义教育思想为旗帜，改造了美国旧教育，建立了新教育，成为世界上最早实施创新教育的国家之一。社会建构主义教育教学理论对众多其他国家的教育体系都影响深远，如德国、瑞士、法国、英国等。在我国最近10年的基础教育新课程改革运动中，社会建构主义教育理念及其教学方式也被认为是引领中国基础教育走出传统桎梏，培养创新人才，实现素质教育的关键所在。[7]

四　研究设计与方法说明

（一）研究方法

对教学过程的实践状况进行评价的方式方法多种多样。鉴于调研资源的有限性，本研究选择通过问卷调查的方式从学生角度对日常课堂的教学、辅导、测试等环节进行检测，评判其是否朝着培养复合创新型人才方向前进。

选择以学生为评价主体是慎重考虑的结果。出于对学生群体可能存在的局限性的认识，学生评教在评价个体教师工作绩效方面的公平公正性一直受到质疑。然而，学生作为教学活动的直接参与主体，对教师的教学态度、教学方法、教育手段、教学效果等均有自己的看法，相较于其他监控主体，其反馈的教学信息具有比较直接全面的特点，因而是教学质量监控体系的核心。

（二）研究工具

本研究在文献分析和访谈的基础上，设计产生中南财经政法大学2011～2012学年学情调查问卷。除基本信息外，问卷主要包括李克特量表、选择题和开放题三种问题类型。问卷的李克特量表部分采用五点式计分制，从"非常不同意"到"非常同意"，依次记1～5分。问卷的克龙巴赫α系数为0.853，表明问卷有较好的信度。调查数据运用SPSS 19.0进行统计分析。

学校教务部门组织的常态性学生评教通常较多关注教课内容、学习量、逻辑思维、语言表达等因素。2012年学情调查则重在衡量教师在教学技术手段运用、教学方式方法选择以及教学测评等方面是否与学校的人才培养目标保持一致。如前节所述，评价标准的理论支持源自社会建构主义认知论相关文献。问卷涵盖 5 个一级指标，17 个二级指标。5 个一级指标是：教学准备、教学方法、教学测评、教学辅导、总体印象。教学方法意在初探教师对互动式、探究式、启发式等教学方式方法的应用情况。教学测评主要检测教师对多种跟建构式教学挂钩的测评手段的运用。

（三）分析方法

本次研究主要在于分析 5 个一级指标两个方面的统计特征：①各指标描述性统计特征，包括频率、百分比、平均值、最小值、最大值、标准差；②指标间相关关系特征，分析方法为结构方程，其中总体印象作为因变量设计，其余为自变量。描述性统计特征意在反映被调研课程的基本教学情况，相关关系特征则反映指标间的相互影响，为授课教师、各课程教学负责人员和学校教学管理部门根据实际情况调整个人或者集体层面的改进策略提供参考信息。

（四）研究对象

考虑到各学科专业课程在内容性质上的差异以及特定专业课程全校覆盖率低的特点，结合课堂教学质量初探的目的，本次研究所涉及的课程测评对象为全部通识教育课程。根据学校本科全程培养方案，通识教育课程包括由教育部指定的大学公共基础课和学校制定的具有学科融通性的"经（济）、法（学）、管（理学）"类三通课程。因此，2012 年学情调查被检测的课程涵盖大学英语、大学语文、计算机应用基础、数据库及其应用、政治经济学、马克思主义基本原理、毛泽东思想及中国特色社会主义理论、思想道德修养与法律基础、中国近代史纲要、微积分、线性代数、概率论与数理统计、经济学通论、管理学通论和法学通论，共计 15 门课程。

本研究的调研对象为刚修完通识课程不久的学生群体。2009 级学生已修完这些课过久，2012 级学生又基本没有修到这些课，故接受调查的主要是 2010 级与 2011 级的学生。运用分层随机抽样法，本次调查共发出 4605 份问卷，回收有效及部分有效问卷 3564 份，回收率为 77.4%。

（五）样本特征

本次调查的有效样本中，908 人为男性（25.5%），1908 人为女性（53.5%），742 人拒绝提供性别数据（20.8%），其余为无效信息。

提供有效学院所属信息的被试者总数为 3472 人，在各学院的分布如下：哲学院 27 人（0.8%）、经济学院 174 人（4.9%）、财政税务学院 341 人（9.6%）、金融学院 449 人（12.6%）、法学院 422 人（11.8%）、刑事司法学院 303 人（8.5%）、外国语学院 80 人（2.2%）、新闻与文化传播学院 218 人（6.1%）、工商管理学院 297 人（8.3%）、会计学院（会硕中心）511 人（14.3%）、公共管理学院（MPA 中心）271 人（7.6%）、统计与数学学院 171 人（4.8%）、信息与安全工程学院 207 人（5.8%）。

五　描述性调查结果

（一）学生对授课方式的客观反映

在问卷第二部分教学情况中，部分题目以多项选择形式从客观角度了解教师具体授课方式的一些情况，包括课后辅导工作量，教学手段以及考核手段等。

1. 课后辅导

在课后辅导量的问题上，收到 3485 份有效回答。在所有可识别回答中，1274 人（35.7%）报告老师未对其进行任何辅导，1413 人（39.6%）报告老师对其进行了 1～3 次辅导，498 人（14%）报告 4～6 次，163 人（4.6%）报告 7～10 次，137 人（3.8%）报告 11 次或更多。

为讨论不同课程的课后辅导量差异，表 1 给出各课程的课后辅导量频数和百分比。

表 1　分课程课后辅导量频数和百分比

	课程	没有	1～3 次	4～6 次	7～10 次	11 次以上	合计
1	大学英语	261(32.10)	319(39.24)	143(17.59)	60(7.38)	30(3.69)	813
2	大学语文	83(41.92)	70(35.35)	24(12.12)	12(6.06)	9(4.55)	198
3	法学通论	80(41.67)	74(38.54)	24(12.50)	6(3.13)	8(4.17)	192
4	概率论与数理统计	18(13.53)	71(53.38)	23(17.29)	10(7.52)	11(8.27)	133
5	管理学通论	88(49.44)	63(35.39)	20(11.24)	3(1.69)	4(2.25)	178
6	计算机应用基础	81(37.85)	95(44.39)	24(11.21)	10(4.67)	4(1.87)	214
7	经济学通论	100(41.84)	100(41.84)	25(10.46)	5(2.09)	9(3.77)	239
8	马克思主义原理	96(48.48)	67(33.84)	23(11.62)	6(3.03)	6(3.03)	198
9	毛泽东思想	82(43.85)	62(33.16)	29(15.51)	7(3.74)	7(3.74)	187
10	数据库及其应用	72(36.55)	78(39.59)	29(14.72)	9(4.57)	9(4.57)	197
11	道德修养与法律基础	92(45.54)	83(41.09)	18(8.91)	6(2.97)	3(1.49)	202
12	微积分	32(16.67)	94(48.96)	44(22.92)	13(6.77)	9(4.69)	192
13	线性代数	20(13.61)	68(46.26)	36(24.49)	8(5.44)	15(10.20)	147
14	政治经济学	80(41.24)	80(41.24)	21(10.82)	5(2.58)	8(4.12)	194
15	中国近现代史纲要	89(44.28)	89(44.28)	15(7.46)	3(1.49)	5(2.49)	201

注：括号内为百分比，单位为%。

表 1 显示，数学类公共课程的课后辅导量相对于其他类型的公共课程来说次数较多，而"管理学通论"、"马克思主义原理"和"道德修养与法律基础"等课程课后辅导量较少。不同课程课后辅导量的差异可能是由于课程内容以及难易程度差异引起

的，难度较大的课程的课后辅导量相对较多。

2. 现代教学手段

在现代教学手段使用的问题上，收到3512份有效回答。这一部分为多项选择，故报告中相应部分的数量均以"人次"为单位。3438人次报告老师使用了多媒体教学手段，527人次报告使用了电子BB（Blackboard）平台，1881人次报告使用了网络手段，36人次报告老师未使用任何现代教学手段。

为讨论不同课程在现代教学手段使用上的差异，表2给出了各课程现代教学手段使用的频数和百分比。

表2　分课程现代教学手段使用的频数和百分比

	课程	未使用	多媒体	BB平台	网络	其他	合计
1	大学英语	5(0.31)	802(50.25)	170(10.65)	607(38.03)	12(0.75)	1596
2	大学语文	4(1.19)	194(57.91)	16(4.78)	116(34.63)	5(1.49)	335
3	法学通论	11(3.22)	181(52.92)	45(13.16)	101(29.53)	4(1.17)	342
4	概率论与数理统计	0(0.00)	133(63.33)	37(17.62)	35(16.67)	5(2.38)	210
5	管理学通论	1(0.36)	179(64.62)	18(6.50)	78(28.16)	1(0.36)	277
6	计算机应用基础	1(0.27)	207(55.95)	33(8.92)	126(34.05)	3(0.81)	370
7	经济学通论	2(0.53)	235(62.50)	26(6.91)	113(30.05)	0(0.00)	376
8	马克思主义原理	3(0.86)	196(56.32)	44(12.64)	104(29.89)	1(0.29)	348
9	毛泽东思想	0(0.00)	189(59.81)	15(4.75)	108(34.18)	4(1.27)	316
10	数据库及其应用	0(0.00)	199(55.74)	29(8.12)	126(35.29)	3(0.84)	357
11	道德修养与法律基础	2(0.62)	199(61.61)	11(3.41)	105(32.51)	6(1.86)	323
12	微积分	6(2.22)	183(67.78)	25(9.26)	50(18.52)	6(2.22)	270
13	线性代数	0(0.00)	148(66.97)	34(15.38)	39(17.65)	0(0.00)	221
14	政治经济学	1(0.34)	191(65.19)	13(4.44)	86(29.35)	2(0.68)	293
15	中国近现代史纲要	0(0.00)	200(66.23)	11(3.64)	87(28.81)	4(1.32)	302

注：括号内为百分比，单位为%。

表2显示，在多媒体的使用上，使用比例最高的两门课程是"微积分"和"线性代数"，最低的两门课程是"大学英语"和"法学通论"，但总体而言各门课程差异不大。在电子BB平台的使用上，使用比例最高的两门课程是"概率论与数理统计"和"线性代数"，其使用比例分别为17.62%和15.38%，而使用比例最低的两门课程为"道德修养与法律基础"和"中国近现代史纲要"，使用比例分别只有3.41%和3.64%，课程之间差异较大。

3. 教学评测

在学生考核方式的问题上，收到3504份有效答案。这一部分也为多项选择，故报告中相应部分的数量均以"人次"为单位。总的来讲,使用最广泛的考核方式分别为:闭卷笔试 (2889 人次),作业与平时小论文 (1690 人次),个人或小组演讲 (996 人次),以及开卷笔试 (425 人次)。

为显示不同课程的考核方式之间的差异,表 3 给出各课程考核方式的频数和百分比情况。

表 3　分课程考核方式的频数和百分比

	课程	闭卷考试	开卷考试	作业与小论文	学期论文	演讲	个人档案袋	其他	合计
1	大学英语	763(39.72)	22(1.15)	505(26.29)	8(0.42)	604(31.44)	5(0.26)	14(0.73)	1921
2	大学语文	183(48.16)	5(1.32)	129(33.95)	2(0.53)	57(15.00)	0(0.00)	4(1.05)	380
3	法学通论	177(57.84)	7(2.29)	64(20.92)	16(5.23)	40(13.07)	0(0.00)	2(0.65)	306
4	概率论与数理统计	129(63.24)	6(2.94)	68(33.33)	0(0.00)	1(0.49)	0(0.00)	0(0.00)	204
5	管理学通论	180(64.52)	1(0.36)	62(22.22)	2(0.72)	33(11.83)	0(0.00)	1(0.36)	279
6	计算机应用基础	202(61.21)	3(0.91)	110(33.33)	5(1.52)	5(1.52)	0(0.00)	5(1.52)	330
7	经济学通论	235(71.00)	3(0.91)	74(22.36)	5(1.51)	14(4.23)	0(0.00)	0(0.00)	331
8	马克思主义原理	159(55.99)	30(10.56)	70(24.65)	10(3.52)	14(4.93)	0(0.00)	1(0.35)	284
9	毛泽东思想	31(7.91)	129(32.91)	120(30.61)	23(5.87)	86(21.94)	2(0.51)	1(0.26)	392
10	数据库及其应用	190(61.69)	1(0.32)	99(32.14)	0(0.00)	11(3.57)	2(0.65)	5(1.62)	308
11	道德修养与法律基础	78(19.50)	69(17.25)	106(26.50)	54(13.50)	88(22.00)	1(0.25)	4(1.00)	400
12	微积分	175(61.62)	3(1.06)	103(36.27)	0(0.00)	1(0.35)	1(0.35)	1(0.35)	284
13	线性代数	141(64.09)	3(1.36)	71(32.27)	0(0.00)	4(1.82)	0(0.00)	1(0.45)	220
14	政治经济学	188(76.11)	3(1.21)	46(18.62)	1(0.40)	8(3.24)	0(0.00)	1(0.40)	247
15	中国近现代史纲要	58(19.46)	140(46.98)	63(21.14)	7(2.35)	30(10.07)	0(0.00)	0(0.00)	298

注:括号内为百分比,单位为% 。

从表 3 可以看出,不同课程的考核方式有较大差异,大部分课程以闭卷考试的考核方式为主,但"毛泽东思想"、"道德修养与法律基础"和"中国近现代纲要"等科目采用闭卷考试的比例较低,主要是采取开卷考试、作业与小论文等考核方式。

(二) 学生对教学情况的主观评价

教学质量监控的另一个主要部分是学生对课程及老师的主观性评价。这部分共有 24 道李克特量表式问题。这一部分的问卷设计希望通过 24 道问题的分组平均取值,可以测量 5 个主观评价变量:教学准备、教学方法、教学评测 (考核)、教学辅导以及总体印象。表 4 是对这 5 个变量的统计描述。

表 4　主观性评价描述统计量

	样本数	极小值	极大值	均值	标准差
教学准备	3564	1.00	5.00	4.02	0.74
教学方法	3564	1.00	5.00	3.90	0.65
教学测评	3564	1.00	5.00	3.92	0.79
教学辅导	3564	1.00	5.00	4.07	0.87
总体印象	3564	1.00	5.00	4.08	0.79

从直观数据可以看出，学生总体上对此次调查所涉及课程领域的教学情况较为满意，总体印象的平均打分为 4.09，处于满意与非常满意之间，接近满意。而在对课程各个层面的分项评价中，对教学准备（平均分 4.03）与教学辅导（平均分 4.07）评价较高，处于满意与非常满意之间，接近满意；而对教学方法（平均分 3.9）与教学评测（平均分 3.93）评价稍低，处于一般与满意之间，接近满意。从变量的逻辑结构上讲，教学准备与教学辅导偏重教师对课程的精力投入与对学生的负责态度，而教学方法与教学评测则更多属于教学哲学和教学指导思想范畴。通过对数字的直观解读可以看出，学生对教师的主观努力与负责态度的认可要高于对教师教学方式方法的认可。

为显示课程之间的主观性评价的差异，表 5 给出各课程主观性评价的描述统计量。

表 5　分课程主观性评价描述统计量

	课程	样本数	教学准备 平均值	教学准备 标准差	教学方法 平均值	教学方法 标准差	教学测评 平均值	教学测评 标准差	教学辅导 平均值	教学辅导 标准差	总体印象 平均值	总体印象 标准差
1	大学英语	828	4.06	0.72	4.01	0.61	4.08	0.75	4.20	0.83	4.15	0.78
2	大学语文	202	4.19	0.71	3.98	0.64	4.00	0.76	4.08	0.86	4.14	0.81
3	法学通论	195	4.22	0.67	4.12	0.56	4.05	0.77	4.21	0.77	4.37	0.66
4	概率论与数理统计	134	4.15	0.71	3.99	0.64	4.12	0.75	4.32	0.82	4.32	0.76
5	管理学通论	181	3.93	0.81	3.96	0.65	3.86	0.81	4.02	0.89	4.09	0.79
6	计算机应用基础	217	3.77	0.74	3.73	0.65	3.79	0.74	3.90	0.91	3.89	0.71
7	经济学通论	240	3.97	0.75	3.79	0.69	3.63	0.82	3.90	0.92	3.94	0.84
8	马克思主义原理	200	3.95	0.88	3.68	0.75	3.72	0.90	3.81	0.98	3.84	0.94
9	毛泽东思想	189	4.13	0.75	4.00	0.68	4.11	0.78	4.02	0.95	4.10	0.83
10	数据库及其应用	199	3.84	0.78	3.78	0.69	3.93	0.75	4.07	0.83	4.03	0.77
11	道德修养与法律基础	204	4.09	0.75	3.94	0.64	3.92	0.81	4.04	0.87	4.05	0.75
12	微积分	195	3.88	0.80	3.78	0.74	3.85	0.88	4.07	0.88	4.06	0.88
13	线性代数	151	4.02	0.69	3.90	0.64	3.99	0.72	4.25	0.82	4.21	0.79
14	政治经济学	195	4.03	0.67	3.79	0.61	3.78	0.81	4.02	0.87	4.08	0.70
15	中国近现代史纲要	202	4.11	0.74	3.82	0.67	3.81	0.83	3.96	0.90	4.06	0.81

从表5可以看出，在教学准备上，得分最高的三门课程为"法学通论""大学语文""概率论与数理统计"，得分最低的三门课程为"计算机应用基础""数据库及其应用""微积分"；

在教学方法上，得分最高的三门课程为"法学通论""大学英语""毛泽东思想"，得分最低的三门课程为"马克思主义原理""计算机应用基础""微积分"；

在教学测评上，得分最高的三门课程为"概率论与数理统计""毛泽东思想""大学英语"，得分最低的三门课程为"经济学通论""马克思主义原理""政治经济学"；

在教学辅导上，得分最高的三门课程为"概率论与数理统计""线性代数""法学通论"，得分最低的三门课程为"马克思主义原理""计算机应用基础""经济学通论"；

在总体印象上，得分最高的三门课程为"法学通论""概率论与数理统计""线性代数"，得分最低的三门课程为"马克思主义原理""计算机应用基础""经济学通论"。

（三）学生对教学方法的具体评价

在查阅国内外大量社会建构主义理论与课堂教学实践文献的基础上，本次调研在主观评价式题目中设计了8个问题以大略诠释社会建构式教学在学校课堂的实际运用。这8个题目分别是：

Q7．老师善于联系实际例子讲解知识；

Q8．老师讲课注重师生互动；

Q10．老师能有效组织课堂讨论；

Q13．老师组织了课外实践活动；

Q14．老师善于提出启发式问题；

Q16．老师鼓励学生发表意见和提问；

Q18．老师能有效引导学生就实际例子发表见解；

Q19．老师在传授知识的同时注重培养学生能力。

为大致判断学生在回答以上问题时是否有随机倾向，更为了较准确地把握社会建构式教学相对于传统教学的位置，本次调研加入1个题目与以上8个问题进行对比。这道题目是：

Q11．老师上课通常采用个人主讲的方式。

表6展示出几千名被调查学生对授课教师教学法在课堂实际运用情况的具体评价。

表6反映，相较于以往教师整堂唱主角，学生被动记笔记的方式，目前学校通识课的教学正朝着社会建构式方向前进。除了问题13，在其他7个社会建构式教学的相关问题中，近70%的学生同意或者非常同意题目对自己老师授课方式方法的描述。而这些题目陈述的正是社会建构式的核心教学法。由于公共课与"三通"课通常不承担课外实践任务，因而题目13中只有30%左右的学生表示同意或者非

表6　主观性评价教学方法统计量

问题		非常不同意	不同意	一般	同意	非常同意
Q7	老师善于联系实际例子讲解知识	40(1.1)	78(2.2)	552(15.5)	1168(32.8)	1666(46.7)
Q8	老师讲课注重师生互动	49(1.4)	149(4.2)	696(19.5)	1144(32.1)	1469(41.2)
Q10	老师能有效组织课堂讨论	66(1.9)	264(7.4)	910(25.5)	1131(31.7)	1115(31.3)
Q13	老师组织了课外实践活动	381(10.7)	997(28.0)	913(25.6)	579(16.2)	629(17.6)
Q14	老师善于提出启发式问题	58(1.6)	233(6.5)	894(25.1)	1220(34.2)	1098(30.8)
Q16	老师鼓励学生发表意见和提问	35(1.0)	95(2.7)	570(16.0)	1284(36.0)	1522(42.7)
Q18	老师能有效引导学生就实际例子发表见解	35(1.0)	118(3.3)	836(23.5)	1299(36.4)	1212(34.0)
Q19	老师在传授知识的同时注重培养学生能力	37(1.0)	134(3.8)	794(22.3)	1279(35.9)	1260(35.4)
Q11	老师上课通常采用个人主讲的方式	492(13.8)	1128(31.6)	927(26.0)	525(14.7)	415(11.6)

注：样本数 = 3564。（括号内为百分比，单位为%）

常同意"老师组织了课外实践活动"亦属情理之中。相对而言，仅有25%左右的学生认为"老师上课通常采用个人主讲的方式"是对自己老师授课方式的正确描述。传统教学描述的低同意率与社会建构式教学描述的高同意率显示数据分布基本呈契合状态，表明学生们在回答这些问题的时候较少受到主观随机因素影响，比较诚实的反映了其对课程教学的感受。

不过，虽然份额不大，25%却意味着还有一部分教师即使在新的人才培养目标定位下，出于某种原因仍然使用旧有教学方式。此外，题目11中约26%的学生选择了不给予主观评价（"一般"，介于同意与不同意之间）。虽然很难判断促使学生选择不评价的理由是什么，但是至少可以推断在一部分老师的课堂教学里，社会建构式的成分并不突出，没有给学生留下深刻印象。

六　相关性统计特征结果

本次调查的另一个关注重点，就是学生对课程满意度因变量（总体印象）与课程教学几个方面自变量是否存在统计相关性，以及如果存在相关性的话，相关性模式的大致结构是怎样的。变量间相关关系的确立可以为学校和各分课程根据描述性统计分析反应的具体情况确定今后教学改革的方向和各自的优先关注点提供重要参考信息。

由于教学准备、教学方法，教学辅导和教学评测之间在理论上是存在相互影响的，因此本报告对指标/变量间相互关系的探索使用结构方程来进行建模，而非为众多研究者熟悉的线性回归。经过对多个模型进行选择和比较，最后得到的一个结构方程模型与现有数据拟合度最好，也能充分反映理论假设下变量间的关系，见图1。

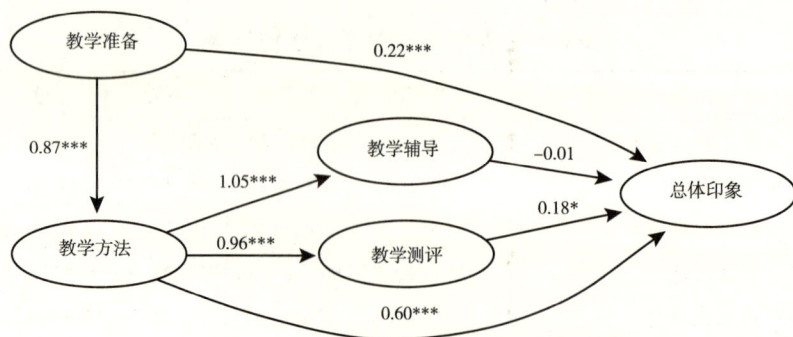

图 1　主观评价的结构方程模型

注：系数后面的 *** 表示 $p < 0.001$，** 表示 $p < 0.01$，* 表示 $p < 0.05$。

图 1 表明，在通识教育课程领域，跟理论假设相符，教师的教学准备程度，教学方法应用和教学测评应用对学生于课程的总体印象都有直接性影响，并且显著性水平均在 0.001 以上（除教学测评）。换言之，其相关关系存在的误差率不到千分之一。在总体印象的三个直接影响因素中，以教学方法的相对影响力最大（St. $\beta = 0.60$）①，教学准备次之（St. $\beta = 0.22$），教学测评居第三（St. $\beta = 0.18$）。由此可见，教师在教学过程中的方式方法在学生的眼中尤其重要。而且，由于此次指标体系均围绕社会建构式教学理念制定，由指标间的正相关关系可以推论出，教师的教学方式越接近社会建构式，学生对其课程总体印象就越好。

各指标对课程总体印象的间接关系基本也与理论假设相符。在同一教学理念指导下，教师在教学方法、教学测评、教学辅导等方面的操作应用应该是成系统的和相关的；而教学准备的充分程度也会影响教学方法能否在课堂中得以顺利施行。图 1 中各自变量之间的箭头与相关关系标准化系数表明了这些关系的方向和力度大小。教学方法在课程教学的核心地位再次凸显了出来。具体来讲，教学准备影响着教学方法（St. $\beta = 0.87$，$p < 0.001$），而教学方法决定着教学辅导（St. $\beta = 1.05$，$p < 0.001$）和教学测评（St. $\beta = 0.96$，$p < 0.001$）。教学方法通过教学测评再一次对课程总体印象起了影响作用。

与理论假设有出入的是教学辅导对总体印象的影响。图 1 显示，与假设不符，教师对学生的辅导量几乎不影响学生对授课课程的总体印象，表现在其相关关系标准化系数几乎为零（St. $\beta = -0.01$），而且也未达到显著（$p > 0.05$）。也就是说，虽然教学辅导由于具有针对性补充与提升的特性而在教学过程监控中占有一席之地，但是在本次调研的群体中却没有体现出其在其他文献中同等的重要性。学生对课程的评价几乎不受课外辅导量高低的影响，相较之下，教学方法却通过直接与间接两种途径成为学生评判课程质量的决定性因素。这些结论为今后集中资源进行层次分明、重点突出的教育教学综合改革提供了重要的参考信息。

---

① St. β 是 Standardized β 的缩写，即标准化系数。

七　人才培养现状小结

无论人才培养模式如何创新，课程结构与教材如何改良，学生实践与创新能力的培养最终必须通过日常教学得到落实。课堂教学始终是高等学校人才培养的核心阵地。只有准确掌握"怎么教"和"如何学"的动态信息，"教什么"的静态改革才被赋予存在的意义。教师在日常课堂教学设计、组织、实施以对话与合作为特征的建构式教学活动，通过在教学方式方法中贯通自身的人文情怀和创新意识是影响和培养学生实践创新精神、实践创新能力，提高综合素质的根本途径。

综合 2012 年学情调查中主观与客观题目的结果，可以从学生的角度对学校新人才培养目标定位下的课堂教学现状做出一个概略性评估。通过学生对教师教学手段的客观描述可以看出尽管课程间存在差异，但是学校教师整体已经基本能够将现代化教学手段融入课堂教学中去。对学生的评测也从传统闭卷纸笔考试的单一化开始向手段多样化、价值取向多元化发展。然而本次学情调查也反映出教师对更具建构意义的发展性评测手段运用不多、比例偏低，比如小研究课题和学生课程成长记录。对教学方法应用情况的具体分析则进一步显示，在学生的印象里，已经有一部分老师开始逐渐改变旧有的纯宣讲式授课，尝试和学生多互动，引导学生独立思考、发表见解，鼓励学生主动打破"老师讲、学生记"的传统课堂模式。这些变化有可能是教师个人职业素养提升所致，也可能是受外溢效应所影响，与学校近几年针对新人才培养目标而进行的各种教育教学改革相关。

然而，2012 年学情调查反映的课堂教学变化总的来讲程度不够，不足以担当起全线全面培养复合创新型人才的重任。首先，1/4 的学生明确表示被调研的老师常用的授课方式为个人主讲；1/4 的学生表示对老师的授课方式不参与评价，由此推断其授课教师的社会建构式教学特征不明显。其次，对 5 个一级指标的描述性统计数据的直观解读显示，学生对目前这些课程的教学总体上是持肯定态度的，但是对教师的主观努力与负责态度的认可要相对高于对教师教学方式方法的认可。这诊断出我们在应用新的教学思路，转向"以学生为中心"的社会建构主义理念与操作的过程中所处的位置。在 5 个一级指标中，最能体现新式教学法核心的指标为"教学方法"和"教学评测"，然而这两个变量的平均分都未达到 4 分。按照对我国大学生的了解，他们在对课程或教师没有特别强烈意见时一般倾向于给予较高评价，也就是说，相对于"教学准备"和"教学辅导"这两个指标，有较高比例的学生选择了不参与评价或者不同意自己的老师使用了社会建构式教学法以及配套评测手段。这意味着传统的教师传递型授课理念与方式仍然在课堂教学中占据着重要地位，无法满足当前大学生对新式课堂学习经验的需求。

这一诊断揭示出学校在现阶段面临的人才培养风险。也即是说，尽管复合创新型人才培养目标已经提出快 5 年了，但是教育教学实践却没有完全跟上，实际上处于部分偏离培养目标的状态。这一诊断结果在本次调研的开放式题目部分得到了呼应。在对"请问这位授课教师应该采取哪些措施以提高教学质量"的回答中，探索性文本分析显示，互动教学及其相关词汇是出现频率最高的关键字。这反映出学校现阶段人才培养的主要矛盾，即学生日益增长的对优质互动型教学的需求同传统传递型、宣讲式为主的课堂授课之间的矛盾。

八　相关建议

通过本次学情调查，我们对学生群体中关于学校通识课教学方面的一些认知及评价有了一个较全面的了解。本次研究使用了分层随机抽样方式，采集到的信息有较高的可信度与代表性，为学校制定学科发展和人才培养中长期战略提供了宝贵的一手资料。当然这次调查在数据收集及具体操作上还存在一些局限性，另外在研究设计上也有进一步改进的空间。在这次调查的结果基础上，下一步的工作应考虑以下几个方面的后续与完善。

（一）辩证对待本次调查结果

从学生角度收集教学监控信息虽然有着直接、经济、全面等优点，但是反映的毕竟是学生自己的主观感受，与实质教学质量并没有百分之百的绝对相关性。例如，本次调查的关注核心为社会建构式教学法。学生以赞同方式反映的授课情况并非意味着教师真的进行了具有实质建构意义的授课，因为学生自身对社会建构主义的理论和实践内涵认识就较为模糊。因此，本次调研只是一个初步诊断，用以大致了解在新的人才培养目标下，具体承载这一任务的课堂教学是否已经发生了某些变化，以及这些变化能到何种程度。学校内部教学质量监控作为一个宏观整体，以学生为评价主体只是其中的一个角度，因此不可以片面地以本次调研结果为依据对教学实施的总体情况下最终结论。经过科学化设计和施行的学生评教只有与其他同样经过科学化处理的过程监控和结果监控手段有机结合，共同有理有据的评测教师劳动、提供丰富信息，才能真正为构建完善的教学监控体系、督导教学质量、科学教学决策做出应有的贡献。

（二）对专业课教学进行监控

在下一步的教学监控计划中加入对专业课教学质量进行监控的内容。如前所述，受客观条件限制，本次教学评测只在通识课程领域展开，没有涉及专业课程，这不可避免地引致本次调查的一个重要局限性。相对于通识课程在奠定基础方面的功能，专业课程才是高等学校培养复合创新型人才的主要渠道。虽然有研究显示，学校各院（系）针对最新人才培养目标进行了一些前期教学改革探索，如文澜学院的"文澜模式"、经济学院的"631 工程"[8]、刑事司法学院的"刑事案例演习教学法"[9]以及学校在 678 门课程进行的考试改革等，但传统教学方式与社会建构式教学在整个专业课程领域各自所占的比例具体如何？究竟哪些课程的教学已经开始发生了较为彻底的变化，哪些课程仍然沿用传统式教学，原因何在？人们对这些问题仍然没有一个明确的认识，所以很多涉及教学改革的思路与措施也就无从立足。只有对专业课程进行较为全面的调查，决策者们才能摸清情况，对症下药。

（三）重视决策前的归因分析

仅仅对课程教学情况进行较为全面的摸底调查是不够的，必须重视影响学校复合创新型人才培养目标实现的归因分析。一般来讲，监控信息只能告诉决策者事物发展"怎么样"了，却不能科学的回答"为什么"这样。有些管理者将情况调研与查找原因混为一谈，在有了较为详细的摸底调查之后对问题产生的原因提出诸多假设，但是并不对这些假设进行实地验证，而是直接开始着手解决问题。这种决策方式实际上加大了政策结果的产出风险，是对有限资源的浪费。以本次调研的最终目的为例，我们通过运用多种过程和结果监控手段发现，学校的课堂教学的确只是处于社会建构式教学的起步阶段，那么在决定下一步改革行动前应查找出符合学校实际情况的问题原因。国内外已有的研究文献显示，影响教师对某（些）特定教学方法选择的因素既有内部的，也有外在的，而且外部原因往往通过教师主观感受的方式产生影响。目前被研究证明的对教师教学行为影响最普遍和突出的一些因素包括：教师对某项教学改革所包含的技术含量的理解度、对改革的认可度、对执行力的自我评价、对领导（同事）态度的主观感知、对配套制度环境的主观认知、对改革执行所需客观条件的主观评测等等。这些因素在多种研究情境下被证明对教师教学行为选择起着至关重要的作用，但是并不意味着它们同样适用于中南财经政法大学这个特定环境。即使适用，哪种因素的影响力高，哪种因素的影响力低？哪种因素相对容易解决，哪种因素会招致巨额资源投入？这些都必须通过科学的实地研究和归因分析才能得到较为准确的答案。因此，为提高资源使用效率，迅速有效地降低学校面临的人才培养风险，必须要重视在系列摸底调研后进行科学严肃的归因分析，使学校的教育质量保障系统走向完善，为最终构建高水平有特色的教育教学体系打下坚实基础。

注：

① 研究性学习理论主张以问题为载体，创设一种类似科学研究的情境和途径，让学生通过自己的探究培养分析问题、解决问题的能力和创造能力。

② 合作学习理论主张以课堂教学中的人际关系为基点，以目标设计为先导，以小组活动为基本教学方式，以团体成绩为主要评价对象。

③ 平衡性实践教学理论主张教学过程中知识的输入与输出应保持质与量的动态平衡。学生通过"同化"和"顺应"两种渠道"内化"外生性的知识，而实践作为教学中知识"输出"的渠道，其实质是检验学生所接收信息的全面性、正确性以及综合运用信息的能力，它为学习提供多种形式的刺激和反应机会，避免"学而不用"和"学而不会用"的弊端。

参考文献

[1] 刘亚琼. 高校课堂教学质量发展性评价研究 [D]. 广西大学，2012.

［2］刘茂林. 大力加强本科教学工作，全面提高人才培养质量［N］. 中南财经政法大学报，2013 - 09 - 27（1）.

［3］William O. The Relationship Between Organizational Structure and Organizational Control［J］. Administrative Science Quarterly，1977（22）：95 - 113.

［4］钟启泉，杨明全. 基础教育课程改革的背景与理念［J］. 河南教育，2002（1）：14 - 15.

［5］钟启泉. 知识教学辩［J］. 上海教育科研，2007（4）：4 - 8.

［6］钟启泉. 社会建构主义：在对话与合作中学习［J］. 上海教育，2001（7）：45 - 48.

［7］钟启泉. 中国课程改革：挑战与反思［J］. 比较教育研究，2005（12）：18 - 23.

［8］蒋学岩. 构筑院（系）多样化人才培养新模式——中南财经政法大学经济学院"631 工程"的建构与运作［J］. 中国高教研究. 2006（9）：53 - 55.

［9］齐文远. 刑事案例演习教学法的探索——基于创新型与应用型法学硕士研究生培养方式的设计［J］. 研究生教学，2009（11）：38 - 43.

Under the Goal of Fostering Innovative Compound Talents： An Investigation on the Quality of Classroom Instruction

The Research Group on Educational Quality in General-Education Courses

Abstract：The core task of higher education institutes in current days is to improve educational quality, and to achieve developmental goals with essence. Fostering innovative compound talents is the established educational goal of Zhongnan University of Economics and Law in the new age. Mainly using students as evaluation subjects, this study intends to gauge the current status of the university's classroom instruction, which is the main theatre where the quality goals are realized. Standards used for this evaluation were derived from Social Constructivism Theory as well as other related theories on teaching. The results show that the university's daily classroom instruction has entered the early stage of social constructional teaching, but the conventional lecture style still holds a large proportion. The study suggests treating the results with caution, monitoring teaching in major-requirement courses, and paying attention to causal analysis before decision making.

Keywords：Fostering Innovative Compound Talents；Teaching Quality；Process Monitoring；Classroom Instruction；Social Constructivism

（责任编辑：郭华桥）

"做"经济学：通过以过程为导向的高年级研究课程提升学生能力

〔美〕坎美瑞·麦克德瑞克（KimMarie McGoldrick）〔译〕骆美*

摘　要：本文描述了一个以"像经济学家那样行事"为指导思想的，旨在提升学生研究能力的大四本科课程。虽然大多数院系都提供类似课程，但是此课的独特之处在于三个地方：首先，课程目标基于培养能力，而非传授知识点；其次，学习任务主要由学生自选的研究课题构成；最后，整个课程模式遵循汉森提出的"像经济学家那样行事"（Hansen，2006）的理念。作者对课程的开发历史与特征，学生课题研究的过程和结果，以及此类课程的优点与弱点进行了讨论。

关键词：Capstone[①]　研究　大学本科

同其他专业一样，在经济学专业中，我们都希望可以赋予学生自主学习与思考的能力，并使其在受教育过程中扮演一个更具能动性的角色——瑟弗瑞等（Siegfried et al. 1991，2011）。

树立终身学习的习惯是众多大学取得共识的一个教育目标。瑟弗瑞等（Siegfried et al.）在其1991年评估经济学教学大纲的文章中提议加入更多有利于实现此教育目标的关键要素。他们的建议是基于在经济学专业中对学生的基础知识、知识面以及学习深度三方面的要求而做出的。例如，学习有深度意味着有必要赋予学生更多机会锻炼经济分析能力。他们进一步指出，"学习深度"的要求应该在每一门选修课执行，并且通过建立"Capstone体验"使其得到补充。"Capstone体验"的实现途径主要包括一些经过特别安排的讨论类课程（Seminar）或者毕业论文，荣誉研究项目[②]，独立学习课程[③]，等等。

在一个为调查以上建议执行情况的大学高年级问卷报告中，麦克德瑞克（McGoldrick，2008）发现"60%的院系提供类似Capstone的体验经历，而且相较于毕业论文（17%）和综合考试（13%），绝大多数是通过直接设立Capstone课程来实

---

* 骆美，女，四川成都人，中南财经政法大学高等教育评估与研究中心助理研究员，教育政策学博士。

现的（49%）"。公开发表的对此类课程进行描述的论文包括麦克若（McElroy，1997）介绍的针对特定课程内容，由教师与学生共同完成的研究课题；奥勒特等人（Elliott，Meisel，& Richards，1998）介绍的以学生通过口头和书面报告的方式，利用著名经济学家的论文，将经济学与普通教育联系起来的课程；瑟弗瑞（Siegfried，2011）对一个成功的荣誉研究项目构成成分的细节性描述；以及奥勒特（Elliott，2004）介绍的一个课程，该课程利用《美国经济评论》五月刊，以讨论课的方式发展学生能力并因此使一个分析项目获得成功。

与对此类课程的描述一致，麦克德瑞克的调查报告显示，很多大四阶段的高级课程都是针对特定知识内容的讨论课。本文所介绍的课程之不同之处在于它致力于让学生通过对自选课题的分析来展示已经学到的技能，而且要求学生在完成其经济学主修专业期间扮演更积极主动的角色。这门课有三个显著之处。首先，与以传授经济学知识为重点的课程不同，它主要是为发展学生的学习能力而设立。其次，此课程的结构是为巩固和强化学生的研究技能而安排的；课程任务则是为鼓励学生展示其"做经济学"的能力而设计的，集中通过课题论文反映学生能力；定期开展的师生一对一辅导帮助学生学会如何独立思考。最后，这种对研究与报告写作进行反复修改的模式紧紧跟随汉森（Hansen，2007，p.7）提出的"像经济学家那样行事"的理念。接下来，我将首先描述这门课的开发历史以及它的独特之处，然后介绍学生做研究的过程和结果，最后分析此课程的一些优点和弱点。

一 课程历史

在我执教的这所人文学科大学里，学校支持和鼓励开设带有 Capstone 体验的课程。因此，当经济系于 2001 年开始修改课程大纲的时候，开设具有 Capstone 体验的课程成为大纲中的一个很大的变动（而且最终也被落实了）。由于在经济学领域开设此类课程的记载案例很少，系里对于多种此类课程各自的潜在优缺点展开了激烈的讨论，被讨论的类型包括综合考试、辅导和独立研究论文。虽然教授们对以论文形式来检测学生能力的想法达成共识，但是如何落实这一方案变得较难解决。往现行大三、大四课程里新加入一个分量较重的写作要求被视为不太有利于提升学生的研究能力，因为在繁重的经济学知识传播任务面前，通过论文写作发展研究能力将面临很大的竞争。此外，有限的资源也不允许重新开发一系列融合了研究项目的课程。虽然一些学校要求毕业论文必须通过进入独立学习课程的方式完成，但是教授的指导量将会随着师生关系的不同而变得差异巨大。鉴于以上解决方案对教师和学生造成的潜在不利，系里决定开设一门专为学生提供Capstone 体验的课程。这门课程由单独一位教授指导并且学生将被要求在其中完成一个较大的研究项目。

这门课程从 2004 届毕业班起开设。此后三年，我一直教授这门课并且对它进行了进一步发展。此文中对这门课程的描述基于该课程的最新一轮教授情况。我注意到这门 Capstone 课的注册率受到了学校荣誉项目的影响，后者吸引走了全系前 20% 的学生（那些平均成绩和学分进修均达到特定要求的学生才有资格被荣誉项目邀请加入）。我校的荣誉项目由一个两学期的课程链构成。在秋季学期，荣誉项目每周开设一次重点介绍科研程序的讨论课，到学期末，学生将基本规划出比较详细的研究计划；在春季学期，学生开始在各自教授的指导下独立完成研究项目（通常是实证研究），于学期末向系里报告工作成果。所有非荣誉项目的经济系学生都进入 Capstone课程学习。由于这门课的学生并不是系里最好的，与荣誉项目相比基础差异较大，因此需要更加明晰的指导，项目类型选择面应更宽阔而非仅限于传统实证研究，此外为尽量减少学生挂科的可能性，教师应增加对学生的辅导。

Capstone课是春季入学。这个时机不错，因为学生可能已经修完了大部分经济学专业课，但是一个潜在的不利是毕业在即，学生很可能只求达到毕业要求的"C－"分数而应付课业。这些年来，此课的注册人数有增有减，最高时达27人。经济学专业的年度学生总数对这类课程的开设有很大影响，因为它对教师的时间要求非常密集。也因如此，这门课的教师工作量按双倍计算，学校管理层认为要达到这门课的教学目标，的确需要投入更多资源。对于资源较少的院系，这门课可以被改动或者被定为选修，开放给准备得相对充分的学生。

二 学习目标

一般而言，一门课的进展首先从特定的知识内容开始（比如，教科书或者辅助性阅读材料），然后在这些内容的基础上进行课堂练习或者布置课外任务。与其他大四讨论课不同，这门 Capstone课程不会明确传授任何经济学知识。由于它的目的是通过给予学生自选课题的机会发展其研究能力以适应毕业后纷繁多样的工作，它必须提供一个不同于其他专业课的课程结构与安排。这门 Capstone课程主要从论文写作的过程与结果两个方面来展示学生对自选经济学问题的分析能力。将这门课采取课题研究的方法会有助于学生在命题多样的情况下，作为一个学者的集合体共同发展。正如下一段将要谈到的，以过程为导向并不仅限于讲授研究步骤，而是利用课堂内外时间帮助学生理解这些步骤的重要性以及培养学生在其他研究中识别它们的能力。此外，注重研究过程也不意味着这门课就缺少经济学知识。学生只有掌握了足够的知识才能恰当地提出适于特定环境的研究问题。

一些人可能会质疑为什么在现行带有研究性质的课程中加入关注研究过程的成分不能产生与这门 Capstone课类似的结果。比如，在这些课程中学生一般也有选择研究课题的自由，学生之间可以相互评议作品，教师也可以对学生进行一对一辅导。即使学生能够在以特定经济学内容为核心的讨论课中进行与研究过程相关的活动，事实显示，有约1/3的学生选择的课题却并没有与系里高年级课程提供的经济学内容紧密相连，这说明传统的大四讨论课对学生的研究选题有限制。这些课程的班级名额设定则进一步隐性限制了学生在感兴趣的领域进行研究活动。往这些课程中加入一些以过程为导向的成分（例如学生之间相互评议或者让教师进行单独辅导）虽然可以提高研究体验的质量，但是这些成分往往会与经济学内容讨论形成竞争，因此其培养学生研究能力的作用受到影响。

这门课的设计是基于一般学习理论中的学习过程分层理论以及经济学技能熟练度表单。布鲁（Bloom，1956）和彭睿（Perry，1970）对前者进行了较为详细的描述，而后者的大纲则主要由汉森（Hansen，1986，2001，2004，2005，2006）列出。学习过程分层理论勾勒出学习进步的阶梯与步骤，高阶思维是其最高阶段。汉森在其1986 的论文中认为"当经济学学生完成学业时，他们应该能够具有有效运用所学知识与技能的能力"。具体来讲，他们应该能熟练的评定经济学知识，表现出对知识的掌握，提供理论以及实证两方面的解释，能够娴熟的运用知识，提出中肯且敏锐的问题，并且能创造新的知识。虽然整个经济学课程体系都能够培养和锻炼这些能力，不过大四的课程却要求学生具备应用能力、解决问题能力、创新能力。这些要求不仅在主修课业中被反复强调，而且在学业完成之际，需要被给予展示的机会。被给予展示的机会非常重要，因为只有这样才能确定学生已经准备好在毕业后能够像经济学家那样行事。因此，这门课的教学目标与汉森提出的经济学技能熟练度表单保持了高度一致（见附件一）。

三　课程结构

这门课由一系列的任务构成，用于帮助学生熟悉科学研究的过程与步骤，并且激励他们对现有经济学体系做出新的贡献。评分政策中研究过程与最终论文各占一半反映出这门课对于过程与结果的平等重视。新学期伊始，一份完整的课程教学大纲被发给学生，包括评分政策注释、写作指导、课程任务以及对课程论文中特定成分的详细描述。提供这样一个完整的指导包是非常关键的，它能够清晰的展示课程事项，课程进度，以及课程目标。虽然学生对于独立设计和完成一个项目通常有畏难情绪，但是知道这门课会帮助他们度过每一个步骤会令很多人松一口气。

由于学生初入这门课时的基础参差不齐（例如，仅有近 1/4 学生修过计量经济学），对科学研究有着不同的认识（通常受其他课程对论文长度和深度的不同要求的影响），写作能力迥异（一些学生声称从未写过长于 5 页的论文），这门课为此设计了一系列的任务以提高学生对于经济学研究及其程序的认识。《做经济学：理解与执行经济学研究的手册》（Greenlaw，2006）是一本非常好的本科程度指导书。它对经济学研究做了入门级的介绍并且对其重要成分做了详细阐述。它首先解释了经济学领域中科学研究的构成以及学生如何通过研究创造新知识。我发现这本书在这部分的讨论可以提高学生对自身课题研究贡献度的信心。这本书还解释了如何进行文献综述，批判性阅读，寻找以及收集数据，进行基础性数据分析，进行回归分析，以及如何报告研究发现。本门课安排的学习任务要求学生在每一章都要联系自己的自选课题回答多个问题。比如，在第三章（通常为文献综述），学生会被要求以提供关键词和注明参考书目来源的方式（学术或是大众刊物）展示其搜索相关文献的能力。

就像在前面谈到过的，这门课不讲授任何新的经济学知识。学生只是被要求选择一个研究题目，提出一个经济学问题，然后选择一个研究范式。由于不是所有的学生都有能力进行实证研究，四种基本研究模式都被允许使用。许多学生综合了其中的多种模式以便对自己的题目进行更为复杂的分析。总的来讲，近一半的学生选择了近现代经济分析，研究问题一般从媒体的讨论热点发展而来。其他选择还包括传统的量化经济分析（通过定量方法回答一个经济学问题）、史学性分析（从历史的视角提出一个经济问题）以及经济观点分析（对关于一个经济问题的多种观点的确认与应用）。由于学生被鼓励选择自己感兴趣的题目，他们要么将辅修或者第二主修专业的研究成果整合进来，要么专注于也许对他们今后工作有用的领域。

四 反复的研究过程

桑托斯和列文（Santos & Lavin，2004）认为由于学生很少接触经过同行评议而公开发表的正式经济学论文，这限制了他们了解经济学家在做什么，也限制了教师衡量学生对经济学的理解力。但是，这个观点遗漏了一个关键的地方。这门课的目标不是简单地让学生接触研究结果从而使其像经济学家一样思考，而是要让他们沉浸到研究过程中从而使其像经济学家一样行事。在这个过程中，学生必须反复地提出、再提出研究问题，构想、再构想研究计划，分析、再分析研究数据，表达、再表达研究发现。掌握了研究程序与技术的学生有更高的概率完成只有终生学习者才能执行的任务。因此，这门课要求学生展示汉森（Hansen，2001）提到的创造知识的能力（在教师的指导下）。

对研究过程的模拟首先从介绍三种类型的文章开始：调查型论文、近现代经济政策分析、以及实证型论文。这一步要达到三个目的。第一，让学生接触到公开发表的经过同行评议的论文以让学生明白此课程对最终成果的期待，同时不同类型的文章可以作为范例为学生所学所用。学生需要列出每篇文章的研究大纲以强化对论文结构的理解。第二，对范例文章的评阅必须做到能够识别研究的主问题、子问题和具有说服力的证据。学生需要发现推动论文研究的显性和隐性问题，确立证据的形式与内容。第三，对这些文章的评阅提供一个批判性阅读的模板，而批判性阅读是一种在进行文献综述和同行评议时都需要的能力。具体来讲，学生被要求阅读一篇范文，然后通过回答一系列问题来学会如何有效地逐步解决研究问题。附件二提供了一些此类问答题目的抽样。后续讨论的很大一部分都致力于识别范文中证据的形式和内容。

对研究过程模拟的第二步是让学生自选研究题目。让学生自选题目能够激发其研究热情，进而提高其对研究项目的投入度。但从另外一个角度看，选好一个题目又是非常难的。学生平常很少有机会做这样的选择，考虑到他们广泛的兴趣，要选一个在能力与时间方面均具有操作性的题目十分不易。学生选择的研究题目必须具备葛瑞乐（Greenlaw，2006）建议的几个条件：以问题为导向，具有分析性，令人感兴趣且重要，适于经济分析，而且具有可操作性。同班同学评议在这里被引入，以便交流关于选题方面的意见与建议。教师则对在此基础上修改后的题目、问题、以及选题理由进行进一步反馈。

学生接下来开始制定具体的研究计划书。他们首先需要搞清楚要研究的问题的性质，准确地将其表述出来，对重要相关文献进行总结，然后详细描述自己的研究计划。这份计划书是学生的第一个机会，从同窗与老师那里得到关于写作能力与创新知识方面的意见与建议。学生在不断评议同学的计划和修改自己的工作的过程中逐渐了解经济学中一系列的分析工具。同学评议同时也提醒那些初始阶段质量较低的学生尽快提升以赶上其他同学。因为计划书是对整个研究的简要介绍，学生可以将修改好的版本作为研究报告的第一部分。

课程的剩余阶段充分利用了这种反复"评议—修改"过程的优点，重点关注写作较多的几个部分，包括文献综述、研究意义、概要、结论以及摘要。再一次声明，这个学习过程与其他高年级讨论课中学期论文所涉及的过程不一样。虽然，在那些课程中也有很多时候会就论文内容进行师生互动，但是几乎没有一门能像 Capstone 课程一样花大量的时间进行反复评议与修改。将课程的中心置于反复"评议—修改"的过程中有利于教师向学生提供详细的意见，有利于通过对学生的一对一辅导提高其沟通和分析能力。

此反复"评议—修改"的过程主要是针对学习分层理论中一些学生较为欠缺的能力而设计，对学生而言是一个难得的学习独立思考的机会。在此过程中教师角色的系列转变可以帮助解释学习的进步是如何实现的。首先在课程开始阶段，当文献阅读以及相关学习任务被下达时，教师的角色与其他课程非常相似。教师提供特定文献资料作为模板让学生了解与熟悉学术论文。从分层学习理论的角度来看，第一阶段是为了保证学生掌握较为初级的一些能力，比如展示对现有知识的掌握与评定。然后在课程的第二阶段，教师角色发生了转变，更多倾向于作为一个向导，通过评议研究问题与评估研究计划来引导学生熟悉研究程序。但是当对第一个涉及大量写作的部分（如文献综述）开始进行评议以及开始师生一对一单独辅导时，教师又变成了学生的合作者。在这个阶段，教师和学生一起消化有关的材料，灵活应用知识，提出恰当的问题，启发学生对现有经济学知识体系做出独特贡献。最后，当学期结束时，教师开始在一对一辅导和论文初稿的评语中诘问学生。这些诘问往往提出一些学生还没有解决的问题从而引导学生更加独立的完成论文。比如，在一对一辅导中，学生会被要求对研究问题提供理论与实证双重解释，并且要准备好在下一次的辅导中对这些解释进行反思。对许多学生而言，教师从合作者转变为诘问者往往令其难以适应。我一直试图对课程的难度要求保持明晰的态度并且在上课期间不断提供机会以训练学生，使他们即便遇到类似诘问也能表现优秀。这些思考、再思考的机会帮助学生逐步具备进行独立思考的能力，而这种能力在毕业后是十分必要的。

五 课程成果与经验

正如前面所述，Capstone 课程的学生并不是系里最好的。在执教的三年里，针对学生较弱的某些能力，我对这门课做了一定修改，而对那些能力已经掌握得较好的学生则不再花费过多资源。学生需要首先发展的是书面表达能力。虽然我鼓励学生像写最终稿一样草拟各个章节，但是大多数的第一稿都比较差。许多学生这之前几乎未写过较长篇幅的学期论文，这导致他们容易在句子结构，词汇语法以及逻辑一致性方面犯错。而且，大部分学生感到将兴趣转化为可操作的研究问题非常困难。针对这种情况，我增加了额外的练习以帮助他们渡过难关。最后，对于那些之前未修过计量经济学的学生而言，懂得如何利用统计数据构建能对研究假设进行验证的证据（而非简单的统计报告）尤其困难。因此，选择了做实证研究的学生会很积极地参与专门为综合介绍基本统计技能与结果解读而设置的几堂课。在这门课发现的学生某些能力的欠缺引起了整个经济系老师的重视，激发他们在各自的课堂培养学生的这些能力。例如，高级统计学课程（必修）现在要求学生完成一篇短论文，重点关注如何表述研究问题以及提供证据支持。尽管学生在 Capstone 这门课较为吃力，但也展现出多种能力。大多数学生很好地掌握了如何搜索文献以及将综述限定于关联度最高的文章。选择将以往课程中遇到的问题作为研究课题的学生也能够较好地运用学过的相关理论与模型。总的来讲，虽然学生的书面表达与研究能力较为欠缺，但是他们所接受的经济学专业教育是很强的。

论文的每个部分都有特定的截止日期，等到最后一分钟才开始写作的学生往往发现自己面临着很大的困难。另外一些学生则希望老师不仅手把手从头教到尾，而且期待老师把答案也告诉自己，这些导致我不得不再次重申这门课的目的。最终，一些学生没有达到这门课的要求。过去三年中有五名学生没有及格，其中两位最终还是顺利毕业了（因为这门课是其辅修专业中的课程），一位退了学至今没有完成学业，还有两位以独立课程的方式暑假期间重修了这门课（选择了新的研究课题）。

虽然学生是否顺利完成课程是判断是否达成课程目标的一条路径，但更有说服力的证据应来自于学生对课程体验的陈述。因此，在 Capstone 课程结束的时候，学生在传统的学校教学问卷之外还回答了一份有关这门课的匿名问卷。后者用于收集学生对此课程各方面的反馈信息，包括课程的资源（比如教材，作业，教师）和指导他们产生最终成果的学习过程。问卷结果显示，学生认为将学习过程与最终结果平衡（以及与之对应的评分政策）是公正的。还认为选定研究题目、表述研究的意义与贡献、搜集相关数据以及构建证据是研究过程中最难的部分。学生在问卷开放式题目中对这门课的评价反映，这门课的长处在于教他们像经济学家一样做研究，教他们如何选择研究题目，以及在学习过程中不断收到来自同学和老师的反馈。例如，一个学生写道："我学会了怎样提出一个好的研究问题，如何有效地研究一个课题并且为现存知识体系作出贡献（而不仅仅是写一个'读书报告'）。"至于课程反馈，每一期的学生都将教师一对一辅导学生定位为这门课的强项。此外，90% 的学生同意或者非常同意"（论文草稿的）评语是有帮助的，因为它们提供了改善论文内容的建议"，而且"因为它们提供了增进论文表达能力的建议（如文章结构、文笔流畅等等）"。

鉴于这门课才开设不久，它对学生的远期影响目前还难以明确。一些实例显示，有的学生将这门课的论文作为素材在求职面试中讨论，其中一些学生被告知正是由于他们选了 Capstone 课才被给予面试机会。另外，考虑到这门课的学生并没有荣誉项目的学生优秀，而且开课时间是春季，理论上它应该不会对进入研究生院的学生人数产生影响。可是在过去三年共 70 名学生中，有 5 名学生在经历短暂的工作之后进入研究生院继续深造经济学。虽然很难说他们的继续学习仅源于这门课的影响，不过多次与这些学生的交流显示它的确是其中一个因素。

当被问到这门课的缺点时，一些学生没有任何意见，一些学生则认为这门课的缺点在于时间不够、太多自由以及工作量太大。例如，一个学生说道，"这门课应该开设一年，不是因为写作，而是因为学习过程。我们应该在写作最终作品前学习更长时间"。当然，这段评论同时也表明由于这门课，学生变得重视研究过程了。当被问到学习心得时，几乎每个学生都将研究过程中的某个环节作为学有所获的范例。总而言之，他们觉得通过发展和完成研究课题，他们已经变得能够像经济学家那样行事了。

从课程执教者的角度看，开发像 Capstone 这样一个课程需要注意几个关键的地方。对教师来说，最不利的地方可能就在于时间需求。对论文的每个部分都提供详细的、建设性的反馈以及教师为学生提供一对一辅导都是非常耗费时间的活动。然而这些活动的过程能促使教师根据每个学生的具体能力状况因材施教，引导学生逐步走向独立思考。没有教师的悉心指导，学生将遭遇很多挫折，从而导致这门课的最终目标，即培养学生成为终身独立思考的人，无法达到。这门课对执教者的另一个挑战来自学生研究课题的广泛性。作为一个微观经济学学者，指导宏观经济学课题需要我和同事更多的努力。不过，由于这门课并不要求学生将课题做成研究生程度的论文，在宏观经济学方面的额外时间投入并没有对我造成过多的压力。每个学生选择的课题都有可能让教师遇到之前没有遇到过的问题，教师与学生一起解决问题的过程也是一个机会，让学生了解什么是合作式研究。最后，由于 Capstone 课的学生并不是系里最好的，鉴于这门课的性质以及工作量，我原以为学生评教结果会很低。但是，过去三年的评教结果显示，虽然学生的确认为这门课在工作量、难度、以及批判思维方面比别的课程（所有商学院其他课程）要求高很多，他们同时也报告在这门课"学到了很多东西"。学生们认为自由选择研究课题减轻了他们对课程强度的抵触情绪。

六　结论

根据瑟弗瑞等人的建议（Siegfried et al, 1999），这门课被塑造成一门能提供"Capstone"经历的课，以倡导对知识的综合应用，鼓励学生将经济学与其他知识融合，并且为创新性写作提供机会。正是这些目标造就了这门课的独特之处（比如，以能力学习为中心，课程结构安排利于引导学生像经济学家那样行事，启用反复的研究过程等）。由于荣誉项目吸引走了系里最好的学生，此 Capstone 课程的学生不仅学习积极性相对较低而且沟通表达与证据构建能力都较弱。将课程重心置于研究过程并且允许学生自选课题激发了他们的学习兴趣。反复的研究过程，包括多次修改以及师生一对一辅导更为提高这些能力提供了充足的机会。学生们在刚进入这门课程时的能力差异意味着需要提供更多的机会让学生应用知识、做研究、交流发现。反复的研究过程以及师生一对一的辅导能够培养学生从依赖老师和教科书转向敢于评价和挑战自己的工作。Capstone 课程的成果证明，为此投入更多的资源是值得的。学生通过做原创性的经济研究，学会了如何像经济学家一样行事。尽管课业繁重，但是学生对这门课的评价十分积极。对于执教者而言，与对研究课题有热情的学生一起工作也是很有意义的。

注：

① Capstone 是一英文名词，字面意思为顶石、压顶石、顶点，引申为成就顶点。在美国大学课程系统中，Capstone 是一个专用词，指代综合类高级课程，一般在高年级开课，意在指导学生将所学知识灵活运用，性质类似于我国高校现行的实践类课程，区别在于 Capstone 更倾向于以培养研究技能贯穿所学。
② 一种专门为优秀学生设置的研究项目，具有竞争性。
③ 实际上是一种在教授一对一指导下完成的研究课程，题目由学生自选，无课堂教学。

参考文献

[1] Bloom, B. S. 1956. *Taxonomy of educational objectives: The classification of educational goals: Handbook I, cognitive domain.* New York: Longmans Green.

[2] Colander, D., and J. Holmes. 2006. A capstone course in economics: To what, and for whom? In *The stories economists tell: Essays on the art of teaching economics*, ed. D. Colander, 71 - 78. New York: McGraw - Hill.

[3] Elliott, C. 2004. A May *American Economic Review* papers seminar and an analytic project for advanced undergraduates. *Journal of Economic Education* 35 (3): 232 - 42.

[4] Elliott, D., J. Meisel, and W. Richards. 1998. The senior project: Using the literature of distinguished economists. *Journal of Economic Education* 29 (4): 312 - 20.

[5] Greenlaw, S. A. 2006. *Doing economics: A guide to understanding and carrying out economic research.* Boston: Houghton Mifflin.

[6] Hansen, W. L. 1986. What knowledge is most worth knowing—For economics majors? *American Economic Review* 76 (2): 149 - 52.

[7] Hansen, W. L. 2001. Expected proficiencies for undergraduate economics majors. *Journal of Economic Education* 32 (3): 231 - 42.

[8] Hansen, W. L. 2004. A proficiency-based economics major: Its architecture and artistry. Paper presented at the Midwest Conference on Student Learning, University of Akron, Ohio, November 4 - 5.

[9] Hansen, W. L. 2005. Designing and implementing 'proficiency-based' economics courses. Paper presented at the Midwest Economics Association Meeting, Chicago, March 11 - 13.

[10] Hansen, W. L. 2006. Proficiency-based economics course examinations. Paper presented at the Midwest Economics Association Meeting, Milwaukee, March 24 - 26.

[11] McElroy, J. L. 1997. The mentor demonstration model: Writing with students in the senior economics seminar. *Journal of Economic Education* 28 (1): 31 - 35.

[12] McGoldrick, K. 2008. Writing requirements and economic research opportunities in the undergraduate curriculum: Results from a survey of departmental practices. *Journal of Economic Education* 39 (3): 287 – 96.

[13] Perry, W. 1970. *Forms of intellectual and ethical development in the college years: A scheme*. New York: Holt, Rinehart & Winston.

[14] Santos, J., and A. M. Lavin. 2004. Do as I do, not as I say: Assessing outcomes when students think like economists. *Journal of Economic Education* 35 (2): 148 – 61.

[15] Siegfried, J., R. L. Bartlett, W. L. Hansen, A. C. Kelley, D. N. McCloskey, and T. H. Tietenberg. 1991. The economics major: Can and should we do better than B – ? *American Economic Review* 72 (2): 125 – 38.

[16] Siegfried, J. J. 2001. Principles for a successful undergraduate economics honors program. *Journal of Economic Education* 32 (2): 169 – 77.

附件一

课程教学目标

这门课将引导你们灵活运用迄今为止所学的理论和应用经济学模型。虽然经济学模型运用有多种方式，但是本课程中每种运用都应通过类似于研究项目的形式集中体现。通过这种形式学生应

- 懂得如何提出一个经济学问题
- 知道如何利用已有知识（能够搜索数据库以及有效地利用网络搜索引擎；能辨识主要概念和关键词，能进行高效的文献搜索）
- 展现对知识的掌握（能从学术和一般刊物中辨识和讨论重要的经济学概念；能够批判性地评估文献是否具有学术价值）
- 能够利用现有知识去探索感兴趣的问题
- 知道完成一个正式的研究项目的步骤
- 使研究技能更加突出（获得像经济学家那样的利用各种技术、理论和分析工具进行思考与推理的能力；获得批判思维和解决问题的能力；学会像经济学家那样写作；通过同学评议提高沟通表达能力）

附件二

对研究过程的模拟

范文

近现代经济政策分析

Barron, J. M., B. A. Taylor, and J. R. Umbeck. 2004. Will open supply lower retail gasoline prices? *Contemporary Economic Policy* 22: 63 – 77.

调查型论文

Levitt, S. D. 2004. Understanding why crime fell in the 1990s: Four factors that explain the decline and six that do not. *Journal of Economic Perspectives* 18：163 – 90.

实证型论文

McGoldrick, K., and L. F. Voeks. 2005. "We got game!": An analysis of win/loss probability and efficiency differences between the NBA and WNBA. *Journal of Sports Economics* 6（1）：5 – 23.

本次作业的目标

在学期开始之际讨论这些研究论文范例有利于你们熟悉课程论文中所需的各组成部分。所以，我们将利用这次讨论的机会了解一个完整的研究过程。同时，我还将与大家一起讨论在做研究过程中将要面临和需要克服的一些障碍。

讨论问题

1. 用 3 ~ 4 句话概括这篇文章的目的。

2. 作者试图回答一个什么经济问题？你能在文中找到它吗？都有哪些子问题被用于回答这个主问题？请列出。

3. 这篇论文对现有研究文献的贡献是什么？

4. 这篇论文运用了什么证据来回答主问题？这些证据的形式与引文中的一致吗？

5. 证据有说服力吗？这里你需要考虑作者运用了多少证据，在什么程度上运用了近似证据，数据是完整的还是受到了限制，等等。你认为作者还应加入其他证据吗？

6. 这个研究问题的答案是什么？你能在文中找到吗？具体在哪里？

7. 这篇论文最让你最感到困惑的地方在哪里？请具体一些，如果可能，请提供页码。

8. 你认为自己对这篇论文理解得最清晰的地方在哪里？请具体一些，如果可能，请提供页码。

9. 请在单独的纸上写下较为详细的这篇论文的大纲，带两份到课堂。请注意，好的论文大纲虽然没有完整的句子但是应详细到在必要时可以立即开始写作。

Doing Economics：Enhancing Skills through a Process-Oriented Senior Research Course

KimMarie McGoldrick

Abstract：This paper describes a senior-level course designed to promote student skills in "acting like economists." Although most departments offer senior-level courses, this one is unique in that it was developed on the basis of learning as opposed to content objectives, assignments were designed to reinforce and further develop research skills through a project of the student's choosing, and it more closely models what it means to "act like an economist" (W. L. Hansen 2006). The author discusses the development of this course and its unique features, the research process followed by students and the outcomes generated, and some of the advantages and disadvantages associated with this form of senior research course.

Keywords：Capstone；Research；Undergraduate

（责任编辑：黄容霞）

·教师发展·

美国高校教师法律救济制度探析[*]

黄明东　武陈金莲　黄 俊^{**}

摘　要：高校教师作为高等学校进步的核心力量，在高等学校的人才培养和科学研究中承担着艰巨的任务。但是，高校教师在维权方面还存在着诸多困境，需要我们对此进行深入探讨。高校教师职业的特殊性决定着他们在自己的工作中对于自己权利维护的特殊性。美国高等学校教师在维护自己权利的法律救济方面的经验和做法有其特色，值得我们去参照和揣摩。

关键词：高校教师　法律救济　救济途径　学术生涯

美国高校教师既不能享受国家公务员的政治待遇，也不能享受企业资本家的经济待遇。实际上，从美国第一所大学在北美大地诞生的那一天起，美国高校教师就一直在为自己的地位而奋战，期间也曾经历过曲折甚至是悲惨的命运。也许正是美国高校教师曾经有过这么一段不愉快的历史，使得他们对于法律地位特别是法律救济更加重视。

一　美国高校教师法律救济的现状

美国是一个教育法制比较健全的国家，既有制定法也有大量的判例，有效地解决了学校教育中碰到的各种纠纷和争议问题；国民的法制观念比较强，师生员工能够积极地运用法律捍卫自己的权利。例如，美国许多人士在 20 世纪 80 年代中期就提出对于终身教授应规定退休年龄的问题，直到目前仍有不少人希望取消教授终身制。但教师们积极维护自己的权利，坚持教师享受终身资格是法律现有的规定，因此，在法律条文没有修改之前，许多高等学校想方设法改变这种制度的企图总是以失败而告终。

*　本文系中央高校基本科研业务费专项资金 2011 年度武汉大学自主科研项目（人文社会科学）"美国高校教师法律地位研究"系列成果之一。

**　黄明东，男，安徽舒城人，武汉大学教育法学研究中心主任，武汉大学教育科学学院教授、博士生导师、副院长，武汉大学中国产学研合作问题研究中心教授，教育学博士，国际法博士后；武陈金莲，女，越南河内人，武汉大学教育科学学院博士研究生，越南教育部国际培训局干部；黄俊，男，安徽舒城人，中国人民解放军空军预警学院科研部实习研究员，工程硕士。

（一）　法律救济途径多样

美国高等教育法律渊源十分广泛，从纵向上看，有联邦层次上的联邦宪法、联邦教育法、联邦最高法院的判例、总统令、联邦教育部的法令等；在州政府层次上有州宪法、州教育法、州高等法院的判例、州长令、州教育局法令等；在高等学校内部有学校章程、教师手册、各职能部门制定的各项规章制度和学院层面的规章制度。此外，还有联邦政府和州政府制定的相关法律，虽然这些法律并非针对高等学校来制定，但是这些法律中的一些条款对于高等学校教师的权利和义务也产生一定的影响。

美国高等教育法律渊源的丰富性，决定着高校教师的法律救济途径必然是多样的，这就意味着他们既可以从民法和行政法中获得救济，也可以从教育法中获得救济；既可以从联邦法律中获得救济，也可以从州法律中获得救济，还可以从学校的章程等规章制度中获得救济。由于美国高等学校具有很多自主权，所以高等学校内部的规章制度对于教师的约束性也很强，这些制度就自然成为高校教师获得法律救济的最主要和最直接的途径。

（二）　法律救济程序比较规范

程序是否规范直接关系到法律执行的效力，高等学校如果在制定和实施规章制度过程中不能制定有效的程序规则，则有效的法律救济将是不可想象的。我们从美国高等学校文献的分析中发现，涉及高校教师工作和生活方方面面的规定都有详细的程序要求。例如，教授终身制为高校教师的学术自由和高质量的教学与科研提供了保障和基础，使教师不至于因其学术观点不合时宜而遭解雇，有助于防止各种政治、宗教等因素对教师教学和科研的干扰。当这个制度受到质疑和侵害时，教师有权提出申诉和要求举行听证会，有权翻阅和复制学校保存的教师个人档案以及要求改正或删除错误之处。高校都设有专门小组或委员会，并配有专职人员在校长的直接领导下，负责听取、调查和处理教师的意见和申诉，以保护教师的权益。这些委员会的工作都有相应的程序规定，保证了教师救济渠道的畅通。

（三）　帮助高校教师获得法律救济的中介机构较多

美国高校教师的法律地位曾经历过不少曲折，在美国高等学校发展的早期，大学教师的法律地位比较模糊、经济待遇和社会地位并不高，甚至还遭到一些人的歧视。直到 19 世纪末 20 世纪初，大学校董们还常常任意解聘他们认为思想异端的大学教师，当时许多著名学者如美国经济学会创始人埃里（Ely）和制度经济学代表康芒思（Commons）等都曾因为其思想言论"怪异"而被大学当局解聘甚至起诉。正是这种因思想学术倾向或其他原因而遭校董会解聘的诸多事件，促使教师们联合起来为保障他们的权益而战斗，于是他们组织成立多种机构，通过这些机构向政府和学校施压，与学校和政府进行各种形式的博弈。由于这些机构大多数属于民间组织，因此被视为中介组织。最初成立的团体是 1915 年成立的"全美大学教授联合会"（American Association of University Professors）。类似的中介机构在美国还相当多，如美国高等教育协会（American Association for Higher Education）、美国教育理事会（American

Council on Education）等，此外每所高校都成立了独立于政府和学校的教育工会组织，这些工会组织都积极参加高校教师的法律救济工作，维护教师的合法权益。

二　美国高校教师法律救济的形式

法律救济形式与法律形式（法律渊源）之间有着密切的内在关系，美国高等教育法律渊源的丰富性决定着高校教师获得法律救济形式的多样性。下文将对美国高校教师的法律救济形式进行分析。

（一）联邦宪法对高校教师合法权益的保护

美国联邦宪法对于高校教师合法权益的保护集中体现在对高校教师学术自由权的保护上。德国在宪法里明确提出要保护学术自由，而美国的联邦宪法里只提到言论自由等。1791 年的美国宪法第一修正案提到了言论自由。美国宪法修正案第一条规定国会将不得制定任何法律来规定确立或禁止宗教信仰和宗教自由；剥夺言论、出版的自由；以及剥夺人民和平集会、结社和向政府请愿申冤的权利。这一规定明确保障了一个公民应当拥有的言论自由。可是，"美国宪法第一修正案并不能实现对学术自由的强有力的保护。因为大学教师只有在演讲涉及政治、社会以及其他有关公共事务的时候，才能受到宪法第一修正案的保护。"[1]虽然美国联邦宪法没有直接提出像德国宪法那样的对学术自由的保护问题，但是宪法的"言论、出版自由"却是非常重要的规定，它成为大学教师日后维护学术自由的宪法基础，实际上对于保护大学教师的学术自由还是发挥了极为重要的作用。

（二）制定相关法律保护大学教师的工作和生活权益

美国的法律体系十分复杂，除了我们通常所说的纵向结构和横向结构之外，还有一个斜向的结构，在教育领域这个斜向结构是指与教育事业有关而非针对教育部门而制定的法律。从高校教师法律救济的视角来看，这主要涉及联邦层次的教育法律和相关法律。如：除联邦宪法之外，还有《国防教育法》《高等教育法》《退伍军人职业调整法》《全美大学教授协会法》等，早期的法律有《西北法令》《莫里尔法案》《史密斯－休斯法》等。按照美国的立法传统，教育立法权主要集中在州政府这个层面，因此，各州制订了大量管理高校教师的法律和法规，这里面除了《××州宪法》之外，还有诸如《××州高等教育法案》等，其数量十分庞大。与高校教师合法权益有关的法律还包括一些相关的法律，如：《合同法》《劳动关系法》《平等雇用法》《公开雇用法规与规章》《民权法》《11246 号行政命令》《重新恢复法》《平等报酬法》等。其中《合同法》就规定了大学教师与学校间是平等的法律关系，这无疑为大学教师自由选择学校提供了法律依据，消除了教师们教学和科研工作的后顾之忧。至于高等学校内部的规章制度对高校教师权益的保护作用将在下文中详细分析。

（三）创设判例保护高校教师合法权益

美国法律体系是制定法与判例法的混合体，判例在美国法律体系中占据极其重要的地位。判例法的原则是遵循先例，即先前判例对此后同类判例具有法律约束力，可以成为后者的判案依据。从美国高校教师法律救济的司法实践的角度看，很多对教师权益的保护是通过创设判例的方式获得的。例如，在事关高等学校学术自由问题上，通过"斯威兹诉新罕布什尔州政府"和"凯伊西安等诉纽约州立大学董事会"[2]两个判例，美国高校教师获得了在学校教育教学和科研活动中的学术自由权。这两个案例判决书的共同特点是，把学术自由解释为宪法第一修正案所保护的一种具体权利，否定政府部门对大学教学研究活动的干预，保护教师的受聘权利。在这两个案例中，原告都是非主流的左翼人士，但是他们通过联邦宪法的原则最终确立了美国高等学校的学术自由权，使异议少数得到保护，也就最大限度地确立了学术自由。

（四）　教师工会与集体谈判制度对高校教师合法权益的保护

在美国大学教师合法权益保护的过程中，教师工会发挥了尤为突出的作用。多年来的实践证明，教师工会确实不辱使命，成为一个非常有效的组织。美国大学教师集体谈判的主要法律依据是 1935 年颁布的《国家劳工关系法》（*National Labor Relations Act*）以及 1947 年修订的《劳工管理关系法》（*Labor - Management Relations Act or the Taft-Hartley Act*），并受到国家劳工关系委员会（National Labor Relations Board）的管理和监督。依据《国家劳工关系法》的有关规定："大学教师可以组织工会，并选举工会代表与校方进行协商谈判，就双方各自的权利、责任和义务关系，包括教师的工资待遇、工作时间和工作职责的要求，以及学校聘用、晋升、解聘教师的正当程序，教师终身教职制的授予等方面的事项达成一致意见。此外，教师工会及其活动不受校方的支配和干涉，校方不能在教师的聘用和职业保障上对加入工会的教师进行歧视，也不能拒绝教师集体谈判。否则，教师可以因为校方的不公平劳动行为（Unfair Labor Practice）向法院提起诉讼。"[3]美国高校教师工会及其长期以来逐步形成的集体谈判制度在保护大学教师合法权益方面发挥了十分积极的作用，成为美国大学管理中较有特色的一种制度。

（五）　高校内部的规章制度在保护教师合法权益方面发挥着最为直接的作用

大学和学院是教师与学生进行教育教学活动的场所，是他们日常生活的空间。所以，大学内部能否建立一套保护教师合法权益的制度是最为关键的。美国很多高校都通过制定《××大学章程》《××大学手册》《教师手册》《学生手册》等校内政策，有效地规范和维护了大学教师的合法权益。下面以宾夕法尼亚大学《教师手册》（*Faculty Handbook*）[4]中对学术自由权利保护为例管窥一下美国高校内部在维护教师学术自由权方面的一些规章制度。

该手册指出："学校认识到教师的终身聘用制度的重要性，并采取有效方法来培养和保障教学和研究领域的学术自由。根据校务委员会的规则选出至少 7 名成员，成立一个学术委员会。和行政官员一起，委员会应与负责学术自由和职责的各个学院委员会协商和讨论相关规章的确立，从而使学术自由或职责被妨碍时有章可循。""每个学院都有一个负责学术自由和职责的常务委员会，每年选举一次。每个学院的学术委员会，根据全体教员的评议，在如下所有的议程中能代表全体教员的意见，包括对教员的暂时免职、教员工作的暂停或终止，源于财务紧急事件或者个别教员的学术自由权被侵害时的救济权方面的问题。委员会有权对学院内可能会影响多个教员的学术自由和职责的事件做出调查、汇报、建议。"[4]可见，大学内部对于建立保护教师合法权益的制度十分重视，而且这些制度也很规范，既有学校层面的制度建设，也有学院层面的制度建设。这样双管齐下，教师在日常教育教学工作中的合法权益保护就有了坚实的基础。

三　美国高校教师法律救济的基本程序

美国高校教师获得法律救济的途径基本可以分为两类：校外的司法途径和校内的准司法途径。校外的司法途径就是通过其国内相关诉讼法的要求进行诉讼的过程。由于美国是一个法律制度十分完备的国家，因此其法律救济的制度也比较完善，这些诉讼制度类似我国的行政诉讼、民事诉讼和刑事诉讼等诉讼制度，本文不再详细陈述。

在学校内部，美国高校教师可以通过"准司法"的途径寻求法律救济，其中也有类似我国高校的行政申诉制度和复议制度。之所以说是一种"准"司法途径是由其特殊的法治文化传统决定的。美国高校源于欧洲中世纪大学，在办学传统和理念上一脉相承。而中世纪大学在学校管理上具有高度的自治权，曾经享有在校内的司法权，即教师组成法庭审理校内的学术纠纷和其他纠纷（中世纪时期巴黎大学的师生和市民产生纠纷时仍然有大学内部的法庭来审理）。资产阶级革命以后建立的议会制度在高等学校内部管理上也留下了深深的烙印，高校内部建立了类似议会的管理制度和类似司法机构的司法制度，主要表现就是在校内建立席位制度、委员会制度、民选制度、申诉制度等比较规范的救济制度。这些制度都在美国高等学校得到了完整的继承并因时制宜地有了一定程度的发展，这就是我们今天可以看见的美国高等学校内部的制度体系。这里仍以宾夕法尼亚大学校内规章制度为例分析其教职工的法律救济程序，以下内容根据该大学的"Faculty Grievance Procedure"[5]中所陈述的文献翻译整理而成。

（一）建立教工申诉委员会

在正式受理教师申诉之前，学校组建一个由3人组成的教工申诉委员会，3位委员应该是来自常任教员组中拥有教授职称的人。他们由学校治理委员会任命，每届任期3年，每年6月30日期满。学校财政中心根据需要补偿教学缺席带来的成本。委员会的主席是教职工申诉程序的主要行政管理者。前任主席担任投诉听证会的首席调查员。主席候选人则要承担监管委员会的职能，同时可以出席听证会。当委员会的某位成员由于利益冲突或其他原因不能履行职责时，其他任一成员都可以替代他。如果委员会的一位或所有成员都不能履行职责的话，委员会在学校治理委员会主席的建议下寻找前任委员会成员来代替所缺成员。此外，学校还要确定一位独立身份的法律顾问来协助委员会的运作。该法律顾问的任命和任期由学校治理委员会主席和教务长共同决定。一旦被任命，法律顾问应该向该委员会负责。

（二）听证会举行前的准备程序

在将申诉提交委员会之前，当事人首先应该与其系主任或院长再次就所申诉事件进行协商以寻求公正的解决方法。如果申诉不能得到解决，那么当事人便可以向校方分管申诉的负责人、委员会主席及任何其他相关的学校组织进行咨询，从而确定委员会是否是审理申诉事件的合适机构，是否能有助于解决问题。如若得不到满意答复，当事人可以书面通知其院长关于所申诉事件的性质、所寻求的补救措施和自己将向委员会提交申诉的意愿等情况。当事人还可以书面请求院长出具一份书面声明，陈述申诉的理由。这份院长书面声明必须经过系主任和审理过该投诉的陪审团主席的同意或者附有这些人的单独声明。这些书面声明必须在院长接到书面请求后两周之内提供给当事人。寒暑假期间或特殊情况下例外。

如若当事人不满意院长的答复，可以在收到院长的书面声明后或者已到期限后向委员会提出申诉。提出申诉和请求举行听证会的书面通知由委员会主席提交委员会，同时将通知复印件呈送校长和院长。如果在收到院长书面声明后 30 天内当事人没向委员会提出申诉，院长可以书面询问当事人是否还要请求申诉。当事人在这样的询问之后 50 天内如果不提出申诉，则视为放弃申诉。寒暑假期间或特殊情况下例外。由于所申诉的事情可能重复出现，当事人既可以依据先前的事情提出申诉，也可以依据当前的事件或状况提出申诉。当事人必须在初始事件发生后两年内及对当事人重新委任后四个月内提出申诉。在以下情况下主席也可以决定不再受理某项申诉：正在裁决的案件是前一起申诉的原因；或者所申诉事件的后果或价值非常小以致没必要组成陪审团。当事人可就这一决定向整个委员会提起申诉。

如果委员会认为当事人的要求主要有关于学术自由，则应将该申诉复印件递交负责学术自由与职责的校务委员会。该委员会必须迅速判断这起申诉是否涉及学术自由问题。如果答案是肯定的，那么申诉委员会将不再审理这一案件。如果申诉是针对学校行政人员的或涉及不止一个学院或有关学校的一般利益政策，则校务委员会有管辖权。如果申诉只涉及某一个学院发生的事情，校务委员会的主席应将申诉案件转交给相应学院的"学术自由与职责委员会"的主席，该委员对此案件有管辖权。

一旦主席决定受理一起申诉，就要以书面形式通知首席调查员、申诉人、院长和教务长；并且应要求教务长在两周内指定能够代表所有被申诉人员的校方代表（被申诉人）。"被申诉人"可能包括：系主任、系人事委员、学院院长、学院人事委员、教务长和校长等等。被申诉人一般是从那些为所申诉行为负责任的人员中选出。申诉人和被申诉人可以根据自己的需要各自指定一位学校同事参与案件。申诉人的同事可以是常任教员、协理教员或名誉退休教员中的任何一位成员；但被申诉人的同事必须从能够出席陪审团的人员中选出。指定的同事不担任辩护，而是协助申诉人和被申诉人各自辩词的准备和陈述。主席应该将申诉人的姓名、被申诉人的姓名及可能指定的同事的姓名通知所有参与者。

当出现多个机构对所申诉事件负有责任时，被申诉人及其同事应该从开始准备和实施答复时就与每个机构的代表人进行协商。委员会可以提议或应申诉人或被申诉人的请求取消某一特定陪审团成员的资格，原因在于他们对案件所涉及的当事人可能有偏向或者他们对这一案件的是非曲直已有了自己的立场态度等。申诉人和被申诉人各自可以行使对陪审员出席的两次反对权。申诉人和被申诉人必须在知道陪审团成员名单后一周内向委员会提交取消其资格的请求。被取消资格的陪审员的替代者由委员会主席依据教工申诉委员会规定的任期要求从三位候补人中抽签选出。被取消资格的陪审团成员仍保留在听证会成员之列。

担任过陪审员的教职工在任职结束后不得继续列席听证会,并且在前一任期结束后 3 年内不得再成为听证会成员。被选为陪审员的教职工一直要工作至申诉审理结束后,即使听证会超过了他们应该卸任的时间。为了平衡任期,没有担任过陪审员的候补人应该重新任职于听证会。

(三) 听证会的举行

委员会应在受理申诉后一个月内举行听证会。申诉人和被申诉人均有机会在听证会上陈述,陪审团在听证会结束后作出裁定。听证会由首席调查员担任主席,由法律顾问协助进行。法律顾问在可能的情况下要出席所有的听证会以监督程序的合法性。申诉人、被申诉人按先后顺序陈述立场、提供证据以及证人。可能的话,每方当事人及其证人应递交书面形式的观点和证据以便提前分发给对方当事人和陪审团。当事人及其证人可以使用会议铃声来方便陈述和举证。

首席调查员有权传唤证人和介绍文件证据,并且在陪审团的要求下获取校内外专家的观点。每方当事人均有权通过首席调查员向对方提供的证人提问。陪审员在首席调查员的允许下也可以向证人提问。在每场听证会全部过程中必须有大多数的陪审员出席。申诉人和被申诉人有责任确保他们的证人的出席时间符合法律顾问的要求。只有当另一方当事人在场时,申诉人或被申诉人才能向陪审团提供证据,首席调查员根据法律顾问的意见认为证据需要保密的情况除外。只允许制作一份听证会的磁带录音。录音磁带将由委员会保管。陪审团、申诉人、被申诉人以及他们的同事在投诉审理过程中应该有合理的机会听到这些磁带。未经委员会的公开允许和监督,不得复制录音资料的全部或部分内容。当教务长需要为有关未决或即将发生的法律诉讼复制录音资料时,应予以准许。

听证会应该按照法律顾问准备的日程进行。这一日程是以申诉人或被申诉人作出关联性证明为前提的。法律顾问的一个重要作用便是就争端、口头陈述和所提供的其他证据的可接受性或关联性为委员会提供建议。然而,证据是否具有可接受性或关联性最后要由委员会投票表决多数通过来决定。法律顾问和委员会必须能够看到所有的文件证据,包括由因采取行动而受到申诉人或申诉人保管或掌握的、以及委员会认为与申诉案件相关的证据。首席调查员和法律顾问有权获取其他的文件,包括同一系内其他可比较职工的档案资料,或者如果系内没有这样的职工的话,就使用同一学院内被认为近来或当前得到更好待遇的可比职工的档案资料,同时要事先通知那些将被检查档案资料的教职工。陪审团可以要求首席调查员征求校内外专家的意见。

如果申诉人或被申诉人在准备辩词过程中需要文件证据,或者陪审团在审议过程中需要文件证据,均可以向首席调查员提出申请。首席调查员在听取法律顾问建议的前提下决定所申请的证据是否与案件相关,也可以求助于委员会来决定,然后由法律顾问获取所有认为与案件相关的证据。陪审团、被申诉人、指定的同事都应该能得到所有这些证据；在符合保密性限制条件的前提下，申诉人也应该能得到这些证据。与学院所有其他职工一样，系或学院人事委员会及小组委员会的委员们有权自愿在投诉听证会上作证，也可以受到鼓励这样做。然而，委员会不能要求或阻止他们作证。同意出席听证会的这些委员会成员们可以特别就他们自己参与委员会的评议情况作证，可以陈述委员会票选情况以及总体上概述一下委员会讨论的性质。法律明令禁止他们透漏这些委员会会议上其他成员个人的言论、立场或投票情况。

任何一方不合理的延误都将受到处罚。在延误主要责任归咎于一方的案件中，委员会有权利暂停或终止程序，并且建议陪审团向教务长递交一份控诉报告，内容包括暂停或终止程序的原因及行动建议。委员会同时要向学校治理委员会主席递交这份报告的复印件。委员会可以制订更多规则和程序来管理其运作。如果没有适用程序的案件，首席调查员可参照法律顾问的建议进行裁决。按这种方式确定的裁决而提出的上诉应提交学校治理委员会通过多数投票通过来决定。

（四）呈现调查结果的程序

陪审团就报告格式与法律顾问协商后，要根据听证会的结论准备一份包含少数不同意见的书面报告给教务长。报告应说明申诉案件的每个环节，并且要单独地用有清楚标号的部分来记录事件的调查结果，以及提出教务长可采取的行动的建议。在重新聘任、升职或继续留任的请求被否决的案件中，陪审团可以建议对案件进行全面的复审或重新评估。陪审团还可以就这样的重新评估可遵循的校方程序提出建议，但由教务长掌握程序的选择权。然而，陪审团没有义务也没权力评价某个人的职业竞争力或者某个人与其他人相比的职业竞争力。如果教务长收到陪审团报告后决定进行重新评估，那么他要确保这次评估中所参考的文件资料包括陪审团的建议和相关的证明文件。

首席调查员负责将陪审团报告分发给教务长、院长、申诉人、被申诉人、第三人和校务委员会主席。如果教务长与首席调查员协商后想了解案件更多的情况，首席调查员应提供更多详细资料和包括听证会录音的复录磁带在内的所有证明文件。如果申诉被撤回或在听证会结束前得以解决，首席调查员要解散陪审团并致以谢意，无须准备报告。然而如果听证会已经结束并且陪审团向教务长提交了报告，那么首席调查员会在学校采取关于申诉的最后解决措施后会接到教务长通知，然后才可解散陪审团。

收到陪审团的最终报告后，首席调查员要归还所有借用的文件资料，同时将案件的全部资料，包括全套文件资料和听证会的录音磁带全部转交委员会主席以备留存。首席调查员还要销毁陪审团使用的所有其他复印资料。委员会应维护同等地位人的评估材料（包括外部信件）的机密性。除非委员会主席有其他的决定，否则根据学校档案政策规定，全部资料在学校针对申诉采取最终解决措施 3 年后应送至档案中心永久保存，而陪审团报告则与教务长回执一起存档。

尽管陪审团的报告极为重要，但它对教务长的决策并没有约束力而只是建议性的。教务长应在 6 周内做出决定并书面通知委员会主席、申诉人和被申诉人。若教务长拒绝执行某一个或更多的建议，就应该在书面通知中写明详细理由并且要递交学校治理委员会主席。如果申诉行为指出一项管理活动或实践可能违背学校程序或将导致不公平待遇，那么委员会应以自己或陪审团的名义提请教务长和学校治理委员会主席注意这一情况。教务长和学校治理委员会主席应该调查这一情况，必要时应确保进行适当的改正。6个月内，他们应将这些问题及解决方案向学校治理委员会进行通报。

可见，虽然上述一系列申诉活动是在校内举行的，但是其程序的规范和严密并不亚于法院的司法程序（这就是中世纪大学校内司法制度留下的痕迹和传统），这不仅反映出美国人的法制观念很强，也说明美国高等学校对于高校教师法律地位的尊重和高校教师法律救济制度的完善。如果高校教师通过校内的这个救济渠道不能解决问题，他还可以通过地方法院逐级提起诉讼，通过国家司法程序获得法律救济，两种程序并不冲突。

参考文献

［1］Finkin M. The Case for Tenure ［M］. New York：Cornell University Press, 1996. 191.

［2］沈文钦. 美国联邦最高法院的学术自由判例及其法律意涵 ［J］. 学术界, 2007 (1)：7 - 11.

［3］李子江. 美国大学集体谈判制度的形成与发展 ［J］. 比较教育研究, 2006 (3)：23 - 27.

［4］Handbook for Faculty and Academic Administrators. http：//www. upenn. edu/provost/handbook_for_faculty_and_academic_administrators, 2013/2/25, 11：04.

［5］Faculty Grievance Procedure. http：//www. upenn. edu/provost/faculty_grievance_procedure, 2013/2/25, 22：04.

Analyzing the Legal Remedy System for University Faculty in the United States of America

Huang Mingdong   Wu Chen Jinlian   Huang Jun

Abstract：The faculty of universities who undertakes arduous tasks in training talents and conducting research is the core drive behind the development of higher education institutions. Yet, they also face difficulties in protecting their legal rights. This is an issue that calls for in-depth examination. Due to the unique nature of their work, approaches to protect university faculty members' legal rights are special. There are some experiences and lessons learned by the US higher education professionals in their practice of upholding the faculty's legal rights. Such experiences and lessons are worth consulting and considering.

Keywords：Faculty；Legal Remedy；Remedy Route；Academic Career

（责任编辑：雷　磊）

高校青年教师发展阶段论[*]

王　璇　李志峰　郭　才[**]

摘　要：高校青年教师作为高校学术人力资源的重要组成部分，是高校战略目标实现的关键性要素之一。从高校青年教师发展的现状来看，博士学历是青年教师职业的准入门槛，且入职数量呈稳步增长趋势。依据成人发展理论和职业生涯管理理论，高校青年教师的发展可以划分为三个重要阶段，即适应生存期、能力建构期和稳定成长期，分别对应着适应新角色、建构多维学术能力和成长为专家型教师的发展目标取向。青年教师的发展存在不确定性、复杂性、差异性以及非直线性的特点。以青年教师个体发展为中心，针对不同发展阶段开展不同支持项目、完善青年教师激励机制是遵循青年教师发展规律，促进高校青年教师发展的重要途径。

关键词：高校青年教师　发展阶段　目标取向　发展特点　实现途径

教师是一所高校最重要的资源，教师的能力和素质在很大程度上决定着高等教育发展的质量与水平。自 1999 年高校扩招以来，高校教师人数的激增，特别是一大批接受过高深知识训练并具有较高学术素养的青年学者进入高校从事教师职业，成为高校学术人力资源的重要组成部分。如何对青年教师进行管理，促进青年教师的主观效能实现最大化，使教师的发展带动高校的发展，是组织发展战略目标实现的关键。在探究我国高校青年教师发展状况基础上，我们认为高校青年教师发展是分阶段的，每个阶段都有较为明确的目标、任务和特点，其最终目标是实现高校青年教师和高校之间的和谐发展。因此，高校青年教师发展要针对不同发展阶段来确定其目标的实现途径。

---

[*]　基金项目：教育部教师队伍建设改革示范项目"创新'导、训、助'三位一体模式，创建高校青年教师能力提升体系"（教育部教师司（2013）13 号）；中国高教学会"十二五"规划课题"基于教师专业化成长的现代高校教师管理制度创新研究"（项目编号：11YB147）。

[**]　王璇，女，湖北武汉市人，江汉大学文理学院教师，教育学硕士；李志峰，男，湖北武汉市人，武汉理工大学高等教育研究所副所长，教授，教育学博士；郭才，男，湖北仙桃人，武汉理工大学高等教育研究所硕士研究生。

一 我国高校青年教师发展的现状分析

对于高校青年教师的年龄界定有不同的表述。本文依据《中国教育统计年鉴》中40岁以下普通高校专任教师的相关数据，来归纳总结我国高校青年教师发展的基本现状。

（一） 高校青年教师的比例已占半壁江山

近年来，伴随高校扩招和高等教育的跨越式大发展，高校教师的队伍迅速得以充实，一大批青年教师走上讲台，成为高校教学和科研工作的新生力量。青年教师的人数及其占高校专任教师的比例不断提高，青年教师在高校中的"分量"越来越重。从统计数据来看，高校教师呈现出快速增长的趋势，由1998年的40.7万人，增长到2011年的139.3万人。其中，40岁及以下的青年教师占据了"半壁江山"，由1998年的26.6万人，增加到2011年的86.1万人，占专职教师总数的61.8%，尤其是2001～2004这几年，每年青年教师数量的增长幅度都超过了15%。根据《国家中长期教育改革和发展规划纲要（2010～2020年)》确立的发展目标，高等教育毛入学率将达到40%，这意味着高校教师队伍规模还将继续扩大，青年教师数量还将继续增加。由此可见，我国青年教师已经成为我国高校的核心力量，高校今后的发展情况，很大程度上取决于这一批青年教师能力素质的高低。

（二） 具有研究生学历的青年教师已成为教师的主要来源

学历结构主要指高校教师所获得的最高学历的构成状况，它最能直观地反映高校教师受到的教育水平，在一定程度上反映其学术水平和科研能力的高低。一般来说，教师的学历程度越高，其教学科研的适应能力和发展潜力就越大。目前，本科学历的高校教师已经不足以支持高校三大职能的有效实施，而硕士学位和博士学位持有者已经成为高校整个学术梯队的顶梁柱。[1] 从数据来看，1998～2011年高校教师学历层次变化显著，尤其是硕士学历和博士学历持有者的数量和比例都逐年增长，说明高校教师的学历普遍有了大幅度的提高。而2004年是高校录用教师学历门槛的重要拐点，2004年以后，进入高校的毕业生中，具有研究生学历的教师数量呈现快速增长趋势，本科层次的教师数量迅速降低。特别是2006年后，高校基本将研究生学历作为录用教师的最低标准，本科层次的新任教师只占极少数。2010年以后，博士研究生学历已经成为了高校招聘专业人才的基本学历条件了。可以说，高校新增青年教师的学历水平整体较高，改变了高校教师的学历结构，提升了高校教师群体的学历水平。

（三） 高校青年教师职称晋升速度时高时低

职称的高低标志着一个学者的学术水准，它意味着被授予者的学术造诣已经得到了一定的社会认可。在高校，职称晋升作为一种无形的精神激励，成为众多高校教师追求的一个重要目标。[1] 从数据来看，1998～2002年青年教师职称晋升较快，高级职称（教授和副教授）的比例占青年教师整体比例有较快提升，2002年达到当时的最高峰，青年教师高级职称的比例为23.78%；但这个比例自2003年起开始缓慢下降，

2005 年再次降到 20% 以下，2009 年为 16.53%，仅比 1998 年的 16.22% 略高，说明这几年高校青年教师的晋升难度又有所加大，各个高校的学术标准越来越高。不过近两年情况又大有好转，2010、2011 年青年教师高级职称的比例分别为 24.78% 和 24.61%，达到了新的高峰，说明最近两年高校以"实绩论英雄"，青年教师的晋升速度有所提升，高校"排资论辈"的情况有所好转。

二　高校青年教师不同发展阶段的目标取向

根据成人发展理论和职业生涯管理理论，本文将高校青年教师的发展划分为 3 个阶段：①适应生存期；②能力建构期；③稳定成长期。

（一）适应生存期的发展目标：适应新角色

1. 适应教师角色转变

角色是个体在一定的社会规范中履行一定社会职责的行为模式。无论是从人生发展还是从学术发展的角度来说，高校青年教师入职以后均面临着一个全新的阶段——适应生存期。这一群体的绝大多数人都刚刚博士或硕士毕业，面临着由学生向教师角色的转换，从被管理者到管理者身份的转变。处于适应生存期的青年教师往往在经历短暂的新教师岗位培训之后就承担了教学任务，从一个学生转变成为传道授业的教师，尤其是在高等教育质量备受人们关注的今天，能否适应这种角色的转换、成为一名合格的教师，成为适应生存期青年教师普遍感到的压力。

2. 提高学术生存能力

与任职多年的教师相比，适应生存期的青年教师有着完全不同的关注点。这一阶段青年教师更多关注的是如何"生存"下来，在教师职业中立下足跟。这个阶段青年教师发展的重点主要集中在专业态度和动机方面，还难以过多地顾及专业知识与能力的发展。在教学活动中，青年教师的注意力集中在作为教学者的胜任和存活能力上，如怎样较好地控制班级、受到学生的喜爱以及得到肯定的评价等。只有做好了这些事情，适应生存期的教师才能进入更成熟的阶段，才会开始关注自己的教学方法和学生的学习效果。在各种具体的教学问题面前，有些青年教师开始反思自己的教学行为，但这种反思与专家的反思有所不同，是零散的、具体的，反思的问题主要集中在如何使教与学的过程完成的更有效率、效果更好。因而，青年教师关注的主要是课堂情境中的各种技能与技巧问题，内容局限在课堂管理与处理教学的手段上。经过反思后，青年教师可能会接受他人的建议或者运用教育研究者的教学研究成果来指导自己的行动。由此可见，这一阶段青年教师还处于对优秀教师的观察与模仿阶段，要向老教师虚心请教，真诚地接受各方的意见和建议。而作为一名研究者，青年教师还要从事科研工作，必须尽快确定研究方向，发表学术论文。特别是如何正确处理教学与科研之间的关系，合理分配时间，成为青年教师必须面对的问题。此外，熟悉高校的方针政策，尽快融入学校的组织文化，与同事建立好人际关系，对适应生存期青年教师的发展也是至关重要的。适应教育者、研究者、服务者这些新角色，并初步胜任教师职责是高校青年教师在这一阶段的主要任务和发展目标。

（二）能力建构期的发展目标：多维学术能力的建构

1. 在实践中提升学术能力

当青年教师顺利通过适应生存期时的迷茫阶段，跨越思想上的波动和自我怀疑后，将进入职业生涯中的下一个时期——能力建构期。进入这一阶段后，青年教师已经基本熟悉了工作的环境，能较好地承担所肩负的多重角色。在教学方面，他们不再像适应生存期的教师一样整天忙于应付各种各样的检查与随时发生的各类突发事件，他们的教学和课堂管理已逐渐走上正轨；青年教师更加懂得关心学生，并能根据实际的教学情境以及自我的个性特征，去总结教学技巧和解决问题的方法。在科研方面，青年教师大多已经确定了自己的研究方向，有了参与课题的经验或发表论文的经历，但仍须积累相当的成果以获得职称晋升。因此，青年教师需要积极地参加校内外专业协会和学术交流会议，积极地从事研究和写作，积极地参与高校的服务。总之，能力建构期的青年教师关注的重点是怎样在激烈的竞争中脱颖而出，争取到大型的科研课题；怎样在学术上获得同事和领导的肯定，以获得职称的晋升。

这个阶段青年教师的发展目标将从关注自我的"生存"转到关注自身"学术能力的建构"上来，由关注"我能行吗"转到关注"我怎样才能行"上来。博耶认为学术可以分为发现的学术、综合的学术、运用的学术、教学的学术几种。教学支撑着学术，没有教学的支撑，学术的发展就难以为继，教学是学术之火不断燃烧的保障。[2]以上四种学术彼此联系、不可分割，形成一个相互依赖的整体，这也是青年教师在能力建构期应该努力发展的目标。只有建构起多维学术能力，青年教师才能获得更好更快的发展。

2. 外部引导促进学术能力提升

从教师学术能力发展的过程来看，教师实际拥有的学术能力水平与外界对其应具备的学术能力水平期望之间的差距是教师发展的根本矛盾，它决定着教师学术能力发展的速度和方向，制约着教师学术能力发展过程中的其他矛盾，是教师学术能力发展的根本动力。教师学术能力的发展可以划分为引导式发展和自主式发展两大类型。引导式发展指的是教师尚没有主动发展的意识，只是为了达到组织政策制度对其学术能力发展的基本要求，被动地参加学校安排的各项培训活动，从而获得一定程度上的能力发展。在能力建构期，外部引导对于青年教师发展发挥重要作用。青年教师很大程度上受到学术职业阶梯、他人评价等外在因素的影响，教师的内部动机还不够强，自主式发展的目标和动力不足。因此，对这一阶段的青年教师来说，其自身发展大多属于外部引导式发展。

（三）稳定成长期的发展目标：成为专家型教师

1. 从引导式发展转向自主式发展

自主式发展指的是教师学术能力的发展是在其教育理智的主导下进行的，它包括教学能力、研究能力、反思能力等，在这种情况下，教师作为自我发展的主导者，主动学习和掌握教育科研活动的基本规律，并使之服务于自身学术能力的发展和提高。因此，能否从外部引导式发展走向自主式发展，实现自我超越，对稳定成长期的青年教师来说就显得尤为重要。青年教师要从外部引导式发展过渡到自主成长式发展，一般须依次经历以下两个阶段：首先，随着教师对教育状况意识的自觉性和准确性的逐步提高，引发教师对教育状况的"警醒"；或由于教育质量和效果得到横向参照，使教育问题被暴露和凸显而引发教师对自身教育行为的反省，从而形成教师改造"必然"的发展起点；其次，随着教师对教育实践的不断感知和感悟，以及教育行为调控手段的日益熟练，促使"必然"的作用形式不断弹性化。在这一阶段，不仅要使教育环境和教育手段适应"必然"改造和自主化的需要，而且要使教育的整个进程自主化。[3]因此，教师学术能力实现了从合规律性向合情理性的发展。这个阶段既是教师学术能力提升的过程，也是教师实现自我价值的过程。这其中的关键就是青年教师的实践和自我反思，青年教师在"实践—反思—再实践"的往复过程中不断提升自己的学术能力。实践和反思两者相辅相成，共同作用于青年教师学术能力发展的全过程：实践是培育青年教师学术能力的沃土，青年教师在实践中积攒经验，引发其对自身学术能力的重视，孕育着学术水平的质变；反思是青年教师学术能力发展的关键环节，青年教师通过理性思考不断调整自身的思维与行动，以更好地把握教育科研活动的规律，实现自身学术能力水平的飞跃发展。

　　一般来说，在青年教师成长的过程中，引导式发展和自主式发展是一个不断运动、变化、发展的过程，变化的趋势是青年教师通过自我反思，从引导式发展逐步过渡到自主式发展。特别是经历了能力建构期的发展，青年教师的专业知识和能力日益完善，他们就有更多的时间和机会对自己的专业发展进行反思。从适应生存期尽快发展到能力建构期，进而发展到稳定成长期，青年教师要学会通过反思，总结实践经验，沉淀学术思想，寻找缺点和差距，使自己在价值观、知识水平和教学经验等方面发生认识上的变化。

　　2. 通过不断学习实现自我超越，成为专家型教师

　　美国著名心理学家斯腾伯格曾提出确定专家型教师不同于新手的三个基本方面：第一个不同的方面是关于知识，专家不仅要有所教学科的知识，如何教的知识以及如何专门针对具体要教的内容施教的知识，而且还要具有从事科学研究方面的知识，尤其在其擅长的领域内比新手更有效地运用知识；第二个不同的方面是关于问题解决的效率，专家与新手相比（在其专长领域内），能在较短的时间内完成更多的工作；第三个不同的方面是洞察力，专家比新手（同样也是在其专长领域里）有更大的可能找到新颖和适当的解决问题的方法。[4]由于形成了自主式的发展模式，稳定成长期高校青年教师的工作动机主要指向学术目标，较少受到外部评价或职称晋升的影响，表现出内控型的特点，成为专家型教师是这个时期的发展目标。他们把学术工作视为人生的乐趣，把它当成自己的终生追求，在成为专家型教师过程中实现自我价值。

三　我国高校青年教师分阶段发展的特点分析

（一）青年教师发展的不确定性

　　大学教师的工作任务决定了从事这一职业必然要比其他职业具有更长的职业准备

期。尤其在现代社会，学术职业的准入条件比历史上任何一个时期都要严格，为了取得大学教师的从业资格，准学者们通常需要经过长时间的学术训练。随着高等教育的层次上移，研究生教育制度的形成、发展和成熟，进入学术职业中的某一专业领域需要更为长久的时间，更为系统的知识、技能、态度和行为方式的训练和储备，需要全身心的精力和情感上的长期投入和付出。经过从学士到硕士再到博士生涯的层层攀升和筛选，在学术上更投入、更适宜、更具天赋的人被学术系统选拔、训练成为自己的学术后备力量。[5] 即使顺利获得博士学位，还要面临着进入大学的入职筛选，入职之后，还要面临"非升即走"的激烈竞争，在这个不断筛选的过程中，高校教师的职业竞争程度越来越激烈。较长的职业准备期和潜在的淘汰风险，使得青年教师必须在激烈的学术竞争中脱颖而出。

自入职开始，大学青年教师就不断面临着挑战与考验，可以说，大学青年教师的成长过程，就是他接受挑战与考验的过程。例如，他们在适应生存期，有着适应新生活、新环境与新工作的挑战与考验；在能力建构期，有着教学评价、课题申报、成果发表、职称晋升等方面的挑战与考验；在稳定成长期，进一步面临着研究生指导、对外学术交流、各种社会兼职等方面的挑战和考验。在这样高强度的挑战和考验过程中，青年教师的发展过程存在着不确定性。

在适应生存期，面对多重角色的挑战，青年教师希望做出一番大成就，但由于自身能力水平有限、缺乏经验，并且对实际情况缺少全面深入的了解，因此面对一系列教学、科研以及生活中的问题，他们往往感到"心有余而力不足"，青年教师的发展面临第一次分化。不过就实际情况来说，这一阶段绝大多数的青年教师都能在外界的帮助和自身的努力下，适应多重角色的要求，体会到为人师、做学问的乐趣。

而顺利渡过能力建构期的青年教师在各个方面均有了一定的沉淀，教学科研的能力和水平都有了较大提升，但由于性格、追求以及文化环境等不同因素的影响和差异，稳定成长期教师的发展会出现职业生涯中的第二次分化。部分青年教师有远大的抱负，在各项繁重的事务中能调整好自己的心态，继续潜心学术，不断提升自己的学术能力和水平，努力朝着更高的层次迈进，而部分青年教师的发展则面临停滞不前的境地。这是因为在适应生存期和能力建构期，教师发展方向明确，晋升的激励作用较强，而在稳定成长期，有些青年教师在评上教授、获得了较高的学术地位之后，就失去了进取心，出现专业发展停滞甚至倒退的现象。在前两个发展阶段，青年教师的发展空间较大，一般经过努力都可以实现学术能力和水平的发展；而在稳定成长期，教师要实现新的突破更为困难，有的青年教师因此产生了职业倦怠，过早地进入了职业高原期，工作上得过且过、不求上进，甚至出现转行、退休等消极想法。由此可以看出，高校青年教师能否顺利度过适应生存期、能力建构期，最终达到稳定成长阶段存在着不确定性。

（二）青年教师发展的复杂性

伴随着高等教育职能的转变，大学教师的职责也发生了变化，教师们承担的工作不仅仅局限于传统的教学和研究，这使得教师的角色冲突更加明显。一方面，社会各界对教师的期待值不断上升——要求教师具有更职业化的教学水准、更强的研究能力；要求教师从传统的发现知识型人才转变成开发应用型人才，强调研究结果能对日常生活产生影响；要求各种合作项目更加企业化，能满足地方和国家经济甚至全球化的需求。另一方面，大学教师在争取研究资金、强调研究的核心地位与对教学的挚爱、责任感之间显得更加困惑和痛苦。这对教师的综合素质与能力提出了更为全面的要求，要求青年教师构建起多维学术能力，以应对多元角色冲突的挑战。

高校青年教师的发展面临着多种因素的影响。在职业生涯初始时期，青年教师普遍面临更大的压力，教学工作与他们的生活需要容易发生冲突，青年教师的压力增大。一方面，高校主要的科研课题、社会咨询工作多数都是依靠中高级职称的老教师来完成；另一方面，许多教师在工作上都保持着自主性和独立性，教师之间缺少交流。因此，有些新入职的青年教师在学校里体会不到主人翁的地位，甚至觉得自己无法融入学术组织群体当中去，感到自己作为一名新成员未被组织接纳，心理上缺少归属感。因此，青年教师发展存在着受多因素影响的复杂性。

（三）青年教师发展的差异性

1. 发展方向的差异性

传统的观点认为，教学和研究之间属于共生或互补的关系，教学可以促进研究，反之研究也可以促进教学。实际上这样笼统地讨论二者之间的关系并不恰当。除努力程度外，教学至少还可以被分为专业知识和教学技能两个维度；科研同样也可以被分为专业知识和研究能力两个维度。教学和科研之间的关系，更准确地应体现在教学和科研的各个维度之间。教学所需的专业知识和科研所需的专业知识存在差异。教学所需的专业知识更多的是经过验证的确定性的知识，而科研所需的专业知识更多是前沿性的，等待确认和检验的知识。[6]很多大学教师特别是从事自然科学的教师通常不需要在更新教案上花费太多的时间，这说明了青年教师一旦储备了相当的专业知识，掌握了一定的教学技巧，教学工作更多的只是一项相对简单、重复性较高的劳动。而科学研究则是一项创造性很强的工作，大多数的青年教师要在从事研究较长的时间后，才能有一定的成就，这说明科研能力较为复杂，形成过程较为缓慢。对于刚进校从事学术职业的新任教师来说，其发展方向是教学主导、科研主导还是教学科研主导既要考虑教师个体的发展目标，还要考虑学校的组织目标，教师个体选择的发展方向是不一样的。

2. 发展层次、水平的差异性

高校青年教师学术能力发展的过程，不是掌握某种现成的教育理论知识后应用于实践的简单过程，而是在内外部环境因素的影响下，教师将普适性的理论知识吸收内化并形成个性化知识的过程。青年教师学术能力的发展过程是不同的教育背景、工作经历和个性特征尤其是非智力因素共同影响的过程，在不同阶段都存在着能力强弱和水平高低的差异。因此，不仅在发展的不同阶段，甚至在同一发展阶段，不同青年教师的发展层次、发展水平都是很不平衡、有差异的。此外，随着社会需求的急剧变化，高等教育正朝着多样化的方向发展，出现了多种办学主体、多种层次、多种类型的高等教育机构。不同层次类型的大学有着不同的准入门槛，就是在同一所大学，有些教师在入职之际的水平也会存在差异，再加上智能结构、性格特点和职业兴趣等其他方面的差异，大学青年教师的能力发展在入职后不久就会产生快慢与高低的差异。

由于上述原因，不同青年教师从适应生存期到达稳定成长期所需要的时间长短并不一致，期间所需的帮助与指导亦有所不同。有的青年教师教学基本功扎实、教学科研究能力强且虚心好学，不需要太多的外在激励就顺利渡过适应生存期，并在短短几年间成为教学能手与学科研究专家。而有些教师不适应学术职业的挑战，缺乏提升自己的方法，工作上敷衍了事，因此很难在短期内渡过适应生存期，甚至终生都难以发展到稳定成长期，难以成长为专家型教师。

（四）青年教师发展的非直线性

青年教师在发展过程中并不总是一帆风顺，而是有起有伏、螺旋式上升的，甚至可能出现停滞和倒退的情况，这是大学青年教师发展的基本特点之一。青年教师学术能力发展的脉络，基本上都遵循"混沌—实践—理论—再实践—提高—成熟"这样一个螺旋式上升的过程。"混沌"的过程是青年教师刚走上工作岗位，不清楚如何通过自我反思提高自身的教学和科研水平，再加上从学生到教师、从被管理者到管理者等多重角色的变换需要一定的适应期，此时青年教师一般都还顾不上对自己的学术能力进行反思，处于摸索实践的过程。"实践"过程是青年教师受自身成长和环境的双重需要进行的学术实践，既是一个学术经验积累沉淀的过程，也是一个理论和实践结合的重要过程。"理论"过程是青年教师在实践中反思，边实践边反思，进而上升到理论的过程。"再实践"过程是青年教师经过反思后进行的尝试性实验以检验反思的效果的过程。这个过程相对来说会长一些，因为多维学术能力的建构需要不断的再实践。"提高"过程是青年教师成长的又一转折点，经过之前理论和实践的不断磨合，在坚持自我反思的情况下，青年教师才能顺利实现多维学术能力的提高和发展。"成熟"过程是青年教师的学术能力实现了自我目标和组织目标的过程，是青年教师成长为专业化教师的过程。青年教师学术能力发展的目标、内容和方法都更趋于完善，青年教师发展的心态更加平和，追求的是更深层次的自我超越。总之，青年教师在发展的任何阶段都可能存在挑战与考验，成长的过程并非是直线型的，而是蜿蜒曲折、螺旋式上升的过程。

四 高校青年教师分阶段发展的组织实现途径

（一）高校应转变理念，以青年教师个体的发展为中心

多年来，各级教育主管部门和各院校系所开展教师培训的动机主要是为了满足高等教育和学校组织发展的需要，对青年教师自身学术发展需要的认识不够。而高校教师发展则需要将教师的成长需要，组织发展的使命与教师学术能力发展的任务结合起来，促进教师和高校共同进步，实现组织发展和教师个体自主发展的双赢。因此，高校应转变理念，从教师培训转向教师发展。实际上，青年教师要成功完成教学和科研的任务，仅靠更新学科专业知识，提高学术能力是不够的，还需要在良好的组织环境

中建立起一个综合全面的支持系统，这个支持系统以服务青年教师、促进青年教师发展为宗旨，帮助青年教师顺利实现各发展阶段的目标。简而言之，高校应根据自己的发展目标、办学理念和文化传统等要求，结合青年教师的发展目标，有针对性的规划青年教师发展项目，开展培训和发展活动，实现以青年教师学术发展带动高校组织发展的目标。

（二）针对不同发展阶段开展不同的支持项目

要根据青年教师的不同发展阶段开展有针对性的教师发展项目。对适应生存期的青年教师来说，针对性的发展项目帮助他们迅速适应新角色，熟悉校园学术文化、环境和制度，更有效地投入学术工作当中；对能力建构期的青年教师来说，这能帮助他们澄清教师职业的价值，平衡家庭与学术工作的关系，顺利实现自身和组织发展的目标；对稳定成长期的青年教师来说，则能帮助他们确立新的学术发展目标、建构适应组织发展、个体发展和学术发展相统一的知识、能力和素质结构，实现组织使命。

1. 新教师入职发展项目：组织文化的融入

研究表明，对高校青年教师的入职初期要给予特别的关注。J. E. Greene 的研究发现，许多有潜力的教师以及那些已经花费了多年时间进行教师职业准备的人辞职弃教的原因是，学校缺少全面而有效的入职活动，从而使他们在入教之初遭受了不必要的不快和挫折。有效的入职培训一定要有明确的目标，能够反映高校发展的理念，满足青年教师的需要。因此，虽然各个高校的入职培训可能存在不同的形式，但是所有的入职培训都有着共同的目标，那就是使青年教师完成学校组织的社会化，从而成为学校组织体系合格的一员，能够顺利开展教学研究工作。[7]高校可以充分发挥入职发展项目，宣传学校办学理念、学校优良传统等精神文化，让教师理解学校制度，让青年教师逐步认同学校的组织文化，更好地融入高校组织文化当中去，和高校一起成长和发展。

2. 适应期教师发展：导师制的引入

大学教师在入职前所受的教育强调专业知识、理论和科学研究等训练，在学术研究方面的准备较为充分，但缺乏在教学能力方面系统、规范化的训练，而且目前高校的入职培训普遍存在时间短、实用性不强的问题。为了避免青年教师在职业生涯发展的初期茫然不知所措，高校有必要引入导师制，帮助青年教师的教学科研工作尽快走上正轨。具体方法可包括以下几个方面。首先，导师要通过与青年教师交谈、听课、阅读其发表论著等方式，了解其职业素养、职业发展意向、个性特点等基本情况，然后制定出培养和指导方案。其次，导师要在学校组织文化与制度、课程教学计划和课堂管理、教育教学技能、科研课题申请、论文写作等方面对青年教师进行具体指导，帮助青年教师顺利完成教师职业的社会化过程。最后，导师在对青年教师进行指导时，若发现其存在的不足之处，要及时进行反馈并提出改进建议，以促进青年教师能力和水平的提高。

3. 成长期青年教师发展：合作机制的导入

高校教师职业具有"个人专业主义"倾向，青年教师往往习惯于依靠自己的力量完成日常的教学科研工作，加上职称晋升造成的激烈竞争，加深了青年教师间的相互隔离和竞争。高校若能加强青年教师之间的对话与合作，实现经验分享、互帮互助，不仅有利于营造良好的学术氛围，而且有利于青年教师的学术能力的提高。高校既是知识传授的场所，也是创造新知识、新文化的场所，高校青年教师的合作体现了大学的自由和批判精神。适合高校青年教师发展需求的合作形式主要有以下几个方面。第一，加强青年教师的对话与合作。青年教师之间加强对话与合作，不仅能更好的学习掌握前沿的学科专业知识，还能通过经验的分享、互相交流和学习，传递系统的、丰富的缄默性知识，完善原有的知识体系，实现思想的碰撞，提高青年教师的学术能力与水平。第二，积极推动青年教师参与课题合作项目。青年教师难以独自一人申报到课题项目，不过学校可以集合团队的力量，推动跨专业、跨学科间青年教师的合作，实现资源共享、优势互补，共同申请课题、合作完成科研项目。此外，青年教师还可以通过积极参与学科带头人的大型课题项目来提升自己的研究能力，在参与课题项目的活动中不断进行反思和总结，把参与课题项目的过程变成一个学习的过程、不断产生新认识和新感悟的过程，促进青年教师学术研究能力和水平的提高。

4. 跨越职业高原期：创新激励方法的输入

1977 年，美国职业心理学家 Ference 最早提出"职业高原"的概念。他认为，职业高原是指在个体职业生涯中的某个阶段，个体获得进一步晋升的可能性很小，处于高原状态，职业倦怠现象较为严重。高校青年教师在步入学术职业生涯的稳定成长期之后，由于长期处于同样的工作环境，面对日复一日的教学科研活动，学术兴趣降低而产生倦怠情绪。针对青年教师的职业高原期，高校需要开展有效的工作，缓解教师的职业倦怠，促进青年教师持续发展，这就需要创新激励方法。就教学而言，高校可以通过鼓励青年教师开设新课程的方式来改善其教学兴趣。青年教师在开发新课程的过程中，必须要学习和运用跨学科的知识和研究方法来解决本学科中的问题，使看问题的视角变得更加全面和广泛，从而可以激发青年教师取得新的研究成果。就科研来说，高校可以给青年教师提供到国外做访问学者或参加教师交换项目的机会，扩大教师学术视野。在全新的工作环境中，青年教师不仅可以减少倦怠感，而且可以在与新学校的教师交流的过程中，了解国外同行的研究现状、本学科领域的最新前沿动态和进展，重新唤起青年教师的学术热情，使其发现新的研究课题或新的研究方向。除此之外，高校还要创新激励制度，通过制度激励教师追求学术，使其获得追求真理、献身教育事业的乐趣。职业生涯中的高原现象虽然会对青年教师的顺利发展产生一定的负面效应，但这一发展的平台期，不是对青年教师已有知识和能力的否定，而是教师发展过程中一个相对静止的状态，是提升教师学术能力和水平的一个契机。一方面，高校要采取各种激励措施、提供支持帮助青年教师跨越职业高原期，继续向前发展；另一方面，处于高原期的青年教师要抓住这个机会认真地进行自我诊断和评估，重新认识自己，理清高原现象产生的原因，克服高原期带来的不良后果，确立新的发展目标，跨越成长过程中的瓶颈，快速度过高原期，实现青年教师学术能力的持续发展。

（三）遵循青年教师分阶段发展规律，完善激励机制

要促进青年教师的发展，最为关键的是完善青年教师激励机制。高校制定激励机制的基本目标之一，就是要充分挖掘教师的潜能，引导青年教师朝着适合自己的方向发展，最终使青年教师的外在驱动力转变为内在驱动力，形成其学术发展的自觉行为。完善的激励机制是推动青年教师成长与发展的必不可少的催化剂，贯穿于教师职业生涯发展的全过程。

1. 适应生存期

在这个时期，青年教师的需求主要有以下几点：怎样获得学校的各种补贴，满足自己基本的物质需要；怎样尽快融入学校的组织文化，与周围同事搞好人际关系，满足归属与爱的需要；怎样尽快确立研究方向，满足自我发展的兴趣；怎样争取更多的培训机会，满足自我实现的需要。因此，高校要有针对性的设计激励制度。有研究表明，高校青年教师薪酬较低是阻碍青年教师发展的核心要素。而"当前高校青年教师薪酬管理中存在三方面的问题：对内公平性不够；对外缺乏竞争性；对个体激励性不足"[8]。在高校组织发展过程中，青年教师承担了较重的教学科研工作量，但往往由于资历浅、职称低造成付出与所获报酬不成正比，极大地打击了青年教师工作的积极性。因此，高校首先要尽量满足青年教师的物质需要，注重效率、兼顾公平，建立教学科研业绩与工资报酬相联系的绩效评价机制，同时较大幅度地提高青年教师的收入。其次，院校管理者应深入到青年教师中间，了解他们的困难和心理困惑，为青年教师排忧解难，缩小高校管理层与基层教师的距离，消弭彼此的隔阂。此外，高校应建立完善的终身培训和学术交流机制，对青年教师的学术能力进行全方位、全过程的培养，满足青年教师的不断成长和发展的需求。

2. 能力建构期

在这个时期，青年教师各层次的需求都在增加，主要有以下几点：怎样在教学方法和教学技巧上有所突破，形成自己独特的教学风格；怎样在激烈的竞争中脱颖而出，独立主持课题项目，满足科学研究能力发展的需要；怎样在学术研究上获得较高的同行评价，满足尊重的需要。在这些需求中，青年教师的主导需求是学术职务的晋升需要，希望能够在职称上获得较快提升。因此，高校要围绕能力建构期青年教师的心理需求，创造公平公正的学术氛围，形成具有激励作用的制度，满足他们的需求。具体来说，需要做好以下工作。首先，高校要尊重青年教师对学术工作自主性的要求，加大对青年教师开展教学科研工作的信任和授权，为其提供一个宽松、自由的学术研究环境。其次，对青年教师学术上获得的成就，高校应及时通过物质激励和精神激励相结合的方式对其进行肯定，以强化青年教师发展的动机。此外，高校要建立层级合理的晋升考评机制，营造一个公平公正的竞争环境，激励青年教师不断奋发进取、沿着职业生涯阶梯向上攀登；同时，高校应改革和完善教师的收入分配制度，改变现有的以职称为基础的薪酬体系，加大教师学术业绩的权重，以激发青年教师提高学术水平的热情。

3. 稳定成长期

在这个时期，青年教师的基本物质需要已经获得了满足，在高校里也获得了较大的归属感，青年教师的关注点主要集中在被尊重的需要和自我实现的需要上。因此，现阶段高校的激励机制也应重点体现这两个方面。首先，高校要营造一个"学术即生活"的组织文化环境，引导青年教师不断追求学术能力和水平的提高，对学术能力高的青年教师进行奖励。其次，高校对拔尖人才应采取特殊的晋升渠道，鼓励青年教师在课程教学中不断创新、在科学研究中取得重大突破，培养一大批年轻的、高水平的学科带头人。最后，选拔优秀的青年教师参与院系的决策和管理工作，鼓励其对学科的发展方向和管理存在的问题提出建议，扩大其学术管理的话语权，激发教师的主人翁意识，满足其被认可和尊重的需要。

参考文献

[1] 韩雅楠. 中国高校学术人力资源的国际竞争力研究 [D]. 武汉：武汉理工大学，2008.

[2] 博耶. 学术水平反思—教授工作的重点领域 [A]. 国家教育中心编. 发达国家教育改革的动向和趋势（第五辑）[C]. 北京：人民教育出版社，1994：22 – 23.

[3] 朱超华. 教师核心能力论 [M]. 广州：广东高等教育出版社，2007（7）：90.

[4] 斯腾伯格. 专家型教师教学的原型观 [J]. 华东师大学报（教育版），1997（1）：36 – 37.

[5] 宋旭红. 学术职业发展的内在逻辑 [M]. 武汉：华中科技大学出版社，2008（8）：68.

[6] 乔锦忠. 学术生态治理——研究型大学教师激励机制探索 [M]. 北京：教育科学出版社，2008（11）：31.

[7] 罗纳德·W. 瑞布著. 褚宏启等译. 教育人力资源管理：一种管理的趋向 [M]. 重庆：重庆大学出版社，2003（11）：133.

[8] 马晓娜. 高校青年教师薪酬管理中存在的问题及对策 [J]. 复旦教育论坛，2006（4）：63 – 66.

Development Stages of Young Teachers in Higher Education

Wang Xuan   Li Zhifeng   Guo Cai

Abstract：As an important component of the academic human resources of higher education，young teachers play a crucial role in actualizing of higher education's strategic goals. In terms of the current situation of development among young teachers in higher education，a doctoral degree has been set as the professional threshold，and the number of employment is increasing steadily. According to the *Adult Development Theory and Professional Career Management Theory*，the development of young teachers in higher education may be divided into three stages，namely，the adaptive and survival stage；the capacity build-up stage；and the steady growth stage. Each stage holds the developmental goal orientation of adapting new role，building-up multi-facade academic capacity，and growth into a teacher with specialties, respectively. The development of young teachers features characteristics such as unpredictability, complexity, diversity, and non-linearity. Centered around the individual development of young teachers, devising supportive programs and perfecting reward mechanism tailored for the different stages aforementioned is the important path for enhancing the development of young teachers in higher education while fully respecting the rules of such development.

Keywords: Young Teachers in Higher Education; Development Stages; Goal Orientation; Developmental Characteristics; Path of Actualization

（责任编辑：郭华桥）

蔡元培教育独立平等理念与贯彻论析

殷修林*

摘　要：对西方社会"自由、平等、博爱"的启蒙思潮，蔡元培灵活加以吸收，并自觉践行到教育领域。针对北洋军阀政府内阁频繁更迭、西方教会大学的强力渗透，蔡元培提出"教育独立"的理念。蔡元培率先顺应"平等"浪潮在北京大学招收女生，实行男女同校，使女性成为于家于国有用之人，从而真正实现妇女解放。劳苦大众缺失教育，身受奴役，是社会的不平等。蔡元培在北京大学首先试行校役夜班，然后创办平民夜校。星星之火，可以燎原，广大人民受到教育、思想意识觉醒，中国革命面貌揭开了崭新篇章。

关键词：蔡元培　教育独立　男女同校　平民教育

西方新兴的资产阶级为了打破封建专制的束缚，思想领域掀起了启蒙思潮，卢梭、伏尔泰、孟德斯鸠等先驱者呼吁平等、自由、博爱。这股思想风暴很快席卷欧洲与美洲。随着晚清留学浪潮与中国第一位外交大使郭嵩焘的积极引进，中国最先觉醒的人们也很快接受启蒙思想的洗礼。蔡元培七次游历西方，无疑深受其影响。他在担任北京大学校长期间，向最高当局倡议教育要独立，向社会大众倡议教育要平等，并且在北大校长的任职期间，努力贯彻教育独立与平等理念，给中国几千年来封建教育以致命的撞击，开辟了中国教育崭新的篇章。

一　针对内阁频繁更迭，积极倡议教育独立

1922 年 3 月蔡元培在《新教育》第四卷第 3 期上发表著名的《教育独立议》："教育事业当完全交于教育家，保有独立的资格，毫不受各派政党或各派教会的影响。"[1]585 辛亥革命虽然推翻了两千三百年的封建帝制，然而袁世凯窃权之后，中国社会却进入军阀割据与纷争的状态。北京政府经过冯国璋、段祺瑞走马灯似的更迭，时局混乱不堪，波及教育领域，危机四伏。从 1912 年建立民国到 1916 年短短五年时

---

*　殷修林，男，湖北广水人，华中科技大学教育科学研究院博士生，中南财经政法大学党委宣传部部长，教授。

间，教育总长更换了十几任。连年各派军阀开展厮杀，军费占用国家经费一半以上，教育经费奇缺，只占百分之一。鉴于这种状况，蔡元培在该文中一针见血地指出："中国古书说：'一年之计树谷；十年之计树木；百年之计树人。'可见教育的成效不是一时能达到的。政党不能掌握政权，往往不出数年，便要更迭。若把教育权也交于政党，两党更迭的时候，教育方针也要跟着改变，教育就没有成效了。所以教育事业不可不超然于各派政党之外。"[1]585－586

教育与教会也是互不相容的。教会是向世人灌输一种宗教信仰，麻痹人们的精神，使人们丧失反抗的意识，从而屈从于当局的奴役。释迦牟尼创立佛教就创设了这样的思想囚笼：人生来是不平等的，人生来就要受苦受难，在人间忍受苦难，死去之后就会升入极乐世界。黑暗的欧洲中世纪，教皇专权，凡是异端思想都受到严厉的制裁，布鲁诺就被活活烧死在罗马的广场上。教育是为了发展与健全人格，培养人们各方面的能力与素质，服务于现实社会，而不是为了引导人追求虚无缥缈的空幻世界。蔡元培在《教育独立议》中指出，"教会是保守的：无论什么样尊重科学，一到《圣经》的成语，便绝对不许批评，便是加了一个限制。教育是公用的：英国的学生，可以读阿拉伯人所作的文学，印度的学生，可以用德国人所造的仪器，都没有什么界限。教会是差别的：基督教与回教不同；回教又与佛教不同。不但这样，基督教里面，天主教与耶稣教又不同。不但这样，耶稣教里面，又有长老会、浸礼会、美以美会等派别的不同。彼此谁真谁伪，永远没有定论，只好让成年的人自己选择。所以各国宪法中，都有'信仰自由'一条。若是把教育权交于教会，便恐不能绝对自由。所以教育事业不可不超然于各派教会以外"[1]585－586在蔡元培看来，宗教与"信仰自由"是冲突的，宗教是对人们思想的钳制，与发展个性与培养有用之才的教育背道而驰。

由此可知，"蔡元培从教育目的在于培养人，发展人的能力，完成人格这个思想出发，分析了教育与政党、教育与教会的对立，从而得出了教育独立思想的两个基本观点，即教育超然于政党，超然于教会，主张教育事业应当完全由教育家办理"[2]。

蔡元培根据现时状况，明确提出教育独立的概念，提出教育独立思想的两个基本观点，是比较科学的，也是比较客观的，是一代教育家的高瞻远瞩。蔡元培游学西方，亲身体验了欧美先进的教育制度，积极加以引进，并且根据中国教育现状，提出中国要贯彻"教育独立"观念的具体措施。在中央决策层面上，教育部专门负责办理高等教育事务及其他全国教育统计与报告事务，但不得干涉各大学区事务。教育总长必须经高等教育会议承认，不受政府政党内阁更迭的影响。这就是明确推行教育超然于政党的具体方法，可谓切中时弊。在全国范围内，分为若干大学区，每区设一所大学；进行各种专门学术的研究与开发，中小学教育、社会教育、成年教育、盲哑教育均由大学办理。在大学里，由大学教授所组织的教育委员会主持大学事务。每个大学区由各大学校长组织高等教育会议，去办理各大学区相关事务。这样一来，大学与大学区拥有相当大的自主权，拥有教育自决的权利。为了抵制宗教对教育的渗透，他要求各学校均不得有宣传教义的课程，不得举行祈祷式。而且大学不必设神学科。但他也主张哲学科中设立宗教史，比较宗教学等。这显然是他"思想自由，兼容并包"办学方针的又一体现，虽然他反对宗教对教育的影响，但并不一味排斥宗教，因为这也是宗教人士的"信仰自由"。蔡元培认为作为大学，应该研究宗教问题，由此可见蔡元培的学术胸襟何等博大。

蔡元培主张教育独立于政党与教会的思想，也是近代中国教育史上独具匠心的深刻认识。著名学者舒新城认为："（民国）十一、十二年间教育思想正盛之时，有从理论上主张教育应脱离政党与宗教独立者，以蔡元培为最彻底。"[3]蔡元培这种主张，是针对军阀连年战争、政局频繁变更、教育状况极为糟糕的情况下提出来的，具有特定的历史进步意义。然而，遍览各国政府，教育部都是中央政府管辖的范畴。我们知道，教育是服务于政治制度，具有一定的阶级性。20世纪初叶无政府主义思潮曾在中国大地上红红火火一段时期，最终因缺失现实实践基础而夭折。事实上，1927年蔡元培担任南京国民政府大学院院长，在江苏等沿海地区践行过他的教育独立思想，试行大学区制，结果招致来自各方面的种种攻击，旋即被迫停止，最终以失败的结局落幕。

二 顺应平等启蒙思潮，践行男女同校主张

蔡元培是晚清开明的进步人士，思想上反对保守，勇于变革现状。他游学西方，善于吸收资产阶级自由、平等、博爱的新思潮新理念。法国启蒙思想家们高举着"天赋人权"、"人生而平等"的大旗，应者云集，社会急剧变革，面貌焕然一新。蔡元培考察欧美，感同身受，备受鼓舞。他根据中国专制社会的状况，认为用"平等"的利器才能改善社会，在教育领域就是要求开放女禁，实行男女同校，揭开了中国教育的新篇章。

早在1901年蔡元培出任南洋公学总教习时期就积极倡导女权与民权，"子民于日记及课文评语中，多提倡民权之说"。1902年蔡元培一手创办了上海爱国女学。在成立大会上，他发表演讲《在爱国女学校之演说》："革命者，即治病之方药也。上海之革命团体，名中国教育会。革命精神所在，无论其男其女，均应提倡，而以教育为根本。故女校有爱国女学，男校有爱国学社。"[4]在几千年中国历史上，女性被禁止入学，反而被灌输"在家从父，出嫁从夫，夫死从子"的封建教条，女性沦为男人的附属品，供男人们任意驱使。男尊女卑的封建礼教代代相传，女性的生命天空充满凄风苦雨。在蔡元培看来，女子受教育是男女平等的先决条件，是冲破封建囚笼的利剑。他在《我青年时代的读书生活》一文痛斥女性是封建礼教的牺牲品这一社会现象。"自《易经》时代以至于清儒朴学时代，都守着男尊女卑的成见，即偶有一二女人，稍稍为女子鸣不平，总也含有玩弄等的意味。"蔡元培从中国先知先觉者人士著书立说倡导男女平等妇女解放的例子加以论证他的观点。"俞先生作《女子称谓贵重》《姬姨》《娣姒义》《妒非女人恶德论》《女》《释小补楚语笄内则总刍义》《女吊婿驳义》《贞女说》《亳州志木兰事书后》《尼庵议》《鲁二女》……《家妓官妓旧事》等篇，从各方面证明男女平等的理想。《贞女说》篇，谓'男儿以忠义自责则可耳，妇女贞烈，岂是男子荣耀也?'《家妓官妓旧事》篇，斥杨诚斋黥妓面，孟之经文妓鬟为'虐无告'，诚是

'仁人之言'。我至今还觉得有表彰的必要。我青年时代所喜读的书，虽不只这三部，但这三部是说深受影响的，所以提出来说一说。"[5]封建社会女子被排斥在教育之外，三从四德，三纲五常礼教信条成为女子精神的囚笼，使女子处于愚昧无知的不觉悟状态之中。蔡元培创办女校，让女子识字受教育进行思想上的解放；接受了教育，就培养了她们自己的独立生活能力，男女平等的理念才能真正实现。

1912 年蔡元培担任中华民国临时政府教育总长，颁布《普通教育暂行办法》，废除清末旧学制，出台"壬子癸丑学制"，明文规定小学废止读经，初等小学可以男女同校，设立女子高等小学、女子中学、女子师范和女子实业学校。在世界上，男女比例基本各半，排除女子教育、势必使国家使社会失去一半的建设大军。1912年 5 月他在参议院发表演讲时说："人人受同等教育，即权力〔利〕义务思想亦无不同等。男子与女子同系国民，所谓男国民女国民是也。诸君于议定国会组织法与选举法时，于女子似不必加以限制。"[6]

五四运动期间，新文化运动积极引进德先生（Democracy，民主）与赛先生（Science，科学）来改造旧中国，妇女解放亦成为其中一项重要内容。蔡元培顺应时代前进的浪潮，为女子教育奔走呼号。1919 年 3 月 15 日他在北京青年会演讲《贫儿院与贫儿教育的关系》："近来女奴发展，又经历了欧洲的大战争，从前男子的职业，一大半都靠女子来担任。此后男子间的互助关系，无论在何等方面，必与单纯男子方面或单纯女子方面一样。我国国里还能严守从前男女的界限，逆这世界大潮流么？但是改良男女关系，必要有一个养成习惯的地方，我以为最好是学校了。外国的小学与大学，没有不是男女同校的。美国的中学也是大多数男女同校。我们现在除国民小学外，还没有这种组织。若要试办，最好从贫儿院入手。"[7]蔡元培以欧美国家男女同校作为参照，倡言打破封建伦理道德"男女授受不亲""男女之大妨"的界限，要求学习西方教育发展，实行男女同校，认为这是改良男女不平等关系的最好办法。他决定以贫儿院作为试点单位，待条件成熟时再向全国推广。

新女性青年谢楚桢写信给蔡元培，1919 年代表全国女界请求北京大学开放女禁。蔡元培四天后即予回信，慨然应允，赞同男女同校。不久，他在《中华新报》公开声称："大学之开女禁问题，则予以为不必有所表示。因为教育部所定规程，对于大学学生，本无限于男子之规定，如选举法中之选举权者。且稽诸欧美各国，无不男女并收，故予以为无开女禁与否之问题。即如北大明年（1920）招生时，倘有程度相合之女学生，尽可投考，如程度及格，亦可录取也。"[8]蔡元培作为一个高层官员，非常具有政治智慧，运用高超的权术，回避教育部的非难，达到男女同校的目的——他巧妙利用法律的漏洞，利用教育部规程没有专收男生的条款，来招收女生进入北大深造。这样一来，就绕过向教育部提议必遭否决的障碍，造成既成事实，迫使顽固的教育当局被动承认。后来保守派就此非难，蔡元培据此回法，对方无言以对。1920 年 2 月江苏籍学生王兰向北大提出入学申请，成为北大第一个女生。邓春兰等援例入北大旁听。同年暑假，北大正式招收女生，为我国高等教育男女同校开创了先河。男女同校一经北大首倡，迅即汇成一股不可逆转的浪潮，上海、南京等全国各地纷纷效仿，无论是公立还是私立大学，都开始陆续招收女生，女子从此开始接受大学教育，妇女社会地位大大提高。

　　大学教育开女禁之后，蔡元培利用各种有利场合，公开发表演说，宣扬女子应该接受教育。他一则为妇女解放运动继续摇旗呐喊，二则为实行男女平权而努力奋斗。1920 年 10 月他《在燕京大学男女两校联欢会上的演说词》说："我知道这个会，是为要实行男女同校的预备，我得参与，甚为荣幸，甚为感谢。"从这里可以知道，蔡元培要求打破男校与女校的界限，呼吁男女同校。蔡元培首开大学男女同校之风，是我国教育史上划时代的创举，是"近代中国教育史上值得大书特书的一件事。"[3]246
1921 年 2 月 24 日，蔡元培在湖南第六次演讲，题目是《对于师范生的希望》，开篇就旗帜鲜明亮出自己的主张："在今日看来，无论中外，男女都要受教育，并且所受的教育都要一样的。"接着从世界大势各国情形旁征博引加以论证："社会情形改变，家庭情形亦随之改变：从前只有男子在社会上做事，女子毫不负责任，近年来女子常常代男子做许多社会事业，譬如欧战发生以后，男子都从军去了，女子仍不得不在社会上做事。塞尔维亚的女子也有从军的。照这样看来，男女所做的事，应该相同。中国的教育，男女学校不是平行发达：男子有专门学校，有大学校，女子没有，所以北京大学实行男女同学。中国有男子师范、女子师范，但男女师范之分离，并不是程度上的关系，并不是功课上的关系，不过因仍旧习惯罢了。"我国的女子长期得不到教育，自我意识被泯灭，缺乏社会意识与国家意识，活动范围局限于家庭这个极为狭窄的空间，沦为男子的奴仆，这是一个民族、一个国家的悲哀。蔡元培号召中国女子接受高等教育，以便学成以后与男子一样为国为民出力，无疑是高明之举。他认为，"大学的目的，要把个个学生都养成有一种服务社会的能力。社会上需要的技术，不在中等普遍学校范围的，都可在大学设科。"

　　蔡元培倡导男女同校，与封建教条严重冲突，引来了守旧派的惊恐与反对。教育部发公函进行指责与非难，手握兵权的军阀曹锟与张作霖妄图暴力禁止。时为北大文学学长的陈独秀记载这样一个事实，曹锟与张作霖一次举行宴会的情景："张使卒突然向各军政长官，'诸公可曾听说北京有个姓蔡的，闹得很凶么？'曹使卒立即回应道：'是不是那个男女同校的姓蔡的？'张使卒故弄玄虚：'可不是'。顾怀庆怂恿同行：'老弟何不看管他起来？'"[9]由此可见顽固派对蔡氏主张极为仇视，视为眼中钉，肉中刺，欲迅即拔除而后快。为了避开军阀势力的干涉和迫害，蔡元培不得不借机出国考察教育，从是非危机之地北京脱身出来。

　　虽然在不根本变革社会政治、经济制度的条件下，仅仅依靠教育，不可能实行真正意义上的男女平等，然而蔡元培女子教育思想及其实践，对于中国女子教育观念的变革，女子教育事业的进步发展，以及女子社会地位的提高所起的积极作用不可低估。他为了发展中国的女子教育事业而不顾个人安危，勇于改革，锐意创新的精神，更是值得我们继承和发扬。[2]

三　全力推行平民教育，劳苦大众平等受惠

　　作为一代教育家，蔡元培把西方盛行的"平等"观念，具体落实到教育领域，

一是倡导男女平等，尤需发展女子教育，二是推行平民教育政策，使教育普惠到劳苦大众，使广大人民群众在教育中培养自己实践才能，更好地服务于社会。"以济教育之不平，而期于普及。"

北京大学的前身是京师大学堂，当时的学生都是从举人出身中挑选，多为官僚及其弟子，学生们随行都带有拥人，方便自己的饮食起居。临上课时拥仆们要提醒他们的"老爷"及时上课堂。这成了北京大学一道特别的风景。蔡元培就任北京大学校长的第二年，便组织了北大校役夜班，帮助校役们扫盲，教他们学习科学文化知识。1918年4月14日他在《北大校役班开学式演说词》中说："在常人之意，以学校为学生而设，与校役何涉。不知一种社会，无论小之若家庭、若商店，大之若国家，必须此一社会之各人皆与社会有休戚相关之情状，且深知此社会之性质，而各尽其一责任。故无人不当学，亦无时不当学也。"[5]蔡元培高屋建瓴，站在社会制高点审视中国教育，认为国民是社会一成员，国民强，则社会强；国民弱，则社会弱。因此主张教育平等、人人都有受教育的权利，极力提倡平民教育。他认为创办校役夜班，有两大益处与作用。"（一）有益于现在之地位。诸位所任之事，或在教室，或在图书馆，或在庶各处。能书能算，则于送信购物等事，不致误会；略涉理科，则于搬运仪器，检收药品之事，可有把握；略解外国语，则于外国教员或来宾之往来，易于应对。"显然，在夜班学习，就近的马上见效的就是方便自己日常本职工作，使得工作顺利开展。"（二）有益于他种职业之预备。在校之人，既人人与本校休戚相关，自愿其永久在校任事。然事变无常，或以校务之改变，或以本人境遇之关系，有不能不离校者，若仅恃前清时代公馆中门屋打杂之普通技能以应，也恐人浮于事，难得相当位置。今受此夜课之教育，知书算则可应用于商店；知理科大意，则改习农工各业，易无见长；若于性之所近，力求进步，亦未尝不可成为学者，为乡村学校教师。"[10]常言道，授人以鱼，不如授人以渔。夜校最大的功用在于培养校役在社会中谋求生存的本领，使他们在环境改变中具备从事其他职业的能力。

北大校役夜班试点二年，运行成功以后，蔡元培决定扩大平民教育受益范围，对象由本校校役拓展到北大附近的工人和城市小资产阶级子弟。1920年1月18日他在《北大平民夜校开学日演说词》中慷慨激昂、热情洋溢地宣称，此日北大平民夜校正式成立开课。"此事不惟关系重大，也是北京大学准许平民进去的第一日。从前这个地方是不许旁人进去的；现在这个地方人人都可以进去。从前马神庙北京大学挂着一块匾，仿佛一块虎头牌一样，人家见着的，都以为这是学堂重地，不得擅入，把他看作全国最高的学府，只有大学学生同教员可以进去，旁人都是不能进去的。这种思想，在北京大学附近的人，尤其如此。现在这块匾已经取去了。"[11]蔡元培入主北大前，北大是著名的"官僚养成所"；蔡元培进入北大，把北大改造成"研究学问之机关"。他利用北大优厚的教学资源，敞开北大曾经威严的大门，以宽阔的怀抱，广纳社会求知若渴的进取人士求学。其创设平民夜校的宗旨非常鲜明："大学中无论何人，都有了受教育的权利。不过单是大学中人有受教育的权利还不够；还要全国人都能享受这种权利才好。所以先从一部分做起，开办这个平民夜班。"

平民夜校的创办，无疑是教育先驱蔡元培自觉接受西方"平等"理念，并把它践行到教育事业中的又一硕果。他在演讲词中说："'平民'的意思，是'人人都是平等的'。从前只有大学生可受大学的教育，旁人都不能，这便算不得平等。现在大学生分其权利，开办这个平民夜校，于是平民也能到大学去受教育了。"[1]1415 蔡元培虽然身居高位，但始终保持平民意识，毫无官架子，以平等的姿态对待所有下属，哪怕是门卫。到北大第一天，他步入校门，校役们恭恭敬敬向他行礼，他一反以前区任校长高高在上的态度，连忙脱下礼帽，规规矩矩向校役们鞠躬行礼，使北大师生无不敬仰这位平民校长。更为珍贵的是，这位平民校长怀着普度苍生的仁慈情怀，深深地体谅社会最底层百姓的苦难，决定竭尽所能去拯救众生。"大学生看见许多弟弟妹妹的肚子饿，固然难过，他们看见你们脑子饿，也是很难过的。因为人没有学问，不认识字，是很苦的一件事，甚至于写封信还要请人去写。要是自己会写，还受这种苦吗？我们有手而不能用，有目而不能见，我们心中一定很难过；我们的脑子饿了，看个电影也不能懂得，又何尝不是一样的苦呢？譬如大学生从小学住到中学，现在又住大学，仿佛已经吃得很多。要是看见旁人没有学问，没有知识，常常受'脑饿'的痛苦，他们自己一定很难过，很不爽快，因为不平，所以愿为大家尽力，开办这个平民夜校。"[1]15 在这里，蔡元培与夜校生们如拉家常，娓娓道来，情深意切。

北大开办平民夜校，力量毕竟是极其有限的，只有以平民夜校为平台，向四周一波又一波地辐射开来，平民教育的功效才能日甚一日。为此，蔡元培提出了自己的希望："住在大学附近的，才有这种特别权利，那些住得较远的，不能享有这种权利，你们应该觉得很难过，把你们所已知的传达给他们——你们的亲戚或朋友——使他们的子弟也入他们附近的平民夜校去求学。这是很要紧的；这也是我所望于办平民夜校的与你们的。"[1]15-16 经过蔡元培倡导与示范，平民夜校迅速在京城扩散开来，短短一年时间，北京每所大学创办的平民夜校，小者二三百人，多者上千人，蔚为壮观。他说："国家办教育人力与财力均难，平民学校不费特别的人力与财力，可大收教育之效，故是一件很好的事。"[12]

蔡元培首办平民夜校，如同星星之火，旋即形成燎原之势。由北大扩大到北京，再扩大到湖南等地。1921 年 8 月毛泽东在长沙创办湖南自修大学，拟订《湖南自修大学组织大纲》第一章宗旨与定名，第一条便提出了自己的创办意图："本大学鉴于现代教育制度之缺失，采取古代书院与现代学校二者之长，取自动的方式，研究各学术，以期发明真理，造就人才，使文化普及于平民，学术周流于社会。由湖南船山学社创设。"[13] 湖南自修大学与其他学校最根本的区别在于它是一种平民大学，反对旧式书院和官办大学垄断学术，只允许特别人群入学，如同一所贵族大学。"学术为少数'学阀'所专，与平民隔离愈远，酿成一种知识阶级奴使平民阶级的怪剧。"[14] 蔡元培对之深表赞赏，阅读《湖南自修大学组织大纲》，应邀题文，"喜欢得了不得"。1922 年 8 月欣笔撰文《湖南自修大学介绍与说明》，积极向国民推介。"吾实在觉得他们自修大学的组织可以为各省的模范。内部的组织，当然可以随地变通，他们的主义实在是颠扑不破的。所以，特地郑重的在《新教育》上介绍一回，并且预先叙述我个人的意思，作为说明。"字里行间，洋溢着他对湖南自修大学的首肯之情。

　　蔡元培不把大学看成少数人的神秘殿堂，注意教育向平民的开放和普及，这显示了蔡元培教育思想的进步性。在北京大学的带动下，五四运动以后，北京以及全国各地陆续办起了许多工人夜校，到民间去，到工人中去，蔚然成风，"劳工神圣"的口号普遍流行，知识分子开始与工人群众相结合。这种新局面的出现，自然主要是根植于十月革命影响的深入和马克思主义的广泛宣传，以及与李大钊、毛泽东、邓中夏等共产主义知识分子的努力分不开，但蔡元培的积极倡导也是有一定作用的。[15]蔡元培对平民教育的推广，极大地提升了劳苦大众的文化层次，促使了普通百姓思想解放意识的觉醒，尤其是工人夜校培养一批先进青年，作为工人阶级先锋队的组织共产党于1921 年应运而生，中国革命的面貌也就日新月异了。

参考文献

[1] 中国蔡元培研究会编. 蔡元培全集（第四卷）[M]. 杭州：浙江教育出版社，1997.

[2] 金祥林. 蔡元培教育思想研究 [M]，沈阳：辽宁教育出版社，1994：224.

[3] 舒新城. 近代中国教育思想史 [M]. 上海：中华书局，1932.

[4] 蔡元培. 在爱国女学校之演说 [J]：东方杂志（第 14 卷第 1 号），1917.

[5] 高平叔. 蔡元培教育论著选 [M]. 北京：人民教育出版社，1997：678.

[6] 蔡元培. 对国旗和教育普及问题的意见 [N]. 民立报，1912 - 5 - 14.

[7] 中国蔡元培研究会编. 蔡元培全集（第三卷）[M]. 杭州：浙江教育出版社，1997：569.

[8] 蔡元培. 蔡孑民先生外交教育之谈话 [N]. 中华新报，1920 - 1 - 1.

[9] 陈独秀. 独秀文存 [M]. 合肥：安徽人民出版社，1987：801.

[10] 蔡元培. 北大平民夜校开学日演讲词 [N]. 北京大学日刊（第 112 号），1918 - 4 - 16.

[11] 蔡元培. 北大校役夜班开学式演说词 [N]. 北京大学日刊（第 523 号），1920 - 1 - 24.

[12] 蔡元培. 对于学生的希望 [N]. 北京大学日刊，1921 - 2 - 25.

[13] 毛泽东. 湖南自修大学组织大纲 [J]. 新教育（第 5 卷第 1 期），1922.

[14] 毛泽东. 湖南自修大学创立大纲 [J]. 新时代（第 1 卷第 1 号），1923.

[15] 周天度. 蔡元培传 [M]. 北京：人民出版社，1984：211.

An Analysis on The Introduction and Implementation of the Ideal of Education Independence and Equality by Cai Yuanpei

Yin Xiulin

Abstract：Cai Yuanpei took the enlightenment ideal of "*Liberty*, *Equality*, *Fraternity*" and practiced it in education with consideration for flexibility. Given the reality of an unstable military regime and the aggressive expansion of church-run colleges, Cai Yuanpei proposed the philosophy of "education independence". Accommodating the rising call for equality, Cai pioneered co-education in Beijing University, helped the realization of feminist movement. As a hallmark of social inequality, the working class was extremely undereducated and underprivileged. Cai was the first to offer night classes for school workers, which later on turned into night schools for all labors. Like sparks that turned into wildfire, an educated mass embraced the enlightenment, and opened a new chapter of the Chinese revolution.

Keywords：Cai Yuan-pei；Education Independence；Co-Education；Mass Education

（责任编辑：胡瑜芩）

艾米·古特曼的公民共和传统教育辨析

崔乃文*

摘　要：以自由主义为主导的当代西方公民教育由于对个人权利和价值中立的侧重，导致公民政治参与的冷漠和政治共同体及公民美德的衰退。政治学者艾米·古特曼主张复兴共和主义的公民教育传统来应对民主政治的危机：培养具有审议能力和品格的公民以促进政治参与；再造紧密的政治共同体以重塑公民美德。这一主张的政治哲学实质是尝试重新弥合当代民主政治中个体与共同体的隔阂。

关键词：公民教育　审议民主　公民美德　共和主义　自由主义

20世纪80年代末以来，公民教育成为西方学界的热点问题，大量论述公民教育的研究成果相继问世。这一研究热潮兴起的根源是当代西方公民公共生活的式微：首先，理性自利的公民无意进入公共领域参与民主政治的审议，于是公民政治参与的意识和品格日渐衰退；其次，公民政治参与的减少使政治共同体逐渐瓦解，退入私域的公民只关心个人私利，最终导致公民的共同美德日益丧失。这一当代西方民主政治的危机引发了学界的严重忧虑和关切，一些学者将这一危机诊断为自由主义主导的公民教育体系过于强调个人权利和价值中立而产生的消极后果，他们倡导复兴以政治参与和公民美德为核心的共和主义传统。著名政治学者、宾夕法尼亚大学校长艾米·古特曼的公民教育理论就是这一思潮的典型代表。她对公民教育的论证涉及共和主义政治哲学的两大核心议题：第一强调政治参与，自由主义对个人权利的强调淡化了公民参与政治的义务，而共和主义认为参与是民主政治的根基，因此公民教育的目标自然是培养具有民主参与能力和品格的公民；第二重视公民美德，自由主义在多元社会中主张"价值中立"，从而淡化了对共同善的认同和公民美德的强调，而共和主义主张必须通过再造紧密的政治共同体来重塑公民美德。这两大议题凸显了当代共和主义公民教育理论的基本观点：以政治共同体重塑公民美德，从而培养能够积极参与民主政治具有审议品格的公民，最终实现以公民政治参

* 崔乃文，男，山东青岛人，华中科技大学教育科学研究院博士研究生。

与和公民美德为核心的共和主义公民教育理想。古特曼的论证过程就是围绕这一基本主张展开的。

一 重置目标诉求：锻造公民的审议品格

直接触发古特曼思考公民教育的现实问题意识是美国20世纪80年代以来的公共教育改革运动，即"回归基础运动"。这场教育改革正是彰显了美国当代自由主义公民教育的基本立场，即避开价值判断从而搁置价值上的争议。改革者所给出的理由包括两点，第一个理由是基于价值多元社会中人们关于教育的分歧和冲突日益严重的考虑，改革者认为教育改革应该退出价值和道德领域，回避这些分歧，仅在所谓"底线共识"的基础上制定教育政策；第二个理由是由于道德是私人事务，政府须在道德教育中保持中立，道德教育应该由家庭承担。两个理由一脉相承，都是在规避教育分歧，没有触及改革根本问题。[1]2-5因此古特曼认为两种理由并无说服力，所谓的底线共识本身就存在争议，她指出教育政策背后必须有一个原则性的处理方式直面教育政策的分歧，否则改革存在的争议与困惑便无法解决，改革也就失去方向从而事倍功半。

于是，古特曼主要以批判改革的理论基础即自由主义而立论。自由主义公民教育理论认为每个人对自己接受什么样的教育与教育权威，应自主做出选择并自己承担选择的责任。但是古特曼认为当这些自由人组成共同体时，在共同体层面面临的教育问题特别是公共美德问题时，无法提供足够指导。自由主义公民教育理论的实质是通过采取"回避分歧"的方案而掩盖了解决问题的可能。古特曼给出了问题解决的路径即审议民主，提倡公民主动参与公共生活和民主审议。审议民主理论是古特曼最重要的学术成就之一。她的公民教育理论本质上就是审议民主的教育理论。她在自己的另一本重要著作《民主与异议》中论证了审议民主的观点。她首先区分了两种民主，即程序民主和宪政民主。[2]程序民主实际上仅具民主的原初意义，它特别强调民主的程序，主张一切权力必须掌握在人民手中。然而正如托克维尔所言："任何一个权威被授予决定一切的权力和能力时，不管人们把这个权威称作人民还是国王，或者称作民主政府还是贵族政府，或者这个权威是在君主国行使还是在共和国行使，我都要说，这是给暴政播下了种子。"[3]而宪政民主实际上是自由主义的代议制民主观，其精髓是通过权力制衡保护公民的权利。但是自由主义民主观也存在很多问题：第一，易导致"投票民主"，即不经审议过程，只关心多数表决结果。投票背后的逻辑是各种价值中立与平等，最终胜负结果只看"偏好加总"，从而忽略了价值的高下优劣之分和德性与智力的差异。第二，易导致"威权政治"：宪政民主采取代议制的形式使权力掌握在少数精英手中，导致威权政治颠覆民主政治。而审议民主实际是在投票表决之前，加上公共审议这一过程。它是一群自由平等的公民在公共领域就某项公共议题进行理性辩论来影响决策从而最终形成具有共同约束力的公共政策。其特点包括：第一，审议民主是公共领域中意见与意见的理性交锋和辩论，审议过程中不歧视不压制任何一种意见与价值；第二，政策过程经过公共审议获得合法性基础。第三，经过民主教育的公民在审议中自觉服从正义原则和实践审议美德。由此可见，审议民主在理论上解决了宪政民主的缺陷，并形成了一种公民参与政治的议题讨论与解决机制，但同时它也对公民素质提出了很高的要求，即需要审议技能和公民美德作为支持。于是这就解释了审议民主理论的支持者为什么都会聚焦于教育问题上来。最终，古特曼的审议民主教育理想包含了两方面的意涵：第一，塑造具有审议技能与美德的未来公民；第二，参与对未来公民的再造，即公民有权对未来应该培养怎样的公民技能与德行进行审议和参与。[1]14-16

二　再造政治共同体：培育公民的共同美德

古特曼通过以上论述提出了民主教育的基本目标是培养具有审议技能和美德的公民。确立目标之后必须应对下一个问题，即"什么样的公民教育能够使社会成员积极参与民主审议"。共和主义者对此的回答是必须一改自由主义个体先于共同体的道德立场，重建政治共同体。只有在共同体的道德力量的规范下重塑公民美德，公民才会内在的坚信自己有参与和维护民主政治的义务与信念，政治参与具有自我实现的道德价值而不成为外在负担。古特曼首先阐释了教育权威分配的三种国家形态，[1]23-44而这三种国家形态的演变恰恰是个体与共同体分离的过程。

第一种国家形态被称为家庭国家，主张国家掌握教育的绝对权威。这一国家形态以柏拉图的思想为理论基础。柏拉图认为在以哲学家为王的理想国中，哲学王能够发现一种客观的善，能够把所有公民纳入良善或美好生活之中，每个人只要按照哲学王的道德指引，都可以过上美好生活。公民与城邦政治共同体紧密结合，认为自己是家庭国家的一员，接受作为大家长的哲学王的权威，是理所当然的事。如果哪个公民不服从这一道德权威与伦理规范，就必须将其强加于他，使他获得美好生活。第二种国家形态是家庭构成的国家，即由父母掌握子女接受何种教育的权威。这一国家形态以洛克的思想为理论基础。在这种国家形态中政府权力退出个人私域，政治社会的职责只在保护个人权利而无德性伦理的教化作用。然而洛克也敏锐的觉察到，给政府权力抽掉道德根基并不意味着政治社会不再需要公共美德，丧失共同体美德的政治社会必将陷入危机之中。因此洛克将教育权威赋予家庭，使家庭承担伦理教化的作用，从而补充政治社会道德基础的单薄。洛克的安排可谓用心良苦，然而随着个人权利观念的根深蒂固，西方人最终从其背后的家庭与国家的共同体结构中"脱嵌"出来，[4]形成了在当代西方占据主流地位的第三种国家形态即个人构成的国家。在这一国家形态中，个体对国家不负有不可推卸的道德责任，亦不是父母私产，而是可以成为自主个体的未来公民[5]。个人不再把自己理解为国家或家族的一员，而是一个自由的个体。因此个人构成的国家尽可能给每个学生提供选择的机会。密尔自由主义所论证的个人自主原则，是个人构成的国家观的核心观点。[6]这种观点认为一种价值只有由理性的个人自主认同和选择，才有意义。因此，自由主义者希望提供给学生最大化的选择机会，并在所有美好生活的观念中选择中立。古特曼认为学校的职业教育者能够做到这一点，因此在个人构成的国家中，掌握教育权威的是职业教育者。

　　在古特曼看来，这一在当代占主导的国家形态产生了很多现实问题，因而不惜笔墨对以当代自由主义为基础的个人构成的国家形态进行系统的批判。古特曼的批判归结起来不外乎以下两点，这两点都是由政治共同体的式微而导致的。第一，自由主义的公民教育消解了所谓的"文化连贯性"。因为人们是通过共同核心价值和历史文化的认同被聚合在一起，聚合与认同是人赖以存在的社会基础，自由主义所强调的个人自主、对公共价值和传统的批判与质疑等，消解了这种认同和聚合力，最终培养了脱离社群的"原子化个人"。正如社群主义代表人物桑德尔所言，没有先在的认同，我们就搞不清楚我们是谁，自我就成了无根的自我，此后无穷无尽的自由选择也就没有意义。[7]第二，自由主义在公民教育中所秉持的价值中立原则使学生无法在优良和低劣的价值中做出有效判断，并极易导致不懂善恶美丑的价值虚无主义。公民教育中的中立性原则的当代起源是罗尔斯的政治自由主义。罗尔斯之后自由主义在学理上出现了完备自由主义和政治自由主义之分。在罗尔斯之前，自密尔、康德以来的自由主义传统都是完备性的，即既有一套完整的宗教和道德观念规定个人在私域如何过美好生活，又有一系列规范性的政治法律制度规定了公民在公域中如何进行社会合作。然而由于人们在宗教信仰、民族种族、历史文化、价值观念上存在巨大的差异，因此在价值伦理层面上对何为美好人生的理解也有很大不同。而罗尔斯认为如果自由主义继续追求完备性，则很难得到持不同价值和信仰公民的认同与接受，因此罗尔斯选择在各种善观念中保持中立，退而探求一种所有文化背景的公民都可以接收的正义制度。然而古特曼认为如果在公民教育中坚持价值中立将无助于培养儿童辨别价值高下的能力，自由主义在教育中容忍了太多无意义的甚至低劣的价值。社群主义者查尔斯·泰勒对此有深刻的批判：有些道德和价值在公民共同生活中业已形成，它们成为定义我们作为社会存在的价值，进而深刻的定义了我们的生活，如亚里士多德所言，这些道德和价值是"无须再追问的原点"。它们构成了评判我们的生活和行为的基本框架，构成了个人自由选择的凭据，是每个自由的人无法逃避的。泰勒将其称为"无法逃避的视域"。对价值进行自主选择不仅需要独立的批判思维和理性精神，也需要有一个业已由政治共同体所确立的基本价值体系和道德标准。因此公民教育是不能声称价值中立的。

　　通过上述论证不难发现，个人从政治共同体脱离的过程就是政治参与和公民美德衰微的过程。因此为了再造共同体以重塑公民美德，古特曼别具匠心地构建了一种公民教育权威分配的共和主义方式，即"一个民主国家的教育认识到，必须由父母、公民和职业教育者共同分享教育权威"。[1]45这一设计实际是以前两种国家形态所具有的共同体强制性来消解和规约后一种国家形态所引致的个体任意性：国家和家庭具有教育的权威，诱导受教育者接受特定的政治共同体的道德规范从而养成公民美德；教育职业者具有教育权威，培养受教育者自由选择的理性能力，以使其能够对各种互竞的价值观念进行理解、评判和选择。其良苦用心是重新弥合个体与共同体的疏离，意欲通过国家和家庭所维持的政治文化和道德传统为个人在公共领域的自主选择与审议提供意义资源和伦理基础，从而既形成对公民共同美德的认同和信念，又不削弱公民参与审议的自主判断能力。因此这一方案相对于制度安排，其更深远的意义是在道德伦理上的诉求。最终，古特曼的公民教育理想得以实现，即"教育的价值既在于创造紧密的共同体，又在于促进人们的审议能力"。[1]49

三　个体优先抑或共同体优先：评价古特曼的公民教育理论

通过上述分析我们发现，古特曼的教育理论与以自由主义为理论基础的当代公民教育最根本的分歧实际就是个体与共同体到底何者优先的问题。不同的回答演绎出了不同的公民教育理论体系。共和主义者认为只有重塑公民教育的共和主义传统，以共同体确证个体，创造两者的紧密联系，才能使公民自觉实践政治审议与公民美德。因而其公民教育理论特别是古特曼三种教育权威相互制衡的道德安排为重新弥合个体与共同体之间的隔阂做了独特而有益尝试。

但同时我们也应洞察到，古特曼对自由主义公民教育的批判虽然揭示了某些症结，但这种指责并没有切中自由主义公民教育理论之肯綮，其批判在逻辑上存在"设靶打人"的"稻草人谬误"，因而一定程度上是错位的。我们认为，当代公民教育理论对个人权利和价值中立的强调在理论上并不必然导致共同体的衰落。第一，自由主义的公民教育是否培养脱离共同体的"原子化个人"。不得不承认的是自由主义这一西方主流意识形态在当代的表现各式各样，因此其公民教育观也形形色色，但我们认为究其根源在学理上无外乎两类：一类是欧陆自由主义传统，一类是英美自由主义传统。欧陆传统特别是法国大革命的传统忽视了人的关系性和社会性，以"我"为主，以个体构想世界，要求个体的自由最大化，所谓"原子化个人"实际上就是针对这一自由主义传统的当代表现所进行的批判。而英美传统的主张则与其有本质差别，用哈耶克的经典定义来说，自由即免于被强制。其实际是在关系中讨论人与人之间的自由状态，因为没有人与人的关系也就无所谓自由。所以从这个意义上讲"原子化个人"的批判并不成立，从自由主义的公民教育主张我们也可以证实这一点：他们强调社会是一个公平的合作体系并重视结社自由和信仰自由，从而承认共同体生活的重要性；他们主张社会正义从而强调公民在共同体中的道德责任。实际上，自由主义个体优先的公民教育是一种道德立场，即个体对共同体不负有无可推卸与质疑的义务，而不是古特曼和泰勒等人形而上学意义上的原子化个人。

第二，自由主义在公民教育中是否认同"价值中立"从而消解了共同体美德。这里涉及共和主义者对当代公民教育理论最大的误解，即价值中立意味着去道德化。价值中立的观点从逻辑上无法推出公民美德衰退这一结论。之所以要让学生在各种价值中自主和自由的选择，并不是因为价值没有好坏之分，没有一套涉及价值排序的判断框架和标准。自由主义者认为价值在客观上具有高下优劣等级，其在公民教育中限定了什么样的价值是可以允许的，什么样价值是不受鼓励甚至要被禁止的，不容忍背离自由主义价值的行为。价值中立的主张实际是基于以下认识，即不管何种价值或公民美德，只有受到学生的自主认同和接受才有意义。"一种价值只有得到个人认同才有意义"和"一种价值可以独立于个人选择而有意义"这一重要区分于此处并没有得到明晰理清,[6]137即尊重个人自由选择和承认价值与公民美德的客观性两者并不矛盾。因此,古特曼等共同体优先论者永远无法避免的问题是,如果他们在教育中灌输的道德观念不能为学生所真正接受,那这种灌输不但没有任何意义,而且也妨碍了他们自己所强调的公民审议能力的养成。最终,古特曼这种以国家和家庭的道德力量规约个人选择与民主审议的共和主义式设计,说到底就是以共同体化约了个人,其面临的根本理论困境是难以克服教育中的强制性和排他性的专断危险。实际上,个体优先于共同体并不意味着脱离共同体,其所强调的公民美德仅限于公民进入公共领域所应遵循的伦理规范,如宽容、尊重、平等、理性等品格。因此,当代公民教育的中立性原则应该被理解为积极的具有广泛共识和约束力的道德观念,为个体参与政治生活构筑一种"薄"却"强"的道德基础,[8]使公民教育在坚持公民权利和自主审议的同时,又能形成个体与共同体的紧密关系从而强化公民的参与意识和美德。

参考文献

[1] 艾米·古特曼. 民主教育 [M]. 南京:凤凰出版传媒集团,2010.

[2] Amy Gutman, Dennis Thompson. Democracy and Disagreement [M]. Cambridge:The Belknap Press of Harvard University Press, 1996. 27 – 39.

[3] 托克维尔. 论美国的民主 [M]. 北京:商务印书馆,1991:289.

[4] Charles Taylor. Modem Social Imaginaries [M]. Durham:Duke University Press, 2004:64.

[5] Amy Gutman. Civic education and social diversity [J]. Ethics. 1995, 105:570.

[6] 周保松. 自由人的平等政治 [M]. 北京:生活·读书·新知三联书店,2010.

[7] Machael Sandel. Liberalism and the Limits of Justice [M]. Cambridge:Cambridge University Press, 1982. 79 – 81.

[8] 刘擎. 国家中立性的道德维度 [J]. 华东师范大学学报(哲学社会科学版),2009(2):9.

Exploration on Amy Gutman's Education Theory

Cui Naiwen

Abstract: Modern western civic education based on liberalism, which focuses on individual rights and the principle of neutrality, leads to the apathy of citizen participation and the recession of civic virtue and political community. Political scientist Amy Gutman advocated the revival of the republicanism tradition of civic education to solve the crisis of democratic politics. The citizens with deliberative abilities and character should be cultivated to improve citizen participation, and close political community should be reshaped to foster civic virtue. On political philosophy, the essence of this idea is to try to bridge the estrangement between individuals and community in contemporary democracy.

Keywords：Civic Education；Deliberative Democracy；Civic Virtue；Republicanism；Liberalism

（责任编辑：黄容霞）

高校图书馆人角色研究：
研究助手与侍读书童

徐菊香*

摘　要：通过问卷调查和中南财经政法大学图书馆自动化管理系统统计数据，探讨高校图书馆如何在为数字阅读服务和为纸质阅读服务中保持平衡。第一，大学图书馆人既可扮教师书房的研究助手，也更能胜任大学生公共书房的侍读书童；第二，移动网络普及，手机阅读流行，移动数字图书馆的建设在高校势在必行；第三，改变图书馆人在公众中的刻板印象，以数字时代时尚的、有效的方式，进行图书馆营销；第四，珍惜读者对纸质阅读的感情，加强基础工作；第五，既重视学科专业馆藏建设，也应加强"人学"图书的建设；既为研习型阅读服务，也为成长型阅读服务。

关键词：数字阅读　手机阅读　移动数字图书馆　基础服务　资源建设

一　研究背景

（一）图书馆发展史的逻辑

从图书馆沿革史看，图书馆最原初形式是藏书楼，为保存文化而生。在其"藏与用"的主要矛盾关系中，以"藏"为主，"用"为辅。此阶段的读者主要是贵族。读书是贵族阶层的特权，书籍更多是记录保存了合乎统治阶级口味的文化（所谓主流文化）。

当藏书楼演变成图书馆后，除保存文化的职能外，图书馆又衍生出另一种职能——传播文化。"书籍是人类进步的阶梯"。在"藏""用"并举的阶段，图书馆的闭架借阅形式，逐渐向开架阅览转向。

现如今，图书馆蜕变成文献与信息中心，既是人们阅读学习的中心，也是新文化新知识再生的中心。图书馆既是大众阅读的中心，也是精英研究的中心。微观上讲，它也是普通人改变命运的场所。计算机和网络技术的发展，在"藏"与"用"这对最主要矛盾关系中，"用"成为图书馆的主要方面，"藏"逐渐让位于特殊功能的图

---

* 徐菊香，女，湖北蕲春人，中南财经政法大学图书馆文献资源建设部主任，副研究馆员。

书馆或新技术。

"用"体现在高校图书馆实体方面，物理的图书馆已经变成了大开放、大阅览的"一站式"的"超市化"大众书房，体现在虚拟方面则产生了精英读者个性化甚至可以随身携带的个人书房——数字图书馆。读者在图书馆享有充分的平等和自由。如今的图书馆人，可以通过为精英服务，使其存在而为人们所认可、继而永远被认可的同时，也可以通过推动大众阅读，传播文化而被社会所认可。高校图书馆人既可通过为数字阅读服务而站在数字时代的大潮前，也可通过为纸质阅读服务从而铸筑数字图书馆坚实的基石。这两种服务分别位于高校图书馆服务天平的两端。

（二）理想的丰满与实践的骨感

高校图书馆可以说是师生员工的书房，但实体图书馆几乎成了大学生独占的书房（见图 1）。在我校，进入实体图书馆的本科生和研究生占进馆总人数的 99% 以上，教职工仅占 0.54%。就利用图书馆来说，教师更多地进入虚拟图书馆使用数字资源，而学生更倾向于进入实体图书馆进行纸质阅读。[1]

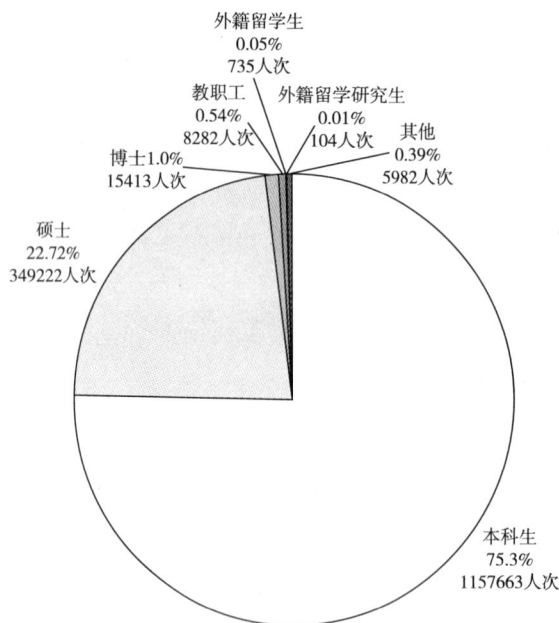

外籍留学生
0.05%
735人次

教职工　外籍留学研究生
0.54%　　0.01%
8282人次　104人次　其他
　　　　　　　　　　0.39%
博士1.0%　　　　　5982人次
15413人次

硕士
22.72%
349222人次

本科生
75.3%
1157663人次

图 1　2011～2012 校图书馆到馆人次构成

资料来源：中南财经政法大学校图书馆门禁系统

图书馆人既应在教师书房中作研究助理，更应作学生书房中的侍读书童。但目前的情况是，为有漂亮书房的教师读者服务——为学科服务，似乎更为高校图书馆人所青睐。专门为教师服务的图书馆员被称为"学科馆员"。

自从"学科馆员"制度的西学东渐后，尤其是 21 世纪后，图书馆人对"学科馆员"进行理论探讨的热情从 2002 年起逐年升温，尤其是 2007 年至今一直保持着高热度（见图 2）。

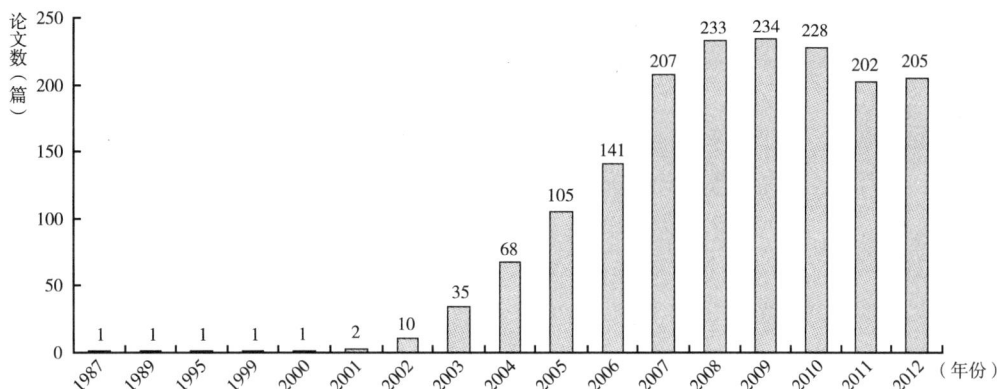

图 2 以"学科馆员"为题的 CNKI 期刊论文现状

资料来源：2013 年 1 月 21 日通过 CNKI 期刊网统计。

有关学科馆员的研究成果丰富，除在中国高校图书馆塔尖上的那些极少数大学图书馆外，大多数高校图书馆的学科馆员，因学科背景以及"学科馆员队伍素质不高"的局限，其学科服务更多的是一厢情愿、自说自话。[2] 此点也可从高校图书馆的人力资源结构方面得到印证。虽然入选"985 计划"、"211 工程"的高校图书馆，人力资源结构正在向知识化、专业化、高学历化方向发展，但平均到全国高校图书馆，人力资源结构转型的速度仍然显得缓慢；虽然平均每馆拥有硕士 8.1 人，但中位值①仅为 4 人，其中 17.3% 的高校图书馆没有硕士馆员，40.9% 的高校图书馆拥有 1~5 名硕士馆员。[3]

近些年来，图书馆人的服务意识、服务态度常常让教师读者感动，但他们意欲嵌入科研过程的愿望仍在纸上谈兵的探索阶段[4]。自 1998 年清华大学图书馆首开学科馆员制度之后，国内"211 工程"高校图书馆相继实施这一制度，但目前"学科馆员制度遭遇瓶颈，期望与实践相背离"、"昙花一现"的现实，使得我们需要重新审视这一制度[5]。这种从西方发达国家图书馆移植到本土的服务，要经过相当长的水土不服的阶段。

在这样的水土不服时期，对理想的学科馆员制度的向往，让高校图书馆人沉浸在描绘蓝图的研究中。这样的憧憬式的叙事会让图书馆人产生职业的自豪感，增强向图书馆事业的理想方向前行的动力。但在这个过程中，须避免高校图书馆服务的天平向教师过度倾覆。

高校图书馆在《普通高校图书馆规程》的文本中，被定位为服务于教学科研的"学术性机构"，但在高校机构的现实版中，被定位为"教辅单位"。辅助教师"教"，辅助学生"学"，是诠释"教辅单位"的恰当行为。

简言之，基于历史的逻辑、现实的骨感，数字时代的高校图书馆服务的天平该在"学"方添加砝码，以保持平衡。基于此预设，本文对本校学生读者的数字阅读和纸质阅读的问卷调查，以及本馆图书馆的 ILAS 自动化集成系统统计数据进行了分析与归纳。

二　问卷调查

以 2011～2012 学年的第二学期选修笔者"文献信息检索与利用"课堂之一的 130 人为样本，在第一堂课开课前，发放 130 份"纸质阅读与数字阅读调查问卷"，收回有效问卷 120 份。回收的问卷由大一学生 2 份、大二学生 45 份、大三学生 73 份组成。

问卷调查中术语的界定。调查问卷对数字阅读的界定有两层含义：一是阅读方式的数字化，即阅读的载体、终端不是纸张，而是带屏幕显示的电子仪器，如 MP3、MP4、PC 电脑、PDA（掌上电脑）、平板电脑、笔记本电脑、手机、阅读器等；二是阅读对象的数字化，即阅读的内容是以数字化的方式呈现的，如电子书、网络小说、电子地图、数码照片、音频、视频、博客、网页等。问卷中的纸质阅读是指除学校以及各门课程教师指定教材外的纸质阅读。

（一）对数字阅读与纸质阅读的主观倾向调查

有关数字阅读与纸质阅读的主观倾向调查表明，高校图书馆必须在财力、人力上保持纸质阅读服务的稳定的投入，并逐年增加对数字资源的投入。

在"您是享受数字阅读还是纸质阅读？"一问中，86.7% 的学生更享受纸质阅读，13.3% 的人则更享受数字阅读，相差 73.4 个百分点（见图 3）。

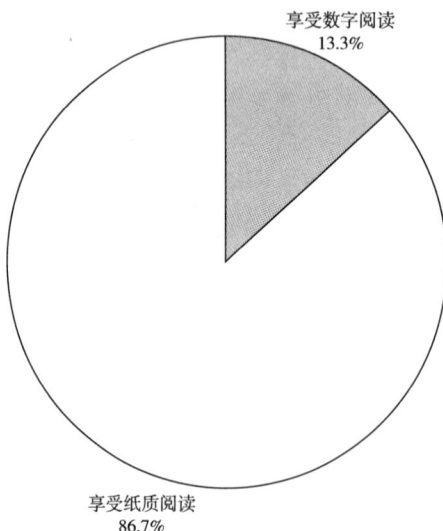

图 3　数字阅读－纸质阅读感情倾向

对于"如果您喜欢纸质阅读，请用列出的 4 个关键词说明原因"的开放式问题中，被调查的学生回答的关键词，基本上与身体感觉、心理感觉关系较密切（见图 4）：

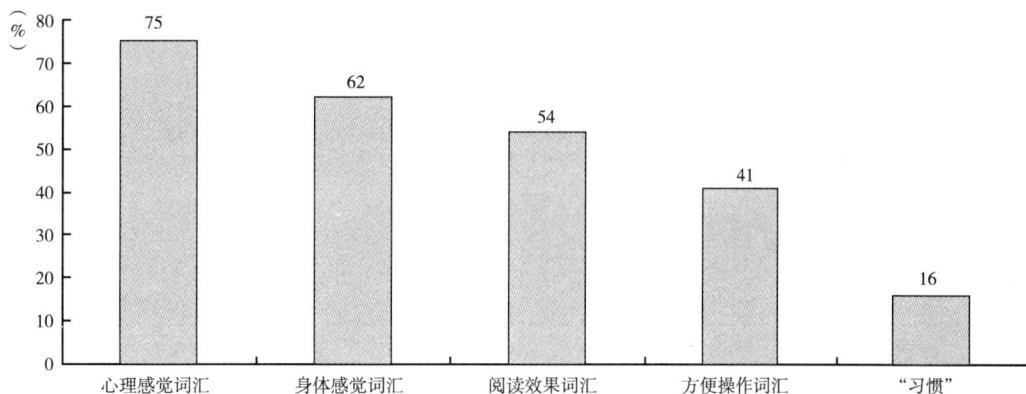

图4　描述喜欢纸质阅读原因的关键词

75%的人用了"心理感觉"类词汇，比如喜欢其"质感""审美感""书香感""沉静感""成就感"等；

62%的人用了身体感觉类词汇，如"有利健康""不伤眼""无辐射""利睡眠""舒服"等；

54%的人用了与阅读效果类似的词汇表述，如"阅读效果好""沉静思考""深入阅读""慢慢欣赏""全面阅读"等；

41%的人，则用了技术操作方面的词汇，如"批注""摘抄""查询方便"等；

另有16%用"习惯"关键词形容自己喜欢纸质阅读的原因。

大学生们用感性的词汇描述对纸质阅读的偏爱。这样的偏爱与身体感觉及情感体验有关。这些词汇呈现出怀旧、静谧、空灵乃至深邃的意境，那是对精神家园的描述。这样的表达溢满了对实体图书馆的认同感。高校图书馆人仅凭借着有序的馆藏，坚守着服务于纸质阅读，就能得到读者的认可。

对于"如果您喜欢数字阅读，请用4个关键词列出喜欢的原因"，除了有40%的人未回答或不喜欢外，列举的关键词是与快速的生活节奏相适应的，且与感觉无关的客观实用的词汇，而且词汇比较集中于"方便""快捷""信息量大，内容丰富""便宜、免费"上（见图5）。还有9.2%的人喜欢数字阅读是因为"更新快"。

从图5可知，学生读者的数字阅读大多是网络公共领域的免费资源。如"便宜""免费"是与自己购买纸质图书相对应的，"信息量大""内容丰富"与网络有关。学生描述对数字阅读的喜欢主要是由于其方便、快捷、实用。

从数字阅读与纸质阅读的主观倾向调查回收的数据可知：从实用的角度，大学生们更倾向于选择方便、快捷、信息量大、便宜免费的数字阅读，而从感情上讲，大学生们更喜欢纸质阅读。本次调研与韩国总神大学（Chongshin University）的研究者Hanho Jeong的调研呈现一致性，"学生满意电子书并承认其效用，但还是喜欢传统的

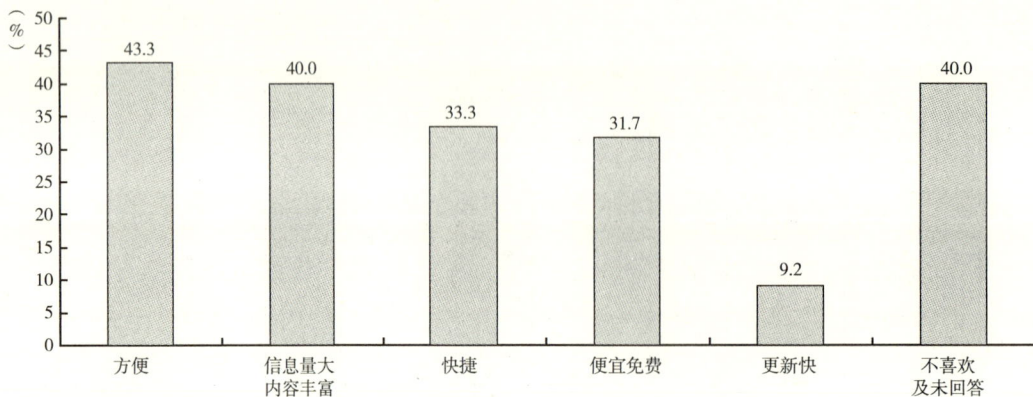

图 5　描述喜欢数字阅读原因的关键词

纸质图书"。②

总之，本次调查以及其他研究者的研究表明，读者用感性的词汇表达喜欢纸质阅读的诗意感觉，用中性的词汇表达选择数字阅读的便利实惠。我校图书馆的电子资源与纸质资源经费投入走势，基本反映了读者对纸质资源和数字资源的需求，并同时与全国高校图书馆馆均走势基本一致。即高校图书馆目前在整体上对文献资源建设经费逐年增加，其中对数字资源的经费投入"仍在继续走高"，对纸质资源经费投入逐年降低又略有所回升。也就是说，高校图书馆在整体上对纸质资源的经费投入基本保持稳定，电子资源的购置费逐年攀升。[3]

（二）对数字阅读方式与内容的调查

有关数字阅读方式与内容的调查表明，必须加强高校数字移动图书馆的建设。手机阅读和电脑阅读已成数字阅读方式的主流。在"您使用何种工具进行数字阅读？"的多项选择调查中，用手机占被调查学生总数的 92.5%，用电脑占 90.8%（见图 6）。数字阅读的形式调查结果表明，高校图书馆必须适应形式，使手机或其他移动设备成为访问图书馆的重要工具。

在阅读内容上，用手机阅读新闻和图书的学生分别占 96.67% 和 52.5%；而用电脑阅读新闻和图书的学生比例略低于使用手机的学生 11 个和 8 个百分点（见图 7）。这得益于智能手机功能的强大与价格不断走低，更得益于手机能更廉价和便捷地接入网络，得益于日益增加的 WAP（Wireless Application Protocol）网上可供阅读的信息资源。高校图书馆必须适应形式，使手机成为高校学生访问图书馆的重要终端。

用手机阅读图书高于用电脑阅读图书 8 个以上百分点。手机阅读图书更多地倾向于碎片式阅读，是一种较轻松浅显的阅读。电脑阅读图书倾向于整块时间、需要思考的阅读。比如在学术资源的阅读上，使用电脑阅读高于使用手机阅读 45 个百分点。电脑阅读还适用于需要更多的带宽和内存空间的资源的场合，因此在视频和学术资源的阅读上，电脑高于手机；不过移动手机质量的提高，这点也将会改变。

在校大学生用手机进行数字阅读高于用电脑进行数字阅读，也与中国互联网信息

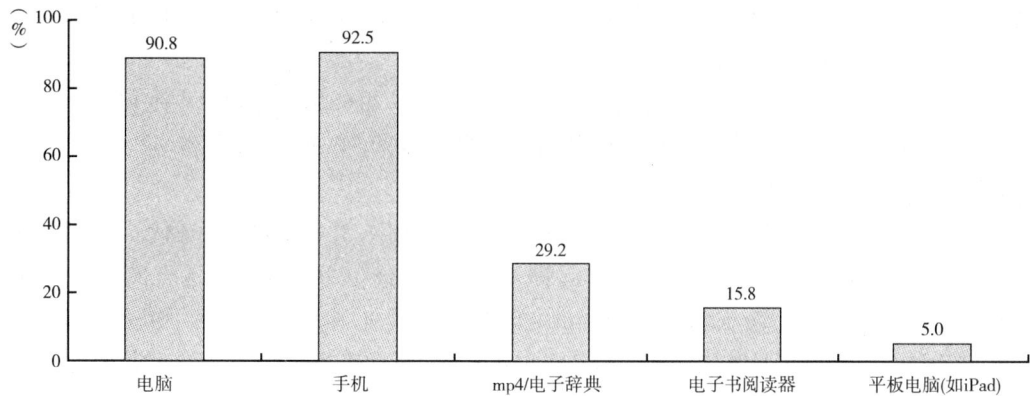

图6　数字阅读方式

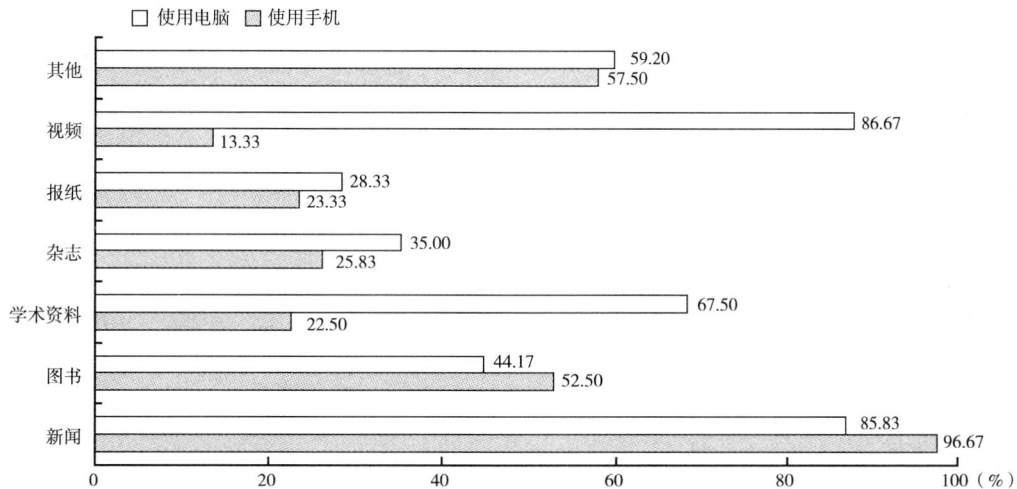

图7　手机与电脑数字阅读内容

中心的统计数据一致。中国互联网络信息中心（CNNIC）的《第31次中国互联网络发展状况统计报告》数据显示，截至2012年12月底，中国网民数量达到5.64亿，而手机网民规模达4.20亿。手机网民占总体网民的比例由2007年的24%，到2012年6月底手机首次超越台式电脑成为第一大上网终端，而到2012年12月底，这一比例提升到74.5%。而通过台式电脑上网的网民相比2011年底下降近三个百分点。通过笔记本电脑上网的网民比例与2011年年底相比略有降低。总之，手机上网的比例一直保持较快增速。[6]

当手机阅读成为时尚，当移动网络技术向图书馆渗透的速度逐渐加快，当电子资源已经开始提供WAP访问，高校图书馆必须与时俱进，加强数字移动图书馆建设。目前，万事俱备，只欠行动。中国知网等一些知名数据库已经开始提供WAP访问。国家图书馆也率先开展了"掌上国图"的服务，为移动用户提供对电子书刊的全文访问。一些大学图书馆如北大、清华已经采用 WAP 无线应用协议，为手机或其他移动终端提供服务和数据库访问。

总之，高校移动图书馆的建设势在必行。至于是否以及如何提供在移动终端进行数字内容的全文访问，也亟待高校图书馆进行深入研究和实践的准备。

（三）对数字阅读与纸质阅读行为的调查

对数字阅读与纸质阅读行为的调查表明，图书馆人必须以数字时代中较为时尚的方式，以及最有效的方式进行图书馆营销。通过调查数字阅读和纸质阅读的频率可知，尽管学生从感情上喜欢纸质阅读，由于数字阅读尤其是手机阅读更适宜碎片式阅读，每天进行多次数字阅读的同学占 60.8%，而每天进行多次纸质（学校指定课程教材除外）阅读的同学仅占 35.8%，相差 25 个百分点（见图 8）。也就是说数字阅读比较便捷，对时间和地点没有很高的要求。

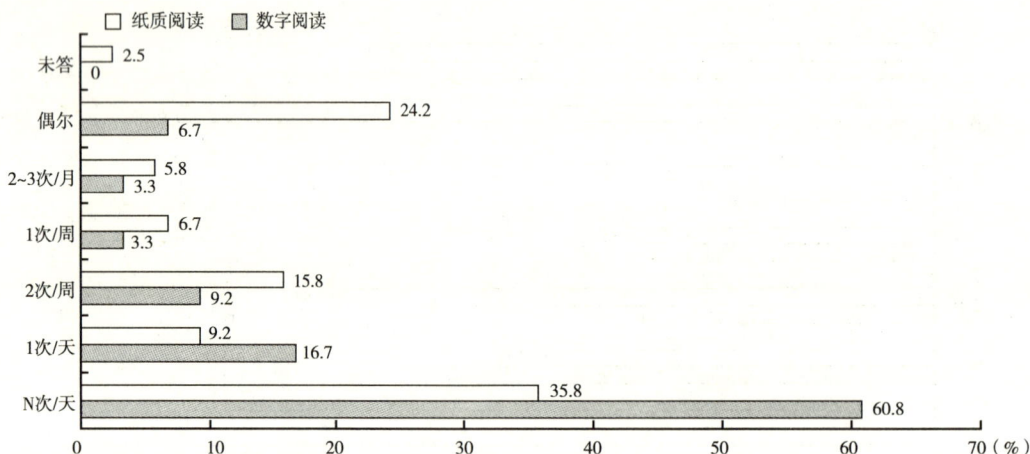

图 8　数字阅读与纸质阅读的频率

大学生何时开始与数字阅读结缘呢？在"您何时开始数字阅读？"一问中可知，29.1% 的是大学之后才开始数字阅读，另 70.9% 的人上大学之前就已经开始了数字阅读（见图 9）。

大学生的数字阅读对象是哪里的数字资源呢？在"您进入我校图书馆网站进行数字阅读频率是……"一问中，80.8% 的人只是偶尔进入学校的数字图书馆进行阅读，只有 1.7% 的人每天多次访问图书馆（见图 10）。

虽然大学生倾向于数字阅读，但通过"文献信息检索与利用课"上课之前的问卷调查，可知，大学生的数字阅读需要引导。图书馆数字资源需加大营销的力度与广度。以我校图书馆营销为例，目前有："文献信息检索与利用"任选课（本科生）、每周四下午的数据库专题讲座、每年一次的"图书馆宣传周"、嵌入式课程（研究生）、走进各学院数据库推介（学院老师）、分图书馆 QQ 群、博士 QQ 群、馆员博客及图书馆的微博等。尽管有各种途径的营销宣传，大学生包括本科生和研究生并未充

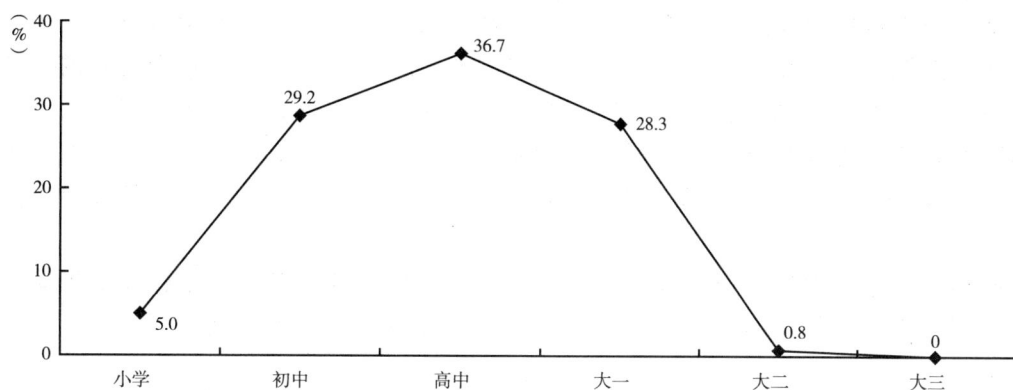

图9　数字阅读开始时间

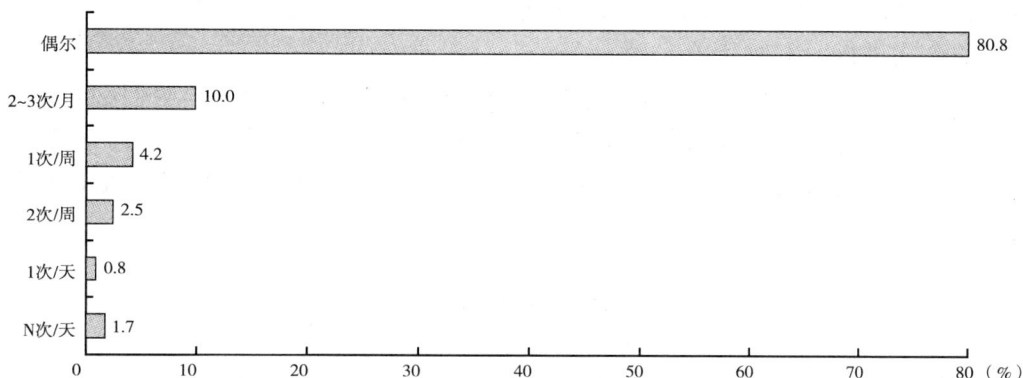

图10　进入学校数字图书馆阅读的频率

分利用校图书馆的数字资源。原因就在于，每种营销方式都有其局限性。

以较有影响的任选课为例，自从 2009 年"文献信息检索与利用课"作为通识课程对本科生开课以来，选课人数逐年增加，到最近 5 个学期逐渐保持每学期约 600 人的选课人数，即每年约 1200 人选修"文献信息检索与利用课"。

根据中南财经政法大学 2012 年 12 月 3 日更新的数据，学校现有全日制本科生 20000 余人，硕士生 7000 余人，博士生 800 余人[7]。据此数据推算，学校年平均本科新生约为 5000 人。根据本馆 ILAS 系统按学年度对读者的精确统计，2011 年 6 月 30 日至 2012 年 7 月 1 日间，本科生有效读者为 20967 人，研究生有效读者为 8143 人，博士生有效读者为 898 人。据此可知，学校本科新生每年增加约 5242 人，也是本科生读者年更新数。但每年选修文献课的学生约 1200 人，文献课的在本科生中的覆盖率仅为 22.89%。

再以在我校较有影响的"馆领导走访学院"营销活动为例，其实际影响也是有限的。该活动是由馆领导及相关部主任，花了一年半的时间走访各学院，宣传推销图书馆的服务。这项营销活动的直接领受人也仅仅局限于参加座谈的学院领导及少数骨干教师。当然这些参加座谈的教师会将信息带到自己的课堂上，但影响仍为有限。

从以上调查中可知，大学生进行数字阅读的频率和时间，都是相当可观的。与之形成明显反差的是，每天多次进入校图书馆网站进行数字阅读的仅有 1.7% 的人，而 80.8% 人只偶尔进入学校图书馆网站进行数字阅读。而且需要重申的是，此次调查问卷的对象 60.8% 的人是高年级学生。很显然，校图书馆的数字资源没有得到广泛利用。

图书馆人常常把自己描述成信息专家、知识管理专家以及文化工作者等形象，但社会对图书馆人的刻板印象，使图书馆诸多努力成效并不显著。高校图书馆人必须行动起来。

首先，图书馆人必须改变在人们心目中安静、沉闷而又谨小慎微的保守形象，可借鉴丹麦皇家图书馆与信息科学学院 Gitte Balling 等研究者所说的"数字阅读小组"的经验，[8] 与时尚共舞，与数字阅读趋势同步，通过微博、微群和其他的数字生活中最时尚的方式进行图书馆营销。

其次，在后信息时候，"文献信息检索与利用课"应该作为大学生们必修的一门通识课。这是图书馆最有效的营销手段，也是对学生数字阅读最为有利的普及方式。尽管我馆目前师资缺乏，但将"文献信息检索与利用课"列为必修课，是最有效的营销方式。

三　客观数据

本文纸质图书外借统计数据，是以中南财经政法大学图书馆 ILAS 自动化集成管理系统为工具，以 2011 年 7 月 1 日至 2012 年 6 月 30 日为时段，进行读者借阅排行统计、读者借阅统计、图书外借排行统计、图书外借分类排行统计、馆藏分类统计，经综合梳理形成。

（一）读者外借纸质图书及访问实体图书馆的情况

读者外借纸质图书及访问实体图书馆的数据表明，高校图书馆应该避免"灯下黑"现象，加强实体图书馆的建设和基础服务工作。

据 ILAS 系统统计 2011～2012 学年在我校图书馆 ILAS 系统中登记的有效读者[③]为 37070 人（见表 1），从校图书馆借过纸质图书的读者为 21056 人。

表 1　2011～2012 学年中南财经政法大学图书馆有效读者统计

读者类型	本科生	外籍留学生	硕士研究生	外籍留学研究生	博士研究生	教职工	其他读者	合计
有效读者（人）	20967	778	8143	11	898	3937	2336	37070
占有效读者总数百分比（%）	56.56	2.10	21.97	0.03	2.24	10.62	6.30	100
借书人数（人）	14886	41	5153	6	391	532	47	21056
占本类型有效读者总数（%）	71.0	5.27	63.28	54.55	43.54	13.51	2.01	56.80

续表

读者类型	本科生	外籍留学生	硕士研究生	外籍留学研究生	博士研究生	教职工	其他读者	合计
外借图书（册）*	157107	173	102551	216	9098	7930	34316	311391
占总外借量（%）	50.45	0.06	32.93	0.07	2.92	2.55	11.02	100
人均借书（册）	7.49	0.22	12.59	19.64	10.13	2.01	14.69	8.40

　　* 图书外借数据，不含未在 ILAS 图书馆自动化管理系统中留下记录的数据，即有些手工借阅的书库和阅览室的记录数据未包括在内。

　　资料来源：中南财经政法大学图书馆自动化集成管理系统数据。

　　从表 1 中可见，系统中各类有效读者总数为 37070 人，共外借图书 311391 册，人均外借图书 8.40 册。

　　根据"2011～2012 学年读者借阅排行榜"的统计，其中，最高外借图书为 240 册，学年外借图书册数 100 册以上读者有 27 人；其中本科生和博士生各 3 人，教师 4 人，硕士研究生 17 人。

　　目前，我馆在 ILAS 系统管理的 203.57 万册的馆藏中，有 105.41 万册提供外借。我校可外借图书的外借率在 2011～2012 学年度为 20.7%，且图书馆的"一站式"模式，即超市化服务模式，让读者能在图书馆畅通无阻地利用可外借及不能外借仅供阅览的书刊。

　　读者利用仅供阅览的馆藏的情况，可通过校图书馆的门禁系统的数据得以了解（见图 1）。2011 年 7 月到 2012 年 6 月的 12 个月中，有效读者学年人均到馆 40 多次（人均到馆次数 = 到馆总人次／有效读者）。本科生读者到馆人次占学年总人次的 74.82%，人均到馆 54 次。

　　从表 1 及图 1 数据可知，宣布"大学图书馆：实体书'遭冷'电子书'受宠'"[9]还为时尚早。大学生们的天堂仍然是"图书馆的模样"——实体图书馆的模样④。况且，电子图书虽然在节省时间上、在线参考便利上、以及在能节省人力物力馆藏的动态管理上有效地支持了学术研究，但在可读性及丰富性上要与纸质图书相媲美，还有很长的路要走。

　　值得注意的是，数字图书馆成为高校图书馆的亮点后，其投入逐年增加。无论在硬件设施还是数字资源的经费投入上都在逐年增加。无论是在人力、还是在工作重点上，数字图书馆被放在聚光灯下。高校图书馆须避免数字图书馆的光芒下，形成的一片"灯下黑"——基础服务工作的薄弱。如，在图书不断涨价的情势下，前文中"高校图书馆在整体上对纸质资源的经费投入基本保持稳定"，实际上可解读为"纸质资源投入逐年减少"。再如，在中国知网的期刊论文研究中反映，图书馆乱架现象逐年上升⑤。

　　（二）本科生外借图书的情况

　　本科生外借图书的数据表明，高校图书馆重视专业馆藏建设的同时，须重视

"人学"资源的建设，重视为成长型读者服务。文学即人学，是对人的生存、尊严、精神，以及人为什么活着、怎么活着等哲学问题，以文学作品的形式进行不断追问，也引导读者在成长中思考。不同时代的文学作品是高校图书馆馆藏的重要组成部分。

据本校图书馆 ILAS 统计，本科生读者与硕士研究生读者在阅读纸质图书方面具有差别（见表 2）。本科生读者外借的图书中以文学类图书为首，占 2011～2012 学年总外借量的 28.64%，排首位；其次是经济类与政治法律类图书，分别为 23.15% 及 11.19%。作为财经政法大学的硕士研究生读者则以专业研习类图书为首，政治、法律类图书的外借量占硕士研究生的总外借量的 36.16%，排首位；经济类图书的外借量占其总外借量的 32.59%，排第二；再次才是文学类图书的外借量，仅占其总外借量的 9.39%。如果按照北师大于丹教授对阅读的分类[10]，那么，研究生的阅读偏向于"知识的阅读"，而本科生的阅读带有"成长的阅读"的特点。

表 2　2011～2012 年度本科生、硕士生外借图书大类排行对比

本科生读者				硕士生读者			
大类	册数	百分比（%）	序位	大类	册数	百分比（%）	序位
I　文学	45045	28.64	1	D　政治、法律	37163	36.16	1
F　经济	36404	23.15	2	F　经济	33492	32.59	2
D　政治、法律	17593	11.19	3	I　文学	9650	9.39	3
H　语言、文字	12815	8.15	4	H　语言、文字	4851	4.72	4
K　历史、地理	11790	7.50	5	B　哲学	4066	3.96	5
B　哲学	11046	7.02	6	K　历史、地理	3622	3.52	6
TP3 计算技术、计算机技术	6532	4.15	7	C　社会科学总论	3579	3.48	7
C　社会科学总论	3687	2.34	8	TP3 计算技术、计算机技术	1845	1.80	8
O　数理科学和化学	3269	2.08	9	G 文化、科学、教育、体育	1450	1.41	9
其他（原科图法所编图书）	9099	5.78		（原科图法所编图书）	3049	2.97	
总　计	157280	100.00		总　计	102767	100.00	

资料来源：中南财经政法大学图书馆自动化集成管理系统数据。

中南财经政法大学作为财经政法类研究教学型高校[11]，或者更进一步说作为研究教学型的高校[12]，其图书馆的重要使命之一就是为本科生服务。当经费成为图书馆的话题时，为科研服务与为教学服务虽能保持一致，而为科研服务和为教育服务却时有冲突。这表现为，在经费紧张时，文学艺术类图书首先被屏蔽。如 2011～2012 学年度，我校文学类图书外借量占外借总量的 19.23%，而文学类图书仅占总藏量的 7.3%。

高校的图书馆人常常不自觉地以高高在上的教育者身份出现，把大学生当作非独

立且缺乏知识自我组织能力的人。比如，在绝大部分大学生们有阅读网络小说的经历情况下，担心网络小说对大学生的不良影响。[13] 我校文学图书借阅的统计数据表明，网络小说的阅读并非大学生阅读文学作品的主流。通过 ILAS 系统统计，2011～2012学年度我校中国小说类作品（I24）外借量占文学类图书外借总量 34.01%，尽管有 6种如萧鼎的《诛仙》、黄易的《寻秦记》等印刷出版的网络小说进入文学图书借阅排行榜的前 50 名之列，但其隶属的上位类"中国当代新体长、中篇小说（I247.5）"的外借量毕竟只占文学类图书的总外借量的 25.57%（见图 11）。

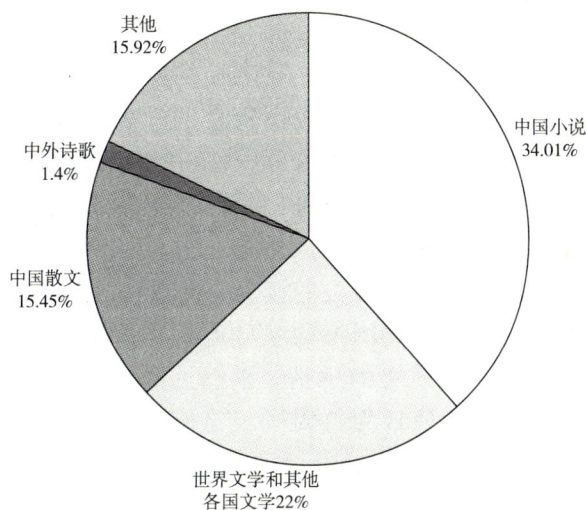

图 11　2011～2012 学年文学类图书外借量构成

资料来源：中南财经政法大学图书馆自动化集成管理系统数据。

我们不能断言"当代大学生阅读网络小说已经成为一种趋势"。我们更不能仅凭推测，因大学生阅读"注重实用性"、"对畅销书也颇有兴趣"，就推断其"对经典著作却很少问津"[13]。

首先，个人的成长有叛逆——对导向性的名著阅读的叛逆，个人的成长还有混乱——成长时期知识与思想的无序；但在成长中的叛逆期是短暂的，作为独立的个体的大学生们，也会有一个知识的自我组织、自我整序的过程。

再者，根据我校图书馆 2011～2012 学年度图书外借排行榜的统计，文学图书外借排行的前 50 名图书中，大部分是如《安娜·卡列尼娜》《约翰·克利斯朵夫》《悲惨世界》《红楼梦》《三国演义》《鲁迅文集》《杨绛文集》《巴金代表作》《沈丛文代表作》等中外名著和现当代知名作家作品。

尤其值得一提的是，在后文提到的"好书新书荐阅桌"上，西方汉译名著系列受到占入馆读者 99% 以上的学生读者群的欢迎。

四　结语

（一）与其吃力地做研究助手，不如做能胜任的侍读书童

高校图书馆人在为大学里的研究者服务时，常怀心有余而力不足之忧。在做教师书房的研究助手，力不从心时，高校图书馆人可以选择做力所能力之事，即做大学生公共书房的侍读书童，助大学生们一臂之力。尤其是面临就业、考证等各种远期或近期目标压力时，学生们的躁动之情溢于言表，这时的学生需要教辅人。在学生带着感情走进自己的精神家园——图书馆那一刻起，为这些大学生们考虑细节，就是我们作教辅人的职责，也是我们高校图书馆人可以胜任的角色。

我馆几位怀揣职业精神的馆员，和学校图管会的学生馆员一道，自发组成义务荐书小组。义务荐书小组在图书馆入口大厅专设"好书新书荐阅桌"，将书库中的经典图书或值得推荐的图书取出，置于图书馆进门大厅检索区旁边的"好书新书荐阅桌"上。这一低调的不起眼的服务受到静静的欢迎——每天 60 种左右的图书放在台上，很快被读者借走。那些匆匆而来匆匆而去的读者，不经意的一瞥，就常使其在此驻足片刻，取书、借书、离开。基于纸质图书的基础服务，没有学科服务那么高调抢眼，却静静流淌着读者和图书馆人的平实的感情。"你见或不见，它就在那里"。以文献资源建设部的义务馆员为例，轮值日为每周三，轮值学科为哲学类及社会科学总论类图书。每次推荐的书有 40%～50% 为哲学类西方汉译名著。每到周四再去看时，那些经典哲学名著已从桌上消失，被借走了。

类似的悄悄的、不易被知晓的服务有很多，如帮助解决一站式、超市化的自由带来的找书难的问题、营造理想的读书氛围等。

（二）与时俱进跟进读者

大学生们的数字阅读呈现出：手机阅读、碎片阅读、公共领域阅读等特点。换言之：①高校图书馆必须加强移动图书馆建设；②高校图书馆必须以数字时代时尚的、有效的方式，将可靠的具有参考价值的校图书馆所拥有的数字资源，推送给读者，将大学生读者从网络公共空间，吸引到高校数字图书馆来。

（三）加强实体图书馆建设和基础服务工作

珍惜读者对纸质书刊的感情，在时代节拍的伴奏下，高校图书馆致力于为数字阅读的精英服务的同时，不能忽视服务于纸质阅读的基础工作；坚持服务精英与服务大众两条腿走路；坚持将服务研究与服务成长相结合；坚持为教学科研进行资源建设与为教育、为成长型读者进行资源建设并重。

注：

① 中位值指的是"教育部高校图书馆事实数据库"（http：//www.tgw.cn：18080）按各高校填报有效

数据按从高到底的顺序进行排序，排在最中间的高校所填报的值。

② "Students would show satisfaction with e-books and acknowledge their usefulness, but still prefer p-books". 由笔者翻译自 Hanho Jeong. A comparison of the influence of electronic books and paper books on reading comprehension, eye fatigue, and perception [J]. The Electronic Library, 2012, 30 (3)：390 - 408。

③ 有效读者，指在校图书馆 ILAS 自动化管理系统中注册的读者，除包括本校教职工外，还有其他各类读者，如成教生、访问学者、校外读者、文献传递馆际互借读者、集体读者及其他特殊读者等。

④ 博尔赫斯（阿根廷作家）曾说："在我撰写平生第一行文字之前，我就有一种神秘的感觉……我的心里一直都在暗暗设想，天堂应该是个图书馆的模样!""我经历的很少，但我懂的很多"。转引自：杨恒达主编. 外国诗歌鉴赏辞典 3 现当代卷. 上海：上海辞书出版社，2010：26

⑤ 以关键词"图书馆"和"乱架"组配，以篇名为检索途径，在中国期刊网检索结果显示。

参考文献

[1] 马凌云，王宗亮. 高校教师文献需求及图书馆馆藏保障情况实证分析——以上海师范大学数学学科为例 [J]. 图书馆杂志，2012 (1)：42 - 47.

[2] 王颖，戎文慧. 学科馆员组织模式的评价与选择 [J]. 图书馆论坛，2012 (9)：43 - 45.

[3] 王波等. 2011 年高校图书馆发展报告 [N]. 图书馆报，2012.8.31，A05 ~ A07.

[4] 李彦芝，王媛. 嵌入科研过程——学科馆员服务的新向度 [J]. 图书馆学刊，2012 (8)：54 - 55.

[5] 李利. 以学科化服务为契机提升学科馆员服务的用户满意度 [J]. 现代情报，2010 (1)：111 - 113.

[6] 第 31 次中国互联网络发展状况统计报告 [EB/OL]. 中国互联网络信息发展中心：http://www.cnnic.net.cn/hlwfzyj/hlwxzbg/hlwtjbg/201301/t20130115_ 38508. htm/2013 - 01 - 23.

[7] 中南财经政法大学学校简介 [EB/OL]. http：//www.znufe.edu.cn/about/，2012 - 12 - 03/2013 - 01 - 23.

[8] Balling G, Henrichsen L A, Skouvig L. "Digital reading groups：renewing the librarian image" [J], New Library World, 2008, 109 (1/2)：56 - 64.

[9] 李松泽，谢小芳. 大学图书馆：实体书"遭冷"电子书"受宠" [N]. 大连日报，2012.4.24，A04.

[10] 彭艳，屈南，李建秀. 试论大学图书馆的经典阅读推广 [J]. 大学图书馆学报，2012 (2)：91 - 94.

[11] 李志平. 中国本科大学发展模式与发展方略研究 [M]. 北京：科学出版社，2009：101.

[12] 武书连主编. 挑大学选专业——2009 年高考填报志愿指南 [M]. 北京：中国统计出版社，2009：9.

[13] 李嘉慧. 当代大学生网络小说阅读情况分析——以湖北汽车工业学院为例 [J]. 学理论，2012 (18)：257 - 258.

A Study on University Librarians'
Role: Research Assistants or Reading Attendants?

Xu Juxiang

Abstract: Based on library system statistics and student questionnaire results in Zhongnan University of Economics and Law, this paper discusses what a university library could do to keep the balance between the services for digital reading and for paper reading. First, the university librarian should fulfill not only the role of a research assistant for teachers, but also the role of a reading attendant for students; Second, due to the growing popularity of digital reading via mobiles, the need of constructing a digital library that suits for this type of reading is urgent; Third, it is imperative for university librarians to change the stereotype image in public so that the library services can be promoted in updated and effective ways; Fourth, to strengthen readers' attachment to printed books, librarians should pay more attention to basic services; Fifth, university librarians should focus more on building "human-centered" libraries by providing quality services not only to those who conduct research but also to those who read for personal growth.

Keywords: Digital Reading; Paper Reading; Mobile Reading; Mobile Digital Library; Basic Services; Resource Development

（责任编辑：骆　美）

中南财经政法大学研究生培养机制改革绩效评价*

——以学业奖学金制度为例

周佳玲　石　龙**

摘　要： 奖励机制的建立与调整是研究生培养机制改革的一个重要内容。中南财经政法大学展开的一项调查显示，学业奖学金制度改革取得了一定的积极成效，发挥了激发研究生的学习和科研活动的积极性的作用，但也存在着研究生学习目的功利化、科研成果创新不足、奖学金制度导向与导师预期相违背等问题。改革过程中导师与研究生参与程度低、改革主体交流媒介缺乏、重结果不重过程是导致研究生培养机制改革陷入困境的主要因素，这要求培养单位在进一步改革中重视对科研成果质量的评价，加强制度设计的双向性，并及时反馈制度实施效果。

关键词： 研究生培养机制改革　学业奖学金　绩效评价

改革开放以来，随着我国各项制度的改革与调整，研究生培养机制经历了恢复、发展和完善的过程。研究生培养机制改革就是以完善科学研究为主导的导师负责制和资助制为核心，以建立研究生研修质量长效保障机制和内在激励机制为主要内容的研究生培养机制改革。

研究生培养制度的改革旨在通过构建新的研究生教育制度、构筑新的研究生奖励与资助体系以及进一步强化导师的责任等多方举措以提高研究生培养质量。同时也必须看到：一方面，研究生质量的提升无疑是研究生培养制度改革的核心目标；另一方面，改革的导向并不局限于此，研究生培养机制的改革还涉及研究生培养规模、结构、效益等一系列目标的实现，是一项综合性的系统工程。[1]

一　中南财经政法大学研究生培养制度改革的回顾与基本评价

研究生培养机制的改革主要包括三个方面内容：一是取消自费和公费的区别，

＊　本文系中南财经政法大学 2011 年研究生思想政治教育专项课题"中南财经政法大学研究生培养机制改革绩效评价——以学业奖学金制度为例"（编号：A10521002）的研究成果。

＊＊　周佳玲，女，湖北天门人，中南财经政法大学研究生院（党委研工部）部长、副院长，研究员；石龙，男，广西柳州人，中南财经政法大学研究生院（党委研工部）思想政治教育办公室主任，助理研究员。

二是提高助学金标准，三是强化导师责任。[2]围绕这三方面的内容，我校于 2011 年 7 月开始实行《中南财经政法大学研究生培养机制改革办法》，对研究生培养机制改革做出了一系列的有益探索，具体包括奖助体系改革、招生学制和专业结构调整、教师队伍建设、创新能力培养和学术道德规范等多个方面的内容。同期，学校修订了《中南财经政法大学研究生学业奖学金评定办法》，对我校研究生学业奖学金的评定做出了新的规定。目前我校已经建立了一套动态、优化、具有激励功能的研究生学业奖学金制度和"三助"岗位制度，形成了一套相对系统和完善的奖助体系。

在我校《研究生学业奖学金评定办法》出台之后，各个学院陆续依照该办法进行了研究生学业奖学金的改革，目前已取得较为良好的成效，推动了我校研究生培养机制改革的进程。然而在学业奖学金制度改革的过程中，也出现了一些局部性的难题。评定办法在少部分领域尚需具体的操作规程，极个别评定过程中还存在不公的现象。对于目前出现的这些问题，需要在对问题进行全面分析的基础上，完善我校学业奖学金制度的建构：既要深入了解我校研究生的具体需求，又要参考各学院导师对学业奖学金改革的反馈意见，在综合各方面实施境况之后，通过分析得出切实可行的修改性建议。

二　研究生培养机制改革成效的实证分析

研究生培养机制改革的核心是全面建立鼓励学术研究、学术探索和学术进步的全方位、系统的研究生奖助体系和激励机制，在广大研究生群体中形成崇尚科学、热爱学术的良性竞争环境。通过建立动态的奖助体系，打破过去固定化、平均化的僵化格局，激励学生培养刻苦钻研、勇于创新的学习精神。[3]研究生和导师是研究生培养过程中的两大关键主体，改革的成功不仅在于对学生质量的客观评价，学生和导师这两大群体对相关问题的看法及满意度也将很大程度上折射出研究生培养改革方案在制度设计及具体实施过程中的诸多问题。为此，课题小组针对研究生和导师分设问卷进行了调查，其中向研究生发放问卷 440 份，收回 397 份，有效率为 90.2%；向导师发放问卷 50 份，收回 28 份，有效率为 56%。

（一）学生篇问卷调查分析

1. 学生对学业奖学金制度改革的总体评价

（1）改革对研究生培养的积极作用初见成效。研究生质量和培养素质的提高是学业奖学金制度改革的核心目标，从表 1 的数据不难看出，约 55.9% 的研究生认为制度改革促进了研究生质量的提升，以微弱的比例高于持否定观点的群体。此外，对于学业奖学金的激励效应，仅 17.9% 的群体认为效果很好，剩余 82.1% 都对此持保留态度和否定态度。可见，学业奖学金制度的改革在学生群体中并没有达到较高的满意度，43.4% 研究生认为影响这一效果的主要原因是由于评比规则存在不合理，进一步优化评奖制度设计是深化学业奖学金制度改革、提升学生

表1　学业奖学金制度改革对学生的综合影响分析统计表（学生卷）

题目序号	问题	选项	百分比（%）
2－13	您认为学业奖学金制度改革是否提高了研究生培养质量和综合素质	A. 是	55.9
		B. 否	44.1
3－1	您觉得学业奖学金制度改革和之前的公费制哪个更合理	A. 公费	59.2
		B. 学业奖学金	40.8
3－2	您认为学业奖学金数额和比例设置是否合理	A. 合理	44.6
		B. 不合理	55.4
3－4	您认为现在学业奖学金激励效果如何	A. 很好	17.9
		B. 一般	68.8
		C. 很不好	13.4
3－5	您认为阻碍学业奖学金激励效果的因素是什么	A. 评比规则存在一定不合理	43.4
		B. 评比过程存在不公平现象	24.5
		C. 部分导师和研究生恶性竞争	12.9
		D. 文章发表存在行业潜规则	19.2

满意度的重要举措。

（2）学业奖学金覆盖面和标准有待进一步提升。在我校目前的学业奖学金制度下，65%的学生具有免学费的资格，35%的学生需要缴纳50%的学费。针对这一现状，59.2%的被调查者认为公费制度优于目前的学业奖学金制度，这在一定程度上反映出现行标准在学生群体中的满意度甚至低于公费制度，学业奖学金覆盖面和奖励标准都有待进一步提升。而55.4%的研究生认为目前学业奖学金数额和比例设置不合理这一统计数据也在一定程度上反映了奖学金覆盖面和标准的设置成为研究生对现有标准不满的重要因素。

2. 学业奖学金制度改革对学生的影响分析

（1）学业奖学金对研究生学习激励作用有限。根据调查显示，学生和导师普遍认为我校研究生培养方案的改革对研究生的激励作用有限，有待进一步深化研究生培养方案对研究生学习的激励作用。

表2的综合数据反映出学生对"我校学业奖学金制度改革对学习影响"的态度，学业奖学金制度改革对学生学习的影响并不明显。认为学业奖学金制度改革对自身的学习积极性的影响是"学习更努力，以便提高自己的成就感和荣誉感"的只有36%，更多的是消极被动地学习，甚至还有少量学生认为"学习没有以前努力"。学生个人感受学业奖学金制度改革对学习成绩的影响也不明显，只有两成的学生认为学习成绩得到很大提高，有七成多的学生认为没有明显提高，更有少量学生认为学习成绩反而退步了。

表 2　学业奖学金对研究生学习的影响分析统计表（学生卷）

题目序号	问题	选项	百分比（%）
2－1	您认为学业奖学金对您的激励效果如何	A. 学习更努力以获得成就感	36
		B. 学习更努力为了获奖	28.2
		C. 跟以前差不多	33.5
		D. 学习没以前努力了	2.3
2－2	您认为学业奖学金制度改革对您学习成绩的影响如何	A. 成绩提高了	21.4
		B. 成绩和原来一样	76.1
		C. 成绩反而退步了	2.5

表 3 的综合数据反映出导师也对学业奖学金制度对学习产生的积极影响持保留意见。六成以上的导师认为学业奖学金制度改革对学生学习热情的提高效果一般，对提高学生课程学习的积极性作用也很一般；在所有接受调查访问的导师中，没有导师认为学业奖学金制度改革可有效调动学生课程学习的积极性，激励他们积极主动学习，还有三成以上的导师认为学业奖学金制度改革在课程学习上可能过于功利化，过分注重短期课程成绩的提高。

表 3　学业奖学金对研究生学习的影响分析统计表（导师卷）

题目序号	问题	选项	百分比（%）
4	您认为学业奖学金数是否有助于形成优胜劣汰的环境从而刺激研究生的学习热情	A. 有利	33.3
		B. 一般	66.7

（2）学业奖学金在一定程度上增强了研究生科研活动的积极性。研究生科研能力是衡量学生质量的重要指标，学业奖学金通过将评奖资格与各项科研成果相挂钩，旨在提高学生参与科研活动的积极性。从相关调查数据可以看到，毋庸置疑，学业奖学金制度在一定程度上提高了学生参与科研活动的积极性，但对于学生科研能力的提升还有赖于其他方面的配套机制，单纯依赖学业奖学金制度作用有限。

第一，学生的主观评价分析。表 4 的综合数据反映了学生就学业奖学金制度对研究生参加科研活动的影响的主观评价，大部分学生对学业奖学金制度改革在促进研究生参与科研活动积极性方面持肯定态度。近 2/3 的学生对学业奖学金的科研激励作用持肯定态度，但仍有超过 1/3 的调查对象持否定态度，这说明学业奖学金制度对科研活动的激励作用有待进一步加强。

与此同时，大部分学生就学业奖学金制度改革提高研究生科研创新能力方面又持保留意见。超过八成的学生认为学业奖学金制度对提高自身科研创新能力作用有限，激励效果一般。

表4 学业奖学金对研究生科研活动的影响分析统计表 (学生卷)

题目序号	问题	选项	百分比(%)
2-4	您认为学业奖学金制度改革对您参加学术活动的作用	A. 激励,我会主动参加	65.0
		B. 没有作用,参加与奖学金无关	35.0
2-6	您认为学业奖学金制度改革对您的科研创新能力的作用	A. 作用很大	18.1
		B. 作用一般	62.5
		C. 没有作用	19.4
2-7	学业奖学金制度改革后您对申请研究生科研立项的愿望	A. 我申请并成功立项	35.0
		B. 我申请但未立项	32.2
		C. 没什么感觉	32.8

科研立项同样是衡量研究生科研创新能力的重要指标,通过上述数据分析,学业奖学金制度在促进研究生科研立项方面发挥了一定的作用,但在实际中研究生创新基金申报成功并有科研成果的比例仅占1/3,仍有2/3的学生没有相关的科研立项经历,因此学业奖学金的该项作用有待进一步加强。

第二,导师对学生的评价分析。表5的综合数据反映了导师对学业奖学金制度改革是否促进科研活动方面的态度。在学业奖学金对学生科研能力的总体影响上,从导师的角度来看,学业奖学金制度对调动学生科研积极性的作用一般,欠缺积极作用,同时,学业奖学金制度可能存在负面影响,制约了学业奖学金制度激励功能最大程度地发挥。近一半的导师对"学业奖学金制度对学生创新能力有提高的作用"持保留意见,创新能力的提高是多种因素作用的结果,学业奖学金制度对提高学生创新能力的作用是有限的。创新能力的提高必然体现在科研成果的创新性,有2/3的导师认为学业奖学金制度对研究生科研成果的创新性的影响较为一般,研究生科研成果的创新性没有得到明显的提升。

表5 学业奖学金对研究生科研活动的影响分析统计表 (导师卷)

题目序号	问题	选项	百分比(%)
7	您认为学业奖学金制度对研究生科研创新能力提高有无作用	A. 有效调动积极性	16.7
		B. 作用一般	50.0
		C. 科研急功近利,忽略长线研究	33.3
6	您认为学业奖学金制度改革是否提高了创新能力	A. 肯定能	16.7
		B. 也许能	33.3
		C. 不能	50.0
23	您认为学业奖学金对研究生科研成果的创新性影响如何	A. 作用很大	16.7
		B. 作用一般	66.7
		C. 没有作用	16.6

（3）学业奖学金有利于强化导师责任。学业奖学金在学生中形成一定的竞争机制，这一机制通过一定的传导机制也强化了导师的责任，从调查数据中不难看出，这种机制对于加强导师与学生之间的合作，形成教学相长的良好氛围大有裨益。

由表 6 可知，占 52.4% 的学生认为学业奖学金制度改革确实增加了学生参与导师课题的机会，占 47.6% 的学生则认为学业奖学金制度改革没有增加学生参与导师课题的机会。据此，我们可知：有占半数以上的同学赞成学业奖学金制度改革在提高学生参与导师课题的积极性方面发挥着重要作用。

表 6　学业奖学金对学生参与导师项目的影响分析统计表（学生卷）

题目序号	问题	选项	百分比(%)
2－11	您认为学业奖学金是否增加学生参与导师项目的机会	A. 是	52.4
		B. 否	47.6

由表 7 可知，对学业奖学金制度改革是否促进了导师负责制的看法中，占总数 50.9% 的人持肯定观点，占总数的 49.1% 的人持否定观点。通过该数据可知，对于学业奖学金制度改革在完善导师负责制方面所发挥的积极作用，学生们观点不一。

表 7　学生奖学金对导师负责制影响评价统计表

题目序号	问题	选项	百分比(%)
2－12	您认为学业奖学金是否能推进导师负责制	A. 是	50.9
		B. 否	49.1

综上所述，学业奖学金对学生与导师之间的关系有一定程度地积极影响，增强了学生与导师之间互动沟通的意愿。对于完善导师责任制，使导师责任制充分发挥其效能，学业奖学金也发挥了一定程度的促进作用。

（二）导师篇问卷调查分析

1. 学业奖学金制度在一定程度上助长了学生的短期和功利行为

对导师的调查结果显示，目前我校学业奖学金制度还有待进一步完善，如何避免学生的短期和功利行为是奖助制度的设计中应当予以考虑的难题。

表 8 的综合数据反映出导师对我校学业奖学金制度的整体态度，大部分导师认为学业奖学金制度对导师工作方式上的影响并不明显，而在本次学业奖学金的改革与导师责任制的契合程度方面，绝对多数导师认为学业奖学金制度改革措施不符合导师的预期要求。

表 8　学业奖学金制度改革对导师的综合影响分析统计表（导师卷）

题目序号	问题	选项	百分比(%)
12	您认为学业奖学金对您的影响如何	A. 一般	33.3
		B. 不是很大	66.7
13	您认为学业奖学金是否符合您的预期	A. 基本符合	33.3
		B. 不符合	66.7
25	您认为学业奖学金改革的作用是什么	A. 有利于做研究	33.3
		B. 驱使学生急功近利	66.7
26	您认为学业奖学金改革的目前困境是什么	A. 让学生难以安心做研究	50.0
		B. 驱使学生热衷于考证,成为考试机器	50.0

在学业奖学金制度存在的问题上，仅有 1/3 的导师认为学业奖学金制度的推进有利于学术研究，2/3 的老师认为学业奖学金制度措施容易驱使研究生急功近利、不能安心进行科学钻研。部分学生在现行制度下逐步变为考试机器，热衷于追逐各种资格证书，部分学生为了获取学业奖学金只求文章发表的数量，并不讲究文章的质量和真正的学术能力的培养，这种急功近利的现象也增加了导师对学术人才进行培养的难度。

2. 学业奖学金制度改革促使导师更注重学生科研能力的提升

根据表 9 中的数据，尽管多数导师认为学业奖学金对学生培养目标的影响有限，但是由于科研成果在学业奖学金评比中意义重大，目前科研能力的提升和专业化知识的深化也成为导师培养的重点。但同时可以看到目前的学业奖学金制度和导师责任制、研究生培养方法呈现出契合有偏差、关联不太紧密等诸多问题。

根据表 9 可知，从整体上而言学业奖学金机制的改革对导师的培养目标和培养理念并没有太大影响。83.3% 导师依然着重于对研究生学术能力和科研能力的锻炼和提高。导师培养目标的变化在于导师除了注重研究生的科研能力，也会在培养科研能力和创新能力的基础上注重塑造研究生的独特的人格，从而使得研究生在面对社会竞争和就业时能更具有自己的特色。

在具体的培养方法上，超过 2/3 的导师注重研究生的阅读量和对学术前沿的认知程度，导师要求和鼓励自己的研究生多读书籍、多做学术研究。

表 9　学业奖学金制度改革对导师培养目标的影响分析统计表（导师卷）

题目序号	问题	选项	百分比(%)
14	您认为学业奖学金对您的培养目标的影响如何	A. 很大	16.7
		B. 一般	83.3
15	学业奖学金改革后,您的培养计划更注重什么	A. 科研能力提高,专业知识深化	83.3
		B. 更注重学生的就业能力	16.7

题目序号	问题	选项	百分比(%)
17	学业奖学金改革后,您的培养目标的变化是什么	A. 由科研能力培养变为更注重人格塑造	16.7
		B. 更注重科研能力的培养	66.6
		C. 由过去就业变为更注重人格塑造	16.7
18	您认为学业奖学金对您的培养方法的影响如何	A. 很大	16.7
		B. 一般	83.3
19	学业奖学金改革后,您的培养方法的具体做法是什么	A. 鼓励学生看书,做学术	83.3
		B. 鼓励学生关注生计问题	16.7

三　对研究生培养制度改革成效的基本判断

（一）学业奖学金积极作用已初步显现

从总体而言，学业奖学金制度改革取得了一定的积极成效，发挥了激发研究生的学习和科研活动的积极性的作用，一定程度上将研究生教育与科研工作结合，初步实现了研究生培养机制改革的"促进科研创新，提高培养质量"的目标。在改革的影响下，研究生逐步加强了自身的科研创新意识，积极提高科研能力，反映在科研实践上则体现为研究生学术论文成果和科研立项成果的数量与质量的逐年增长。同时，研究生主动加强与导师之间的沟通与交流，以期获得导师在论文与科研立项中的更多指导，全面提高自身的科研创新能力。

（二）研究生奖助体系有待进一步完善

根据研究生和导师的反馈结果可以看出，目前我校学业奖学金覆盖面偏窄、奖励额度偏低、制度设计不尽合理等多方面的局限性导致了学生对改革的满意度不高。首先，在现行研究生学业奖学金制度下，仍然有35%的学生需要支付一半的学费，而与学业奖学金制度相配套的"三助"体系也仅覆盖少数学生。奖助力度的不够在很大程度上增加了研究生对奖助制度的不满意度，同时也弱化了奖助制度对学生的激励机制，使得该制度的科研导向作用不强。其次，现有的学业奖学金评价体系重结果不重过程的倾向催生了学生的短期和功利主义思想。课业成绩、学术表现等评价指标都只注重最终的结果，在这样的标准下，可能会出现学生过分追求学习成绩或者是通过不正当手段发表论文的情况，毋庸置疑，这对学生专业素养和学术水平的提高并没有实质性的作用；最后，现行奖助体系下科研成果的创新性依然没有得到提高，即创新能力没有体现在科研实践中，研究生的创新能力依然有待进一步提高。

（三）研究生培养主体的权责有待进一步明确

研究生培养主体涉及学校、学院、导师和学生等多方主体，只有全面调动各方主体的积极性和主动性，才能确保各项政策的有效落实，但实际工作却事与愿违。首先，学业奖学金制度改革过程具有单向性，导师、研究生参与性低，导师和研究生只是培养机制改革的被动接受者，没有足够的话语权。其次，缺乏研究生培养机制改革主体之间交流沟通的媒介。在了解途径方面，导师主要是通过学校文件和会议两种形式了解，了解途径相对单一。最后，导师和研究生的责任主体意识也有待进一步加强。导师在指导和培养研究生时，应以学术能力和科研思维为中心，以督促和引导研究生扩大阅读量、热衷于学术研究为本，力求培养研究型的高素质人才。目前学业奖学金制度的改革也没有促使学生和导师之间建立更强的联系，进一步带来的问题就是导师和学生的沟通不畅，缺乏有效的交流。

四 进一步推进研究生培养制度改革的建议

（一）构建更加科学合理的奖助体系

1. 追求质量与过程并重的评奖体系

目前学业奖学金对研究生科研能力的衡量只是以发科研成果的数量为主要标准。这种注重数量的做法，不利于激励研究生对于科学研究的精雕细琢。衡量研究生学术能力的标准更应该在制度设计上注重科研的过程和研究质量。文章发表后，该文章的质量到底如何，也可以由专门的论文评审委员会进行评议，以杜绝部分学生利用潜规则"买版面"，靠发质量粗糙的文章以换取奖学金的现象。

2. 适度提高研究生奖助水平

通过建立健全的资金投入机制，多渠道筹集资金等多方举措，为研究生培养方案的改革提供充足的财力保障。学业奖学金和"三助"制度的覆盖面和标准的双低局面是阻碍奖助体系激励机制发挥的关键所在，适度提高研究生奖助水平，扩大奖助覆盖面和奖助额度对于发挥奖助体系对研究生科研能力的激励作用大有裨益。

3. 及时反馈制度实施效果，加强沟通交流

我们建议在完善奖学金制度时要强化奖学金制度实施的反馈机制，在每一学年学业奖学金评比工作结束后进行一次总结，找到制度本身存在的漏洞，进行修正和填补。同时，要加强导师和研究生之间的交流沟通，对于导师们认为目前制度不能符合他们要求的部分要进行研究，奖学金制度也要根据导师培养方案的变化做出相应调整。为了进一步提高导师和学生的联系，可以对导师和研究生的见面交流做出一定的要求，导师的评定也作为学业奖学金评比参照的一部分。

（二）明确权责关系，发挥培养主体的主观能动性

各方主体积极性和主动性的缺位严重损害了研究生培养机制改革的效果，充分调动各方主体的积极性和主动性方能发挥事半功倍的效果。在进一步深化和完善研究生学业奖学金制度的设计问题上，首先学校作为改革的推动者，应当协调好各方主体之间的关系，调动各培养主体参与到改革过程中来；其次学院作为培养单位，应当充分考虑学生和导师诉求，针对现阶段导师在研究生培养过程中、

学生在评奖过程中存在的问题和难点，有的放矢地对制度进行调整；最后导师作为研究生最直接的培养主体，因此应当强化导师责任制，加大其对学生的培养力度。

（三）建立健全研究生培养改革长效机制

研究生培养机制的的改革应当兼顾系统性和协调性的统一，为改革提供长效的制度保障。学校应当结合实际情况，明确各学院、各部门的职责，落实责任，密切配合，促使多方主体形成合力。针对不同的学科和专业，在保持学校整体改革步伐一致性的同时赋予学院一定的自由量裁权，兼顾特殊性，确保研究生培养机制改革落到实处。

参考文献

[1] 赵军. 研究生培养机制改革：一个文献综述 [J]. 学位与研究生教育，2010（3）：15 – 17.

[2] 王璐等. 经济类研究生培养机制改革问题初探 [J]. 广西教育，2009（2）：34.

[3] 吴晓求等. 深化研究生培养机制改革　提升研究生培养质量——基于中国人民大学研究生培养机制改革成效的调研 [J]. 学位与研究生教育，2011（5）：6 – 8.

The Performance Evaluation of the Postgraduate Cultivation Mechanism Reform in Zhongnan University of Economics and Law
—A Case Study of the Academic Scholarship System

Zhou Jialing　Shi Long

Abstract: The establishment and adjustments of the rewarding mechanism is an important component of postgraduate development reforms. This study conducted by Zhongnan University of Economics and Law shows that the reform on the Academic Scholarship system has achieved positive results, stimulating willingness to actively engage in learning and research activities among graduate students, but it also bears problems such as injecting utilitarianism into student's learning goals, discouraging originality and innovation in research, awarding of scholarship that deviates from mentor's original intention, and so on. The key factors leading to the current dilemma of the reform efforts include low involvement level among mentors and graduate students, stakeholders for the reforms lacking means of communication, overemphasizing the results and underemphasizing the process. To improve the situation, this article calls for, on the part of those entities involved in postgraduate education, a closer attention paid to the quality of research outputs, an enhanced interaction in system designing, and a timely fashion in the feedback process regarding implementation results.

Keywords：Reforms on the Postgraduate Cultivation Mechanisms ; the Academic Scholarship System；Performance Evaluation

（责任编辑：胡瑜芩）

科研训练对大学生创新
创业能力的影响研究[*]

——以中南财经政法大学"博文杯"项目为例

汪 锋　马 悦　盛辰光　覃津津　赵 阳[**]

摘 要：当前，随着世界经济一体化与科技革命的深入，创新能力越来越成为影响一个国家国际竞争力的重要因素，如何培养拔尖的创新人才也成为高等教育的一个核心议题。与此同时，随着近年来大学生就业压力的增大，如何提升学生的创业与就业能力，也成为当前高等教育改革领域的热点问题之一。对本科生进行系统的科研训练是提升大学生创新与创业能力的有效途径，本研究以中南财经政法大学 2005 年以来实施的本科生百项实证调研项目"博文杯"为例，探讨科研训练对大学生创新创业能力的影响。

关键词：科研训练　大学生　创新能力　创业能力

一　研究背景

在 20 世纪 80 年代兴起的高等教育改革运动中，美国研究型大学本科生教育的培养目标由全面发展的人向创新性人才转型，科研训练作为培养创新人才的有效途径受到重视。1998 年，美国博耶委员会出台的研究报告《重建本科教育——美国研究型大学的蓝图》提出：研究型大学应形成一种使教师和学生都成为既是学习者又是研究者的有机系统，设立以"研究为本"的学习标准，使学生具有真正的、有价值的研究经历。在本科生科研理事会（CUR）、全国本科生科研大会、卡内基教学促进基金会、美国科学基金会等组织的推动下，现在美国几乎所有的研究型大学都在开展某种形式的本科生科研计划。美国麻省理工学院（MIT）在 1969 年提出"本科生研究机会计划"（*The Undergraduate Research Opportunities Program*），鼓励和支持达到一定条件的本科生参与教师的科学研究项目，这一项目的实施为促进本科生参与科学研究

* 本研究报告受中南财经政法大学创业与就业研究中心资助，项目名称为"科研训练对大学生创新创业能力的影响研究"。

** 汪锋，男，河南信阳人，中南财经政法大学科研部副部长，副研究员；马悦，女，河南信阳人，中南财经政法大学武汉学院外语系讲师；盛辰光，女，湖北武汉人，中南财经政法大学科研部，助理研究员；覃津津，女，湖北宜昌人，中南财经政法大学科研部；赵阳，男，安徽芜湖人，中南财经政法大学硕士研究生。

开创了先河；继 MIT 之后，加州大学洛杉矶分校、斯坦福大学、耶鲁大学也先后成立专门的办公室，对本科生研究进行组织并提供服务。在美国研究型大学，本科生参与科学研究的项目也越来越多。

在我国，近年颁布的《教育部、财政部关于实施高等学校本科教学质量与教学改革工程的意见》（教高 2007〔1〕号）、《教育部关于进一步深化本科教学改革，全面提高教学质量的若干意见》（教高 2007〔2〕号）两个文件中，加强本科生科研能力、培养高素质创新人才被摆到极为重要的地位。大学生创新创业训练计划是在"大学生创新性实验计划"实施 5 年的基础上提出的，也是教育部第一次在国家层面实施的、直接面向本科生立项的创新训练项目，旨在促进高等学校改革人才培养模式，强化创新创业能力训练，培养适应创新型国家建设需要的高水平创新人才。在这种政策背景下，清华大学与浙江大学早在 1996 年和 1998 年就正式实施了旨在资助本科生开展科研项目的"大学生科研训练计划"（*Student Research Training Program*），近些年，中国科技大学、哈尔滨工业大学、中国石油大学也陆续设立了正式的大学生科研训练项目，以此推进素质教育，培养创新性人才。

中南财经政法大学于 2005 年正式启动了"博文杯"大学生百项实证创新项目，通过为本科学生提供主持或参加科研项目的机会，培养学生的创新精神与创业能力。经过几年的实践，该项目运作已较为成熟，成为学校拔尖创新人才培养的重要途径之一。本研究以中南财经政法大学"博文杯"为例，重点探讨科研训练对学生创新创业能力的影响。

二 "博文杯"项目实施效果调查

本研究采取座谈访谈与问卷调查相结合的方式，在全校本科生中开展了一次广泛而深入的调查，以全面了解"博文杯"项目实施近十年来的相关情况，尤其是对大学生创新创业能力的影响，

（一）调查问卷设计原则

1. 逻辑性原则

问卷中问题的排列按照先易后难、先简后繁、先具体后抽象的原则，符合应答者的思维程序。

2. 匹配性原则

本问卷设计分为基本情况、参赛情况、参与感受、态度方法四个方面，问题设计也都事先考虑到能对问题结果做适当分类，便于整理数据与分析。

3. 便于处理性原则

便于处理是指要使被调查者的回答便于进行检查、数据处理和分析。本问卷在收集较为敏感的数据的时候设计了"对自己"和"对他人"两个维度，以方便地对所采集的信息资料进行对比分析，以判别其正确性和实用性，也便于对调查结果的整理和统计分析。

（二）调查结果分析

1. 调查对象基本情况分析

本次调研面向学校13个本科学院的学生发放问卷共计1000份，收回有效问卷832份。其中，男生人数为272人，占总体样本的32.69%。女生人数为560人，占总体样本的67.31%（见图1）。

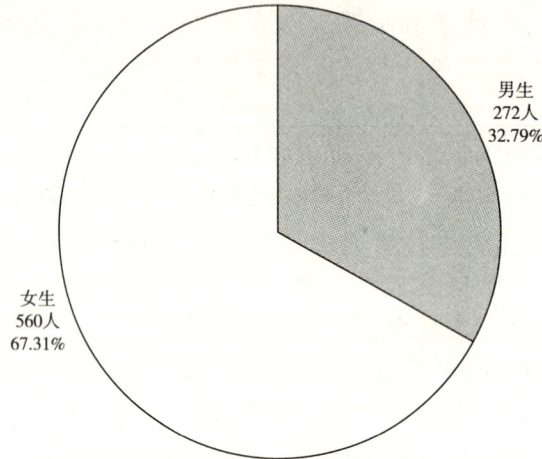

图1　调查对象性别分布

参加过"博文杯"项目的为719人，占总体样本的86.42%。没有参加过"博文杯"项目的为113人，占总体样本的13.58%（见图2）。

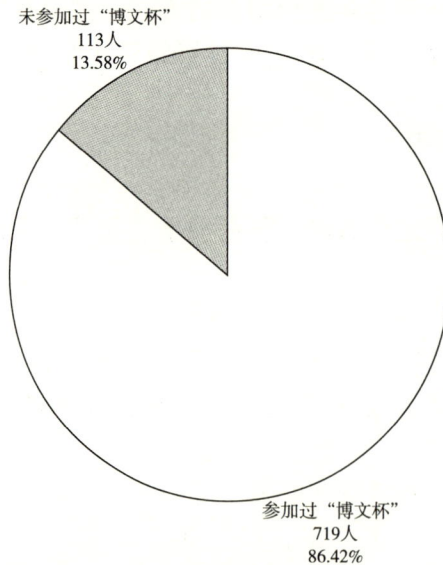

图2　调查对象参赛情况分布

其中，2009 级学生有 13 人，占总体样本的 2%。2010 级学生有 344 人，占总体样本的 41%。2011 级学生有 457 人，占总体样本的 55%。2012 级学生有 17 人，占总体样本的 2%（见图 3）。

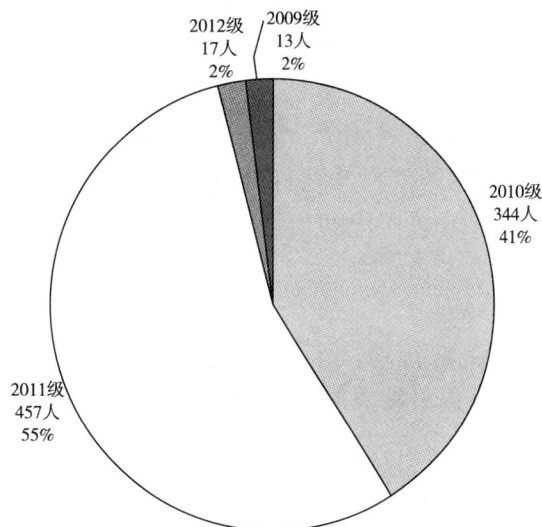

图 3　调查对象年级分布

其中，有学生干部经历的为 558 人，占总体样本的 67.07%。没有学生干部经历的有 274 人，占总体样本的 32.93%（见图 4）。

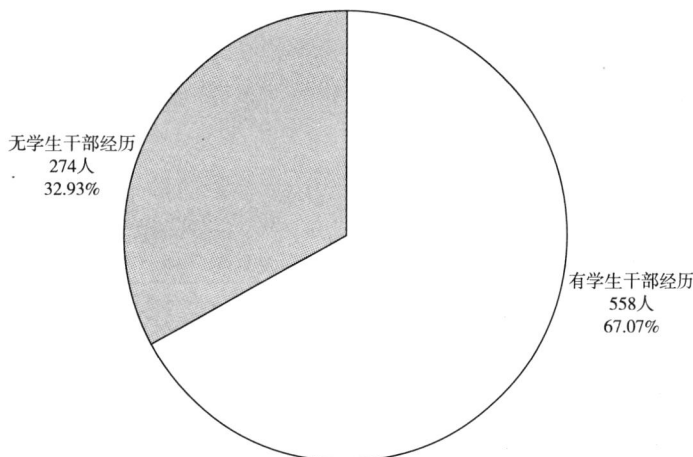

图 4　调查对象经历分布

调查对象参与科研项目的情况如下，参与过明理杯课题的有 128 人，参与过挑战杯的有 155 人，参与过大学生创业项目（以下简称"大创项目"）的有 170 人，参与过寒暑假社会实践的有 546 人，以上项目都没有参与过的有 64 人（见表 1）。

表 1 受访对象参与科研项目的情况

	参与过的项目				
	学工部明理杯课题	挑战杯	大学生创业	寒暑假社会实践	以上均无
人数	128	155	170	546	64

综上可见，本次有效问卷数量充足，学生不论性别、年级、是否参加过"博文杯"、是否担任过学生干部以及是否参与过其他科研学术活动，都能参与本次问卷调查。因此，本次调查样本有着较广泛的代表性，调查结论对该校博文杯项目的改进与完善有较强的参考价值。

2. 调查对象参赛情况分析

（1）动机分析。动机决定行动，了解学生的真正需求，掌握学生参与以及拒绝参与博文杯项目的动机，是提升博文杯参与度的重要环节。

在问卷列出的四个选项中，"想尝试科研活动"以压倒性的票数排在最重要的位次，这表明该校学生参与科研学术活动的兴趣是极大的。同时，一些学生参加科研活动是出于功利目的（为了奖学金与保研加分），看到身边同学申报不甘落后或被朋友拉进来参与。这可以说明"博文杯"项目基本满足了学生的不同需求（见图 5）。

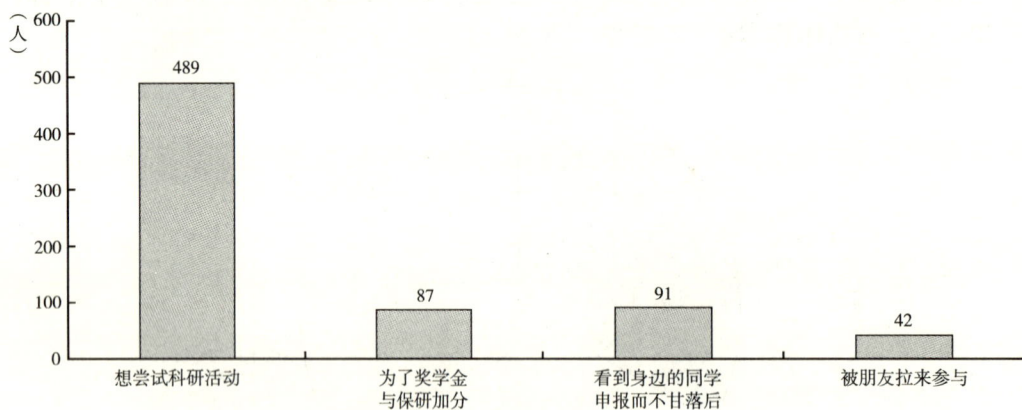

图 5 参与"博文杯"原因

对于身边的人没参与"博文杯"的原因，大多数人都选择了"有兴趣但无从下手"这一项，这在一定程度上可以说"博文杯"在为该校本科生提供介绍、引导、培训等方面的工作还有待改进（见图 6）。

（2）氛围分析。在对于身边的人是否了解"博文杯"的问题上，有 58 人选择了非常了解，有 482 人选择了较为了解，有 273 人选择了只是知道，6 人选择了完全不了解（见图 7）。

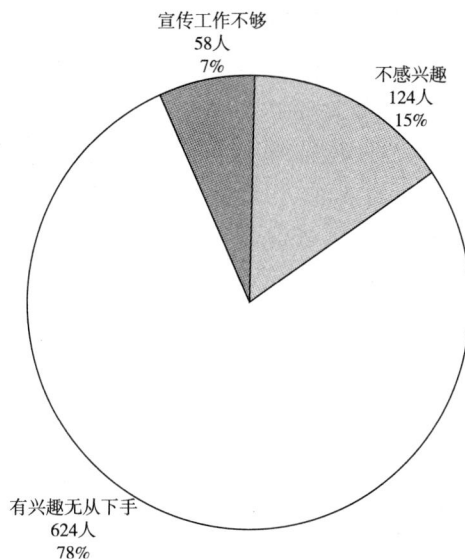

图6 未参加"博文杯"原因分布

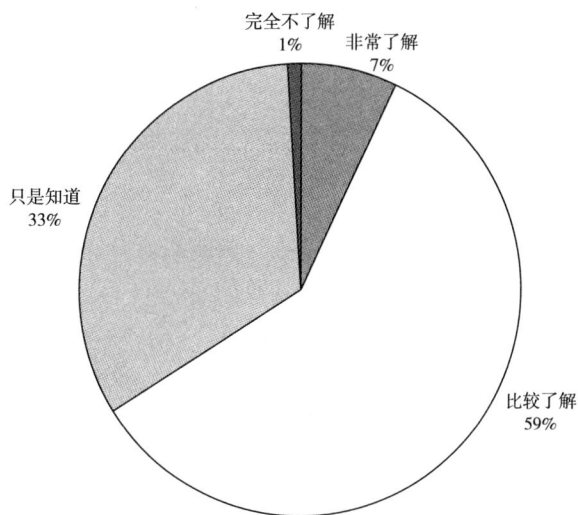

图7 身边的人是否了解"博文杯"

在了解到"博文杯"的途径方面,有208人选择了辅导员老师,254人选择了辅导员助理,有589人选择了师兄师姐,有196人选择了学校网站(见表2)。

表2 了解"博文杯"的途径

了解"博文杯"的途径	辅导员老师	辅导员助理	师兄师姐	学校网站
人次	208 人	254 人	589 人	196 人

　　以上四种方式是该校"博文杯"宣传的主要渠道，其中最主要的渠道是来自师兄师姐的简单介绍。还有一种渠道就是各类学生组织举办的公益讲座，受访对象中有 489 人曾经参加过有关博文杯的讲座，占总体样本的 58.77%。在"如果你刚进校，是否愿意参加博文杯相关情况的讲座"这个问题上，有 130 人选择了非常愿意，有 529 人选择了愿意，有 119 人选择了无所谓，有 42 人选择了不愿意（见图 8）。

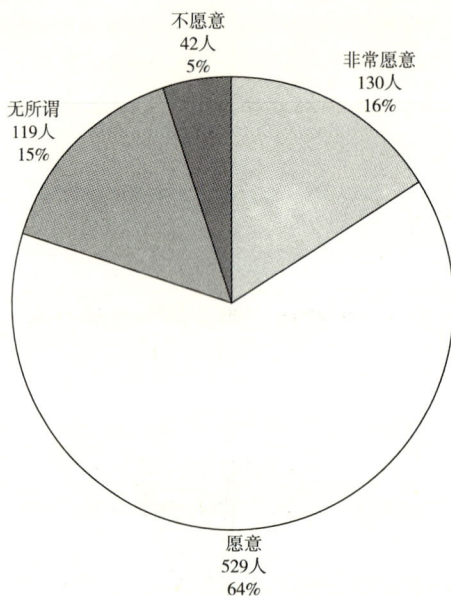

图 8　参与"博文杯"讲座意愿分布

　　比照以上两组数据，"非常愿意"与"愿意"共占样本总体的 80%，而受访对象中实际参与过"博文杯"讲座的比例只有 58.77%，这说明光靠学生组织自发举办讲座介绍"博文杯"无法满足学生们试图了解并参与博文杯的愿望。

　　在"你觉得身边同学参与'博文杯'的热情是否高涨"这个问题上，调查结果显示绝大多数同学都认为该校参与"博文杯"的氛围是浓厚的，这说明了"博文杯"项目开展七年来，通过师兄师姐与师弟师妹的口耳相传，"博文杯"已经慢慢与高校融合在一起（见图 9）。

　　3. 项目进程问题分析

　　对"博文杯"的参与者来说，项目进程主要分为立项、实地调研、成果编写三个主要阶段，本研究从这三个阶段来展开分析。

　　（1）立项阶段。有 343 人认为在"博文杯"立项阶段，学院的审核标准与学校存在出入，占总体样本的 41.23%。这个比例并不算小，要引起重视，这可能需要科研部与各学院分管"博文杯"的老师做好沟通，保证院校标准一致。

　　（2）调研阶段。在开展"博文杯"的过程中，学生在实地调研上花费的时间占

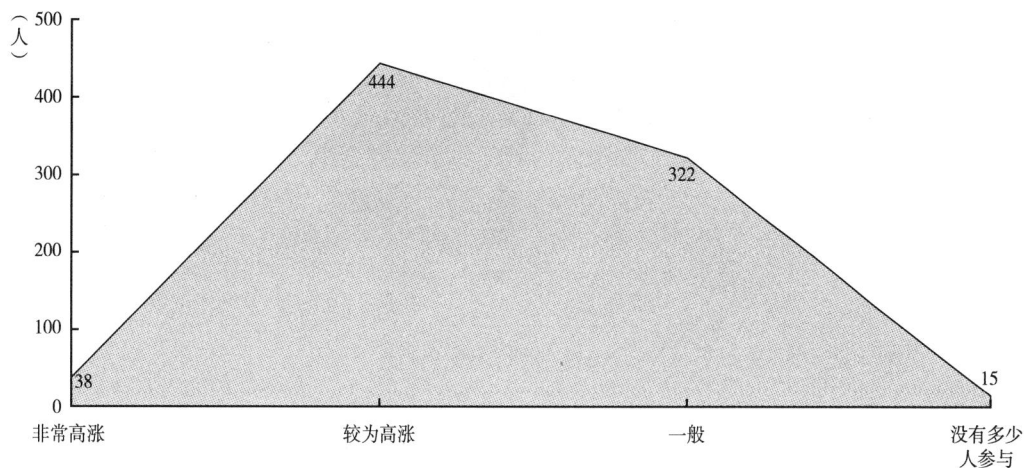

图 9　参与"博文杯"的热情程度

总研究时间的比例是判断博文杯项目在实施中是否符合"实证"理念的重要指标。这个指标又分为两个维度，第一个维度是受访者对自我的评估，第二个维度是受访者对周围同学的观察。这两个维度合在一起，能够很好地反映"实证"理念的贯彻情况。

由图 10 可见，以上两个维度的人数基本能够持平，因此该数据具有极强的可信度。大部分的学生用于调研的时间为 20% 至 70%，可见"实证"的理念得到了学生们较好的践行。将图 10 四项每两组数据算平均数之后，得出图 11。

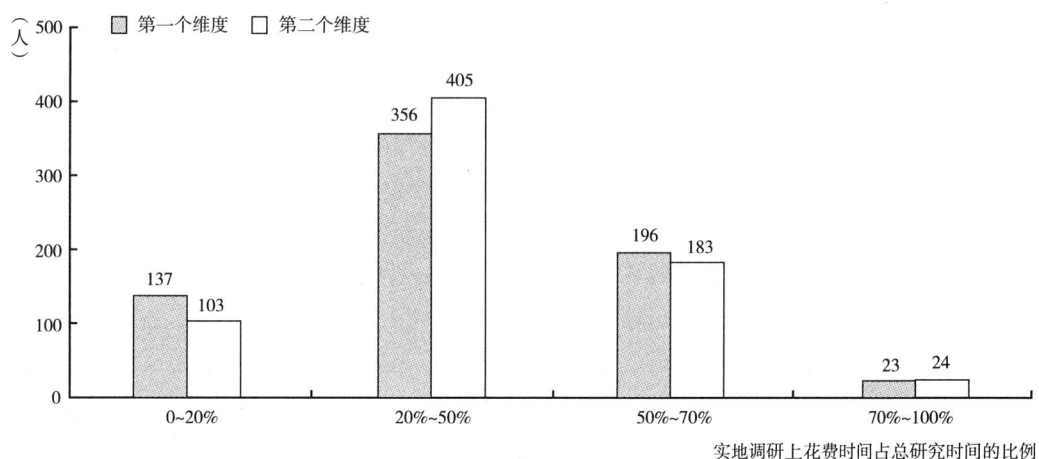

图 10　"实证"理念的贯彻情况

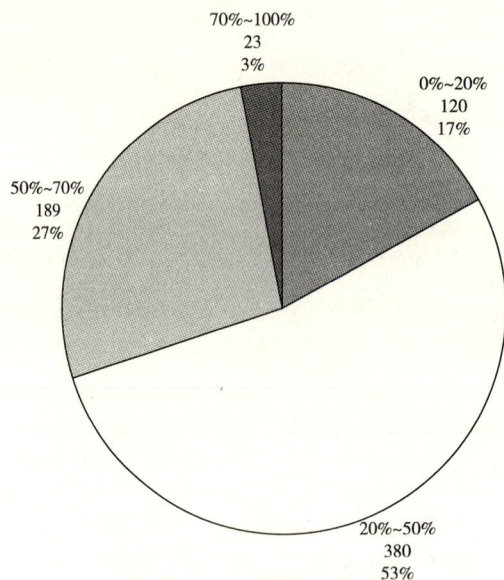

图 11　调研时间比例分布

在开展"博文杯"项目的过程中，学生团队将经费用在与项目有关方面的比例则是判断博文杯项目在实施中是否达成鼓励学生接触社会、认知社会这一初衷的重要指标。同样，这一指标也分为两个维度，第一个维度是受访者的自我评估，第二个维度是受访者对周围同学的观察。

由图 12 可见，以上两个维度的人数基本能够持平，因此该数据具有极强的可信度。将图 12 四项每两组数据算平均数之后，得出图 13。

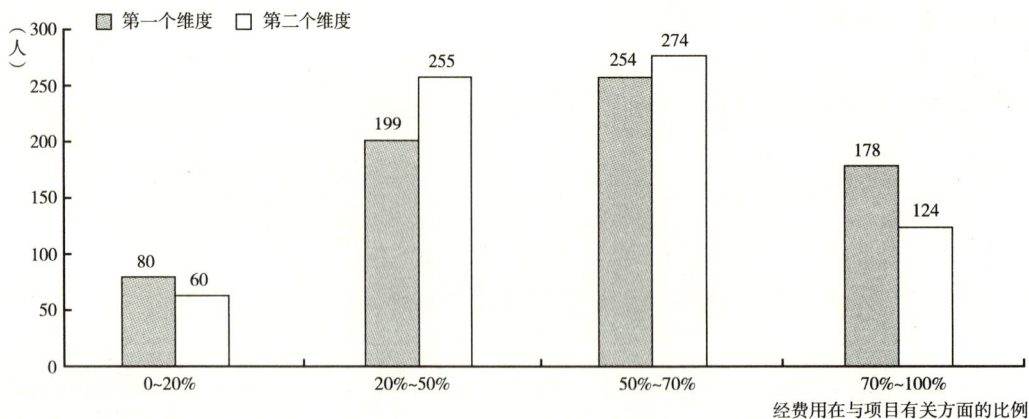

图 12　项目经费使用情况

由图 13 可见，1/3 的受访者表示经费运用到与项目有关方面的比例在 70% 至 100% 之间，即 2/3 的受访者表示立项经费并没有全部运用到项目调研等方面。这

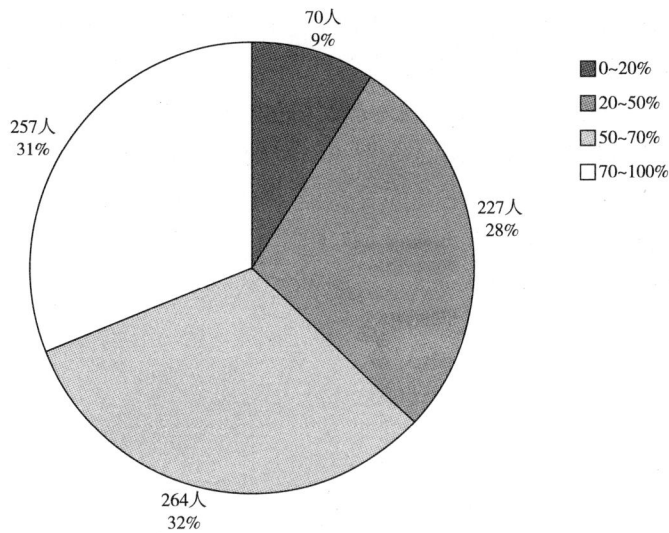

图 13　经费使用状况分布

一方面来源于项目调研局限于武汉，项目花费少；另一方面也源于经费额度较低，只能开展针对本地的调研，其结果必然是经费并没有完全投入到项目之中。另一方面，有 478 人认为在"博文杯"项目过程中出现过立项资金不够而限制调研地点的情况，这占总体样本的 57.45%。可见，大部分学生遇到了经费额度限制方面的问题。

有 565 人在调研过程中发生过因受访对象拒绝而无法调研的情况，占总体样本的 67.90%。有 579 人认为有必要由学校开出学校的官方介绍信来降低调研阻力，占总体样本的 69.59%。因此在调研介绍信方面，学校应给予学生必要的支持，帮助其顺利地完成调研任务（见图 14）。

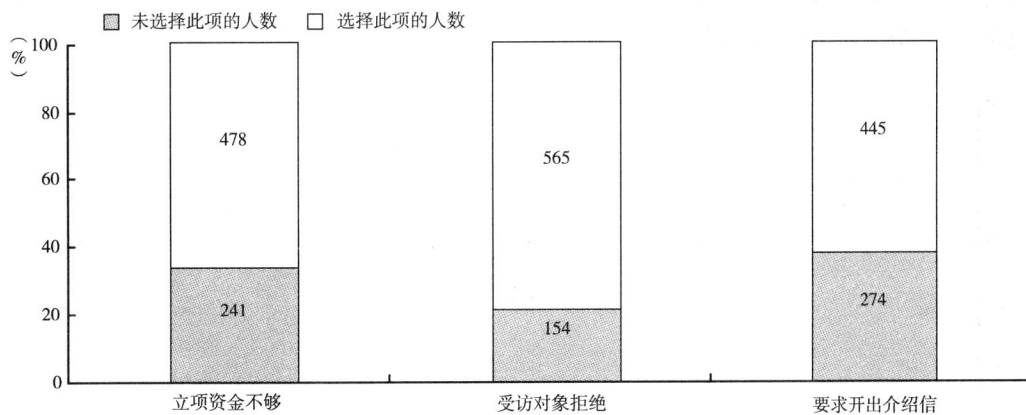

图 14　项目执行过程中遇到的问题分布

（3）成果编写阶段。有 377 人认为身边同学在"博文杯"成果编写阶段存在抄袭现象，占总体样本的 45.31%，这一数据也表明"博文杯"项目在结题验收阶段，的确有部分学生拼凑论文作为成果上交，因此在验收成果这一最终阶段，校方应加大论文成果查重的力度，并且对有严重作弊现象的同学给予一定惩处，以遏制学术造假的不正之风。

在整个项目过程中，有将近一半的受访对象认为指导老师发挥的作用不大，这说明老师对于"博文杯"的指导方面未达到项目预期，如果一个旨在鼓励学生参与科研、实地调研的项目却不能得到老师有力地辅导的话，这无疑会让项目的最终效果大打折扣（见图 15）。

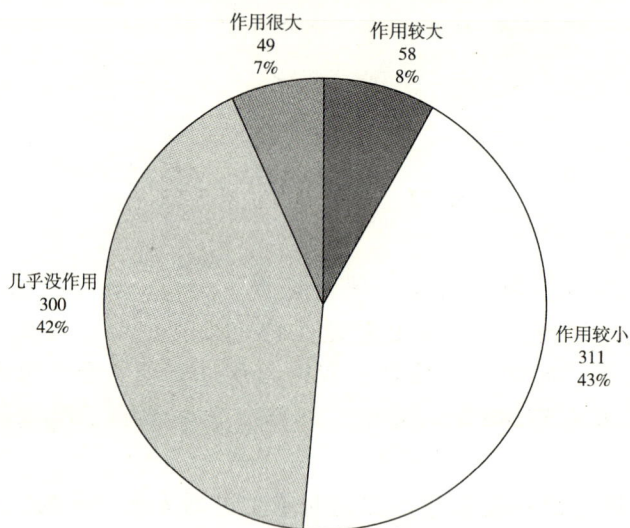

图 15　指导老师的作用大小

在指导老师发挥作用的具体方面，有 386 人选择了选题参考，有 266 人选择了调研指导，有 312 人选择了为成果格式修改，有 336 人选择了成果内容提建议，有 30 人选择了资金运用（见图 16）。

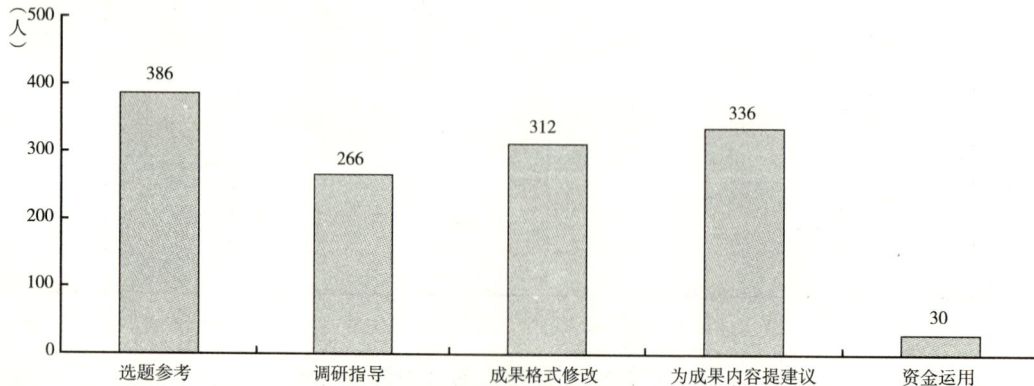

图 16　指导老师的作用体现

4. 调查对象参与感受分析

在"博文杯"项目对运用所学知识解决实际问题方面，有 53 人认为帮助很大，有 281 人认为帮助较大，有 358 人认为有所帮助，有 21 人认为没有帮助。在"博文杯"项目对就业的帮助方面，有 53 人认为帮助很大，有 209 人认为帮助较大，有 402 人认为有所帮助，49 人认为没有帮助。在"博文杯"项目对于参加大创、挑战杯等学术活动的帮助方面，有 92 人认为帮助很大，269 人认为帮助较大，328 人认为有所帮助，23 人认为没有帮助。在博文杯对于学科交叉与创新性人才培养是否有促进作用方面有 624 人给予了肯定的反馈，占总体样本的 75%。从数据上来看，在以上四个方面"博文杯"项目都达到了不错的效果（见图 17）。

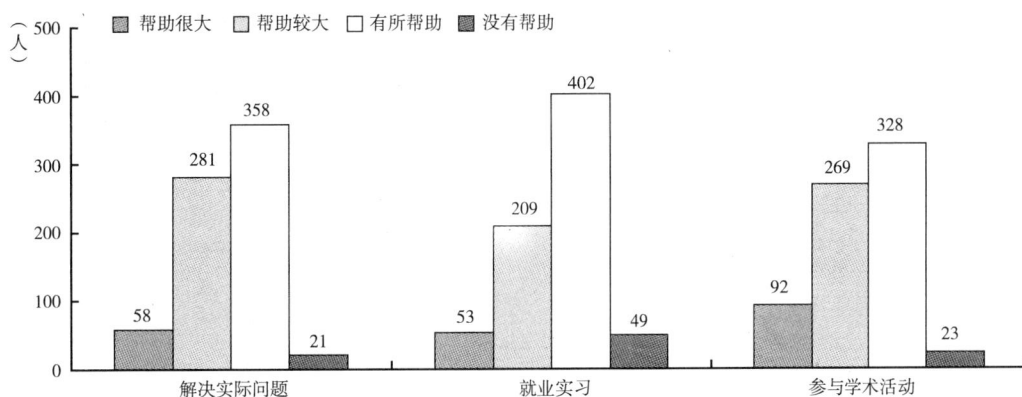

图 17　"博文杯"的帮助作用

有 242 人通过从事"博文杯"项目产生了创业的想法，占总体样本的 29.09%。"博文杯"项目大多数都是针对某种社会现象进行调研分析，但真正能够发现创业机遇的项目并不多，这是这一比例较低的主要原因。

综合以上两组数据发现，"博文杯"对学生最重要的影响是通过科研训练方式，培养了项目成员的团队协作精神与自主学习能力，这对提升学生的创新创业能力至关重要（见图 18）。

5. 意见与建议

受访对象在问卷上提出的建议与意见（见图 19），主要有：

（1）学校应该采取一些措施调动指导老师的积极性，加强其对学生项目的指导力度；

（2）希望学校能够统一开具调研介绍信，为学生调研建立更为便捷的渠道；

（3）希望通过讲座、座谈等形式，让老师解读"博文杯"，传授科研方法与技巧，并给学生分析当前社会上最需要研究的一些课题；

（4）引入论文检测系统，加大监管，防止抄袭，创造良好的学术氛围；

（5）希望学校统一院级和校级的立项标准；

（6）目前"博文杯"主要依靠口碑宣传，学校还应该通过海报、讲座、年会等其他形式来加强宣传力度；

（7）目前的结项形式比较单一，除调研报告之外，还应该引进其他结项形式；

（8）希望学校加大结项后对资金运用的监管，减少立项不调研的情况；

（9）结题验收阶段，希望评审小组对每个项目打出分数，提出改进意见；

（10）学校可以举办一些中期分享会，分享汇报成果，讲述困难。

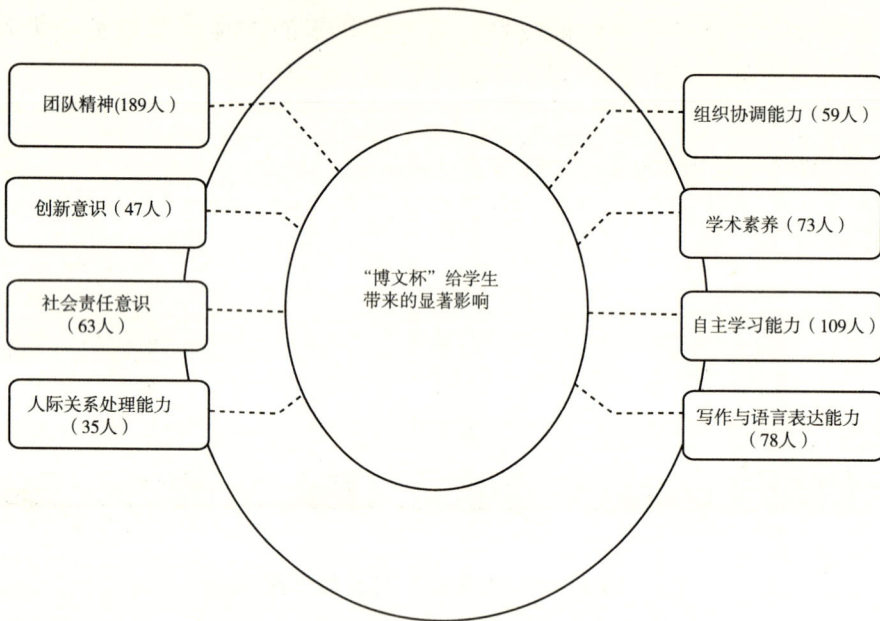

图 18 "博文杯"给学生带来的显著影响

注：小括号里表示认为该项目具有最大影响的人的人数。

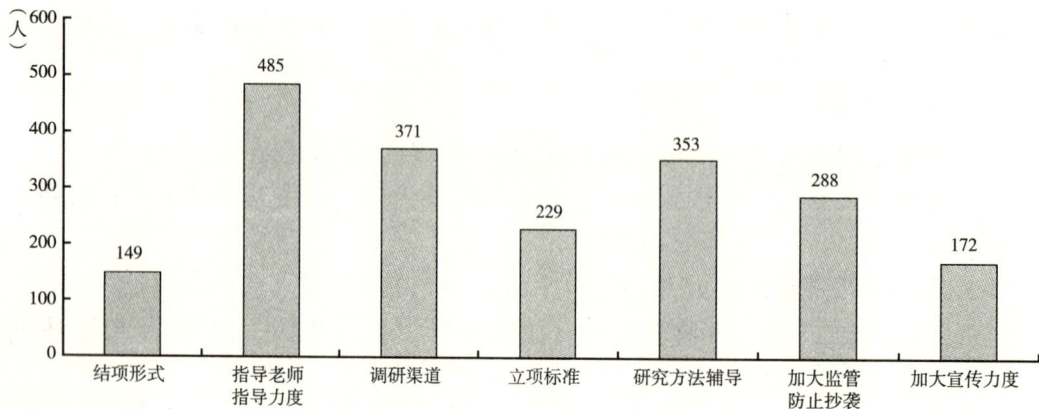

图 19 "博文杯"改进期望

四 结论及改进建议

通过上述调查及分析可见，科研训练对本科学生的创新精神与创业能力的提升具有积极的影响。但同时，高校在针对本科生科研训练的项目设计、组织方式、学术指导、考核评价等方面仍存在一些亟待解决的问题。

（一）科研训练的作用与影响

1. 完善知识结构

通过开展系统的科研训练，学生可以了解本专业及相关专业领域的新理念、新知识与新方法，完善学生的知识结构。同时，大学生科研训练项目应鼓励跨学科申报，使不同学科的学生能一起开展科研，将各自所学的专业知识应用于实际项目中，这不仅能促进学科之间的交叉融合，也能使参与项目的学生接触到其他学科的知识、开拓视野、增长见识。

2. 启迪创新意识，激发创新思维和创新精神

创新是产生于主体意识驱动下的自觉行为。科研训练可以使大学生产生强烈的创新动机，树立正确的创新目标，培养大学生积极的求异性、敏锐的观察力、创造性的想象力、活跃的灵感，充分发挥大学生的创新潜力和聪明才智，释放创新激情，激发创造性思维。

3. 增强社会责任意识，提升社会实践能力

通过开展科研训练，学生可以走出校园、走进社会，亲身感受社会上发生的各类事件，并运用自己所学的原理和方法来分析问题，充分发挥个人的主观能动性，使社会责任意识不断增强，社会实践能力不断提升。

4. 强化团队意识

本科生科研训练项目通常以团队的形式开展，各成员根据能力合理分工，共同协作，使项目中的每一个人都能发挥自己的优势，同时学习其他成员的长处。通过项目训练，团队意识能够潜移默化地在训练者的内心里得到加强。

5. 提升组织协调能力

在科研训练项目的团队中，通常有项目主持人和项目参与人，项目主持人需要宏观把控整个项目流程以及管理好每一个项目成员，这对主持人的沟通协调能力和组织领导能力有很高的要求。在项目执行的过程中，主持人总领全局，协调各种资源和事务以推动项目有条不紊地进行，这对项目主持人的协调组织能力是一个极大的挑战和锻炼。

（二）改进建议

基于上述调查分析，本研究就如何改进和完善大学生科研训练项目，进一步发挥科研训练在提升大学生创新创业能力中的作用，提出以下几点建议。

1. 调动教师的积极性，突出教师的指导作用

由于本科生科研经验不足，指导教师在科研活动中的方向引导与知识解析，尤其是在项目选题、团队组织等方面，起着非常重要的作用。但目前参与学生科研指导的高水平教师比例偏低，这直接影响到学生科研锻炼的效果。缺乏相关激励机制是造成

高水平指导教师缺乏的主要原因，建立完善的激励机制不仅是为鼓励或回报教师的付出，更多的是对他们奉献精神的肯定。

2. 帮助建立调研渠道

在项目调研方面，学生们遇到了很多限制与障碍，导致调研有时候根本无法开展。因此学校可以统一时间给立项学生开出校方介绍信并加盖学校公章，以减少学生的调研阻力。同时学校要积极利用与各社会组织的关系，加强与部分校友的联系，为学生们的调研争取便利渠道。

3. 加大对本科生科研项目研究方法的辅导

本科生科研训练是一个人的科研启蒙，因此学校和指导老师对本科生的带领和指引显得尤为重要。当具有一定专业基础知识，并具有一定科研潜质和兴趣的学生从事一些科研活动时，指导老师应该充分引导学生做好研究项目的每一个环节，使每一位参与者都能明白科学研究的重要意义，掌握一些基本的研究方法和研究技能，充分激发他们的创新激情与潜力，提高科研热情。

4. 加强学风建设，创造良好的学术氛围

目前论文检测系统被越来越多的高校采纳，论文检测系统也可以考虑被引进到本科生科研训练中，以对存在学术不端行为的项目小组加强监管，防止学生养成不良的学术习惯，在学生团体内部营造良好的科研氛围。

5. 扩大宣传渠道，建立官方的交流平台

（1）建立网站。充分利用学校信息化、网络化平台，建立专门的本科生科技创新工程网站作为官方的交流平台，向师生公布项目管理办法和规章制度。学生可以在网上申请立项，项目评审委员会可以在网上评审，让学生的创新想法、创新项目随时得到专家点评。同时，开通网上讨论区、QQ互动群等，让志同道合的学生在交流中碰出思想的火花，让学生有更多的机会向老师请教。

（2）搭建多层次学术交流平台，促进各学院、各高校之间的交流。通过宣讲会、学生自主学术报告会、公开答辩、年会等形式加强对本科生参与科研的宣传，培养其他学生对课外科研活动的向往，营造全校性的科研氛围。同时各学院、各高校之间应加强交流，实行学生跨学院甚至跨高校参与科研项目，进行创新学分互认，以提高学生参与科研项目的积极性。

6. 建立专门的资助基金，为学生项目提供更多的经费支持

目前，学生项目的经费来源主要是从教育部的基本科研业务费中划拨，由于项目多、人员广，平均每个项目的支持经费并不多，这对学生调研造成了一定的局限。学校应该广泛吸收社会资源，和企业建立联系，争取更多社会力量来支持和资助大学生科研活动。同时成立专门的大学生科研训练项目资助基金，对特别优秀的项目给予更多资金上的资助，使学生的成果也能解决实际问题。

7. 完善规章制度和评价体系，实现重在过程的培养模式

完善的评价体系对推进本科生科研的深入开展具有十分重要的意义。兴趣驱动、自主立项、重在过程应成为本科生参与科研的原则。项目实施过程中除了重视学生创

新实践能力的培养，也不可忽视学生团队协作能力、表达能力以及组织能力的锻炼，以提高学生的综合素质和实践能力。

参考文献

［1］刘宝存．美国研究型大学本科生科研的组织与管理［J］．江苏高教，2004（6）：117－120．

［2］陈锡坚．新时期加强大学创新教育的现实选择［J］．黑龙江教育（高教研究与评估），2006（Z2）：80－82．

［3］孔寒冰等．国外工程教育的几个典型特征［J］．高等工程教育研究，2004（4）：57－61．

［4］叶民等．SRTR：浙江大学本科教学改革的成功探索［J］．高等工程教育研究，2005（4）：55－58．

［5］李怀祖．管理研究方法论［M］．西安：西安交通大学出版社，2004．

［6］谢彦红．地方高校本科生科研能力要素的培养［J］．滨州学院学报，2010（4）：115－118．

［7］王颖，范慧慧，朱军．对本科生科研与创新活动的若干思考［J］．中国大学教学，2008（7）：23－25．

［8］王永生，屈波，刘拓，范玲．构建本科生科研训练与创新实践的长效机制［J］．中国高等教育．2010（6）：21－25．

［9］李正，林凤．论本科生科研的若干理论问题［J］．清华大学教育研究．2009（8）：112－118．

［10］邬家瑛，钱辉．论本科生科研训练存在的问题及解决思路［J］．中国高教研究．2009（1）：63－64．

［11］闫福林，郭兰青，王倩倩，白素平．大学生科研训练与创新能力的培养［J］．新乡医学院学报．2009（6）：641－642．

［12］刘诚．美国研究型大学本科生科研训练活动的特点及其启示［J］．长沙铁道学院学报．2008（6）：279－280．

［13］常磊，王俊，张安华．浅议科研活动对于本科生创新能力的影响——以北京师范大学"本科生科研基金"为例［J］．商业文化，2011（9）：252．

［14］乔连全，黄月华．中美研究型大学本科生科研的比较与反思［J］．高教探索．2009（4）：63－70．

［15］Kremer J F, Bringle R G. "The effects of an intensive research experience on the careers of talented undergraduates," Journal of Research and Development in Education 24（1990）：1－5.

［16］Seymour E, Hunter A, Laursen S L, Deantoni T. "Establishin the benefits of research experiences for undergraduates in the sciences：First findings from a three-year study," Science Education 88（2004）：493－534.

The Effects of Scientific Research Training on University Students' Ability as Innovators and Entrepreneurs

—Using the "Bowen Cup" Competition of Zhongnan University
of Economics and Law as an Example

Wang Feng   Ma Yue   Sheng Chenguang   Qin Jinjin   Zhao Yang

Abstract：With the deepening of world economic integration and technological revolution, the innovative ability has become an increasingly important factor on a nation's worldwide competiveness. Therefore, how to foster top-tier innovative talents has become the center of discussion in higher education. At the same time, with the increasing pressure from job market for college graduates, how to improve students' abilities in innovation and entrepreneurship also become one of the hot topics in the field of higher education reform nowadays. Systematic training in scientific research is known as an effective method to improve the aforementioned abilities. Using the "Bowen Cup" Empirical Research Competition held among undergraduate students in Zhongnan University of Economics and Law since 2005 as an example, this study explored the effects of scientific research training on students' ability as innovators and entrepreneurs.

Keywords: Scientific Research Training; University Students; Innovation Ability; Entrepreneurship

（责任编辑：郭华桥）

《高等教育评论》稿约

一、刊物简介

自 2007 年以来，中南财经政法大学高等教育评估与研究中心已连续五年编辑出版了《财经政法教育新视界——中南财经政法大学的实践与探索》年刊。该丛书就高校各方面的工作进行了有益的探索，全面客观地展现了高等教育改革和发展方面最新的动态与趋势，也从不同角度反映和阐释了高等教育领域存在的一些问题，具有重要的理论和实践意义。

为了进一步扩大该丛书的影响力，促进高等教育研究的繁荣，经学校研究决定，对该丛书的出版形式和内容进行改革，更名为《高等教育评论》，收集高质量的论文，每年出版 1~2 卷。第一卷已于 2013 年 12 月正式出版发行。

二、征稿范围及要求

1. 约稿对象：高等教育领域海内外知名学者、专业研究人员、管理人员等。

2. 稿件主题：围绕高等教育领域相关问题进行探讨，尤其欢迎经济学、法学、管理学等主题方面的文章。要求选题新颖、研究方法得当、数据可靠。

3. 稿件篇幅：鼓励就某一主题进行深入、细致的研究，篇幅为 10000~20000 字。

4. 投稿方式：

(1) 电子邮件：gdjypl@126.com；

(2) 中国集刊网投稿平台：http://www.jikan.com.cn/，右下方"在线投稿"，选择《高等教育评论》，先注册并登录，然后投稿。

稿酬从优，敬候您的大作。

中南财经政法大学高等教育评估与研究中心

2013 年 12 月 12 日

《高等教育评论》注释体例

（一）稿件应具有科学性、先进性和实用性，论点明确，论据可靠，数据准确，逻辑严谨，文字通顺。

（二）稿件标题一般分为三级，第一级标题用"一、"、"二、"、"三、"等标示，二级标题用"（一）"、"（二）"、"（三）"等标示，第三级标题用"1."、"2."、"3."等标示，每级标题符号前均空两格。

（三）稿件字数以 10000～20000 字为宜，采用 word 格式排版，正文使用五号宋体字。

（四）稿件引文务必注明出处，注释一律使用文末尾注，参考文献放在文末尾注的后面（不要额外在脚注中标记参考文献出处），二者格式不同，基本要求为：

1. 注释序号用①、②、③等表示，序号后依次为作者、文献名、书/刊名、出版地、出版社、出版年/期数。

2. 参考文献序号用［1］、［2］、［3］等表示，序号后依次为作者、书/文献名、刊名、出版地、出版社、出版年/期数。

3. 网络文献有责任者、篇名的，应著录其责任者、篇名、该网址、阅读日期；无责任者、篇名的，只著录该网址、阅读日期。

以上要求及其它文献的引用格式，均以《文后参考文献著录规则（GBT 7714 - 2005）》为准。

（五）稿件中的计量单位以国家法定计量单位为准，统计学符号按国家标准《统计学名词及符号》的规定书写。

（六）作者在稿件标题下署名，多名作者排列应在投搞时确定，并随附作者简介，包括姓名、性别、单位、职务、职称、手机、邮箱等个人信息。

（七）凡涉及各类研究课题的稿件，均以脚注方式置于稿件首页的左下方。

（八）作者应注重学术规范，遵守学术道德，文责自负，请勿一稿多投！我们将对每篇稿件进行检测，因容量限制，通过检测了的稿件择优选用，没有通过检测的稿件不予采用。

欢迎订阅 2014 年《高等教育评论》

《高等教育评论》2014 年定价为 45 元/期，全年定价 45 元（共一期），您可以填好"征订单回执"直接向社会科学文献出版社汇款订阅。

银行汇款信息
联系人：曹继玲
电　话：010 - 59367070
户　名：社会科学文献出版社
开户行：中国工商银行北京北太平庄支行
账　号：0200010019200365434

备注：请在汇款留言栏注明刊名、订期、数量，并写明收件人姓名、详细地址、邮编、联系方式，或者可以致电我们进行信息登记。

请正确填写征订单，打印后连同银行汇款回执传真至 010 - 59367080 或发送电子邮件至 664184880@ qq. com，并致电 010 - 59367070 确认，谢谢。

征订单回执

订阅人姓名 联系方式		订阅刊名		订阅数量（全年）		套
详细地址		邮编		总金额		
是否索 要发票		发票抬头				

图书在版编目（CIP）数据

高等教育评论. 2013 年. 第 1 卷. 总第 1 卷/吴汉东主编. —北京：
社会科学文献出版社，2014.1
ISBN 978 - 7 - 5097 - 5339 - 2

Ⅰ.①高…　Ⅱ.①吴…　Ⅲ.①高等教育 - 文集　Ⅳ.①G64 - 53

中国版本图书馆 CIP 数据核字（2013）第 278726 号

高等教育评论（2013 年第 1 卷　总第 1 卷）

主　　编/吴汉东
副主编/刘可风　卢现祥

出 版 人/谢寿光
出 版 者/社会科学文献出版社
地　　址/北京市西城区北三环中路甲 29 号院 3 号楼华龙大厦
邮政编码/100029

责任部门/经济与管理出版中心（010）59367226　　　责任编辑/张景增　于　飞
电子信箱/caijingbu@ ssap. cn　　　　　　　　　　　　责任校对/甄　飞
项目统筹/恽　薇　　　　　　　　　　　　　　　　　责任印制/岳　阳
经　　销/社会科学文献出版社市场营销中心（010）59367081　59367089
读者服务/读者服务中心（010）59367028

印　　装/三河市尚艺印装有限公司
开　　本/889mm×1194mm　1/16　　　　　　　　印　张/11.75
版　　次/2014 年 1 月第 1 版　　　　　　　　　　彩插印张/0.375
印　　次/2014 年 1 月第 1 次印刷　　　　　　　　字　数/267 千字
书　　号/ISBN 978 - 7 - 5097 - 5339 - 2
定　　价/45.00 元